Grenzbeschlagnahme und Piraterie in Deutschland und Brasilien unter Berücksichtigung des Transits von Markenwaren

Philippe Bhering

utzverlag

Rechtswissenschaftliche Forschung und Entwicklung

Herausgegeben von

Prof. Dr. jur. Michael Lehmann, Dipl.-Kfm.
Universität München

Band 849

MIX
Papier aus verantwortungsvollen Quellen
FSC www.fsc.org
FSC® C083411

Zugl.: Diss., Ludwig-Maximilians-Universität München, 2021

Bibliografische Information der Deutschen Nationalbibliothek: Die Deutsche Nationalbibliothek verzeichnet diese Publikation in der Deutschen Nationalbibliografie: detaillierte bibliografische Daten sind im Internet über http://dnb.d-nb.de abrufbar.

ISBN 978-3-8316-4927-3 (gebundenes Buch)

Printed in EU
utzverlag GmbH, München
089-277791-00 · www.utzverlag.de

Für Lorenzo

Vorwort

Die vorliegende Arbeit wurde im Wintersemester 2020/2021 von der Ludwig-Maximilians-Universität München als Dissertation angenommen. Rechtsprechung und Literatur konnten bis September 2020 berücksichtigt werden.

Mein Dank gilt in erster Linie meiner verehrten Doktormutter Prof. Dr. Annette Kur. Besonders herzlich möchte ich mich bei ihr für die hervorragende Betreuung bedanken. Stets war es mir möglich, auf ihre vielfältigen und profunden Ratschläge zurückzugreifen, ohne die es mir nicht möglich gewesen wäre, die Arbeit in dieser Form zum Abschluss zu bringen. Außerdem möchte ich mich bei ihr für das große Verständnis bedanken, das sie mir in all den Jahren bis zur Einreichung der Dissertation immer wieder entgegengebracht hat.

Herrn Prof. Dr. Michael Lehmann danke ich für die überaus rasche Erstellung des Zweitgutachtens.

Ebenso möchte ich mich beim Max-Planck-Institut für Innovation und Wettbewerb in München für die vielen Jahre bedanken, die ich dort verbringen durfte, insbesondere für den Zugang zu dessen Bibliothek von unschätzbarem Wert, ohne den ich meine Forschungen zur vorliegenden Arbeit nicht hätte durchführen können.

Mein allerherzlichster Dank gilt natürlich meiner Frau Ana Carolina für ihre Mithilfe, ihren Beistand und die grenzenlose Geduld, die sie mir in all den Jahren bis zur Fertigstellung der Dissertation entgegengebracht hat. Auch möchte ich meinen Eltern Pedro und Heloísa danken, die mich immer vorbehaltlos unterstützt haben. Zu Dank verpflichtet bin ich ferner meinen Kollegen der Kanzlei „Bhering Advogados“, die wiederholt für meine Abwesenheit in die Bresche springen mussten. Herrn Prof. Dr. Enzo Baiocchi danke ich für den fruchtbaren Gedankenaustausch in der Anfangsphase zu diesem Projekt. Nicht zuletzt gilt mein herzlicher Dank Herrn Armin Weissenseel M.A. für die Korrektur meiner Arbeit und für seine Unterstützung während des gesamten Entstehungsprozesses.

München, im September 2021.

Inhaltsübersicht

Inhalt

Abkürzungen

Abs.	Absatz; Absätze; Abschnitt (e)
AEUV	Vertrag über die Arbeitsweise der Europäischen Union
AgRg	Agravo Regimental (Rechtsbeschwerde)
Art.; Artt	Artikel; Artikel (Pl.)
AStV	Ausschuss der Ständigen Vertreter
BB	Betriebs-Berater
BDI	Bundesverband der Deutschen Industrie e.V.
BGB	Bürgerliches Gesetzbuch
BGBl.	Bundesgesetzblatt
BGH	Bundesgerichtshof
BGHZ	Zeitschrift des Bundesgerichtshofs
bzw.	beziehungsweise
CP	Código Penal (Strafgesetzbuch)
CPC	Código de Processo Civil (Zivilprozessordnung)
CPP	Código de Processo Penal (Strafprozessordung)
ders.	derselbe
d. h.	das heißt
dies.	dieselbe
Dje	Diário de Justiça Eletrônico (Justizblatt – digitales Format)
ed.	Editora (Verlag)
EG	Europäiche Gemeinschaft
EGV	Vertrag zur Gründung der Europäischen Gemeinschaft (EGV)
EU	Europäische Union
EuGH	Gerichtshof der Europäischen Gemeinschaften
EUV	Vertrag über die Europäische Union
EuZW	Europäische Zeitschrift für Wirtschaftsrecht
f., ff.	Folgende; fortfolgende
Fn.	Fußnote

FS.	Festschrift
GATT	General Agreement on Tariffs and Trade
GBV	Grenzbeschlagnahmeverordnung
GebrMG	Gebrauchsmustergesetz
GeschmMG	Geschmacksmustergesetz
GMV	Gemeinschaftsmarkenverordnung
GRUR	Gewerblicher Rechtsschutz und Urheberrecht
GRUR Int.	Gewerblicher Rechtsschutz und Urheberrecht, Internationale Teil
GRUR-RR	Gewerblicher Rechtsschutz und Urheberrecht – Rechtsprechung
HalbleiterSchG	Halbleiterschutzgesetz
Hrsg.	Herausgeber
HS	Harmonized Systems
IIC	International Review of Industrial Property and Copyright Law
INN	International Nonproprietary Name
INPI	Instituto Nacional da Propriedade Industrial (Nationales Institut für Gewerbliches Eigentum)
Int.	International
INTA	International Trademark Association
i.S.d.	im Sinne des
i.S.v.	im Sinne von
KEV	Kontrolleinheit Verkehrswege
LG	Landesgericht
LPI	Lei da Propriedade Industrial (Gesetz zum gewerblichen Rechtsschutz)
MaMoG	Markenrechtsmodernisierungsgesetz
MarkenG	Gesetz über den Schutz von Marken und sonstigen Kennzeichen (Markengesetz)
MarkenR	Markenrecht; Zeitschrift für deutsches, europäisches und internationales Kennzeichenrecht

MarkenRL	Markenrichtlinie
MPI	Max-Planck-Institut für Innovation und Wettbewerb
m.w.N.	mit weiteren Nachweisen
NJW	Neue Juristische Wochenschrift
Nr.	Nummer
OGH	Oberster Gerichtshof
OLG	Oberlandesgericht
PatG	Patentgesetz
PLS	Projeto de Lei do Senado (Gesetzentwurf des Bundessenats)
PrPG	Produktpirateriegesetz
PVÜ	Parise Verbandsübereinkunft zum Schutz des gewerblichen Eigentums in der Fassung von Stockholm v. 14.7.1967 (Pariser Verbandsübereinkunft)
RA	Regulamento Aduaneiro
RdTW	Recht der Transportwirtschaft
RFB	Receita Federal do Brasil
RGZ	Reichsgericht Zivilsenate
RIW	Rechts der internationalen Wirtschaft
Rn.	Randnummer
RPI	Revista da Propriedade Industrial (Zeitschrift für Gewerblichen Rechtsschutz – Amtsblatt des INPI)
Rs.	Rechtssache
RL	Richtlinie des Europäischen Parlaments und des Rates
SortenschutzG	Sortenschutzgesetz
STF	Supremo Tribunal Federal (Bundesverfassungsgericht)
STJ	Superior Tribunal de Justiça (Bundesgerichtshof)
TRF	Tribunal Regional Federal (Bundesregionalgericht)
TRF 3	Tribunal Regional Federal da 3a Região (Bundesregionalgericht 3. Region)
TRF 4	Tribunal Regional Federal da 4a Região (Bundesregionalgericht 4. Region)

TRIPs	Agreement on Trade-Related Aspects of Intellectual Property Rights
u. a.	unter anderem
UNODC	United Nations Office on Drugs and Crime
UrhG	Gesetz über Urheberrecht und verwandte Schutzrechte (Urheberrechtsgesetz)
Urt.	Urteil
UZK	Unionszollkodex
v.	von
vgl.	Vergleiche
V-MRL	Vorschlag für eine Richtlinie des Europäischen Parlaments und des Rates zur Angleichung der Rechtsvorschriften der Mitgliedstaaten über die Marken (Neufassung)
V-MVO	Vorschlag für eine Verordnung des Europäischen Parlaments und des Rates zur Änderung der Verordnung (EG) Nr. 207/2009 des Rates über die Gemeinschaftsmarke
WHO	World Health Organization
WRP	Wettbewerb in Recht und Praxis
WTO	World Trade Organization
WZG	Warenzeichengesetz
z. B.	zum Beispiel
ZK	Zollkodex

Hinsichtlich der übrigen deutschen Abkürzungen sei verwiesen auf: Kirchner, Abkürzungsverzeichnis der Rechtssprache, 9. Auflage, Berlin 2018.

Einleitung

A Problemdarstellung

Deutschland ist ein wichtiger Haupthandelspartner Brasiliens, und São Paulo ist mit über 800 Niederlassungen deutscher Unternehmen der Standort außerhalb Deutschlands mit der größten Anzahl an deutschen Unternehmen weltweit[1]. Aufgrund dieser intensiven Handelsbeziehungen kommen Produkte diverser deutscher Marken aus den unterschiedlichsten Segmenten auf den brasilianischen Markt.

Brasilien ist bekanntlich ein kontinentales Land. Es grenzt an 10 verschiedene südamerikanische Länder und verfügt damit über die drittlängste Landgrenze der Welt. Zudem hat es 37 öffentliche Häfen[2]. Somit ist es nicht verwunderlich, dass Brasilien das wichtigste Transitland für Markenwaren in Südamerika ist. Die Markenwaren, die in dieses riesige Land gelangen, verbleiben entweder in Brasilien, oder sie befinden sich im Transit in andere Länder, insbesondere in andere lateinamerikanische Länder.

In Brasilien stellt die Piraterie noch ein großes Problem dar[3]. Sie betrifft nicht nur gefälschte und nachgeahmte Waren, die in Brasilien hergestellt werden, son-

---

1 *BDI*, Brasilien: Wichtigster Wirtschaftspartner in Südamerika, 13.09.2020. Für weitere Informationen über die Handelsbeziehungen zwischen Deutschland und Brasilien siehe die Website des deutschen Auswärtigen Amtes, abrufbar unter https://www.auswaertiges-amt.de/de/aussenpolitik/laender/brasilien-node/bilateral/201112, sowie die der brasilianischen Botschaft in Deutschland, abrufbar unter <http://berlim.itamaraty.gov.br/de/brasiliens_ausenhandel.xml>.

2 Weitere Informationen über die Hafenanlagen Brasiliens findet man auf der Website der brasilianischen Bundesregierung unter <http://portal.antaq.gov.br/index.php/informacoes-geograficas/>.

3 Bei einer Umfrage, die vom Handelsverband des Bundesstaates Rio de Janeiro (FECOMÉRCIO) in Zusammenarbeit mit dem Meinungsforschungsinstitut Ipsus durchgeführt wurde, gaben 32 % der Brasilianer an, dass sie im Jahr 2016 ein Piraterieprodukt erworben haben; abrufbar unter <hhttp://www.fecomercio-rj.org.br/noticias/uma-em-cada-cinco-pessoas-compra-produtos-piratas-no-rio-de-janeiro>.

dern auch solche, die nach Brasilien eingeführt werden[4] oder sich dort im Transit in andere Länder befinden.

Da auch Deutschland aufgrund seiner zentralen Lage in Mitteleuropa an mehrere Länder grenzt, liegt es auf der Hand, dass es ebenfalls ein wichtiges Transitland ist, das mit denselben bzw. mit ähnlichen Problemen zu kämpfen hat[5].

Vor diesem Hintergrund spielt die Grenzbeschlagnahme eine wichtige Rolle im Kampf gegen die Piraterie[6]. Allerdings war die Möglichkeit einer Beschlagnahme von Waren durch das jeweilige Transitland in Deutschland bzw. in Europa sowohl in der Lehre als auch in der Rechtsprechung sehr umstritten, was vor allem daran lag, dass weder das deutsche Markengesetz[7] noch die Markenrichtlinie von 2008[8] Regelungen zum Transit enthielten. Auch das deutsche bzw. das europäische Zollrecht kannten den Begriff des Transits nicht.

Die Kernfrage lautete, ob die Zollbehörden des Transitlands auf Waren, die sich im Transit befinden, zugreifen können, wenn diese die Schutzrechte Dritter

---

4 Die Beschlagnahme von Waren durch die brasilianischen Zollbehörden hatte im Verlauf der letzten Jahre einen beachtlichen Anstieg zu verzeichnen. Beliefen sich die von den brasilianischen Zollbehörden beschlagnahmten Produkte im Jahr 2010 noch auf einen Wert von rund 1.270.000.000,00 R$, so wuchs dieser Betrag im Jahr 2019 auf 3.256.750.247,91 R$ an. Vgl. hierzu *Receita Federal, Balanço Aduaneiro 2019 – Vigilância e Repressão*, 2020, S. 3. Dieser Wert bezieht sich auf Beschlagnahmen aus unterschiedlichen Gründen einschließlich der Markenpiraterie.

5 Im Jahr 2018 war Deutschland mit 33.421 Fällen das Mitgliedsland mit der höchsten Anzahl an durch die Zollbehörden beschlagnahmten Waren, welche ein oder mehrere Rechte des geistigen Eigentums verletzten. Vgl. hierzu *Europäische Kommission, Report on EU customs enforcement of intellectual property rights – results at the EU border 2018*, 2019, S. 19.

6 Im Jahr 2018 wurden von den Zollbehörden der EU über 25 Millionen Produkte beschlagnahmt, die eines Verstoßes gegen geistige Eigentumsrechte verdächtigt wurden. Diese entsprachen einem Wert von rund 740.000.000,00 EUR. Vgl. hierzu *Europäische Kommission, Report on EU customs enforcement of intellectual property rights – results at the EU border 2018*, 2019, S. 6.

7 Gesetz zur Reform des Markenrechts und zur Umsetzung der Ersten Richtlinie 89/104/EWG des Rates vom 21. Dezember 1988 zur Angleichung der Rechtsvorschriften der Mitgliedstaaten über die Marken (Markenrechtsreformgesetz – MRRG) vom 25. Oktober 1994.

8 Richtlinie 2008/95/EG des Europäischen Parlaments und des Rats vom 22. Oktober 2008 zur Angleichung der Rechtsvorschriften der Mitgliedstaaten über die Marken.

verletzen. Das entscheidende Kriterium war also, ob eine Verletzung von Schutzrechten durch den bloßen Transit von Waren vorliegt oder nicht.

Einige grundlegende Änderungen haben sich beim Thema Transit von Markenwaren durch das Inkrafttreten der neuen Markenrichtlinie[9] im Dezember 2016 sowohl in Deutschland als auch im übrigen Europa ergeben.

Folglich gilt es zu hinterfragen, zu welchen Konflikten diese neue Transit-Regelung künftig möglicherweise führen könnte, in welchem Zusammenhang insbesondere das internationale Recht bzw. das GATT[10]- und das TRIPs[11]-Abkommen zu berücksichtigen sind.

Hintergrund der Arbeit sind also die Handelsbeziehungen zwischen Deutschland und Brasilien, wobei hier vor allem die enorme wirtschaftliche und praktische Bedeutung des Transits von Markenwaren auf internationaler Ebene im Fokus steht.

B Gang und Abgrenzung der Untersuchung

Bei unserer Analyse zur Frage der Grenzbeschlagnahme rücken im Rahmen der vorliegenden Arbeit drei wesentliche Aspekte in den Blickpunkt, nämlich (i) das

9 Richtlinie (EU) 2015/2436 des Europäischen Parlaments und des Rates vom 16. Dezember 2015 zur Angleichung der Rechtsvorschriften der Mitgliedstaaten über die Marken.

10 GATT ist die Abkürzung für *General Agreement on Tariffs and Trade*. Das GATT wurde als völkerrechtlicher Vertrag am 30. Oktober 1947 geschlossen und ist am 1. Januar 1948 in Kraft getreten. Seine Bestimmungen wurden später in das Abkommen GATT 1994 aufgenommen, welches wesentlicher Teil des Vertrags über die Gründung der Welthandelsorganisation ist und am 1. Januar 1995 in Kraft trat. In dieser Arbeit werden das GATT 47 und das GATT 1994 gemeinsam als GATT bezeichnet.

11 TRIPs ist die Abkürzung für *Trade-Related Aspects of Intellectual Property Rights*. Das TRIPs-Abkommen wurde am 15. April 1994 geschlossen und ist am 1. Januar 1995 in Kraft getreten.

Markenrecht[12], (ii) die *Transitproblematik*[13] und (iii) der Umgang mit *Piraterieware*n[14].

Andere Immaterialgüterrechte wie Urheberrechte, Patente und Designschutz sind nicht Teil der Arbeit. Auch die Möglichkeit der Grenzbeschlagnahme beim Import und Export wird nicht erörtert.

Die Arbeit enthält 5 Kapitel. In Kapitel 1 geht es um die theoretischen Grundlagen, betreffend die drei wichtigsten Aspekte, die für dieses Thema relevant sind: Piraterie, Grenzbeschlagnahme und Transit.

In Kapitel 2 geht es um die internationalen Rechtsgrundlagen. Hierbei wird insbesondere auf die Pariser Verbandsübereinkunft zum Schutz des gewerblichen Eigentums (PVÜ[15]), auf das TRIPs-Abkommen und auf das GATT-Abkommen einzugehen sein.

Kapitel 3 wendet sich dann dem eigentlichen Thema dieser Arbeit zu, nämlich dem Markenschutz durch Grenzbeschlagnahmen beim Transit vor dem Hintergrund des deutschen bzw. des EU-Rechts. Dieses Kapitel besteht aus vier Absätzen. In Absatz A wird auf die Situation vor dem Inkrafttreten der Markenrichtlinie am 16. Dezember 2015 eingegangen. Hierbei werden die einschlägigen Bestimmungen des MarkenG und der Markenrichtlinie näher untersucht, gefolgt von einer Darstellung des Grenzbeschlagnahmeverfahrens gemäß dem MarkenG und

12 Das Markenrecht ist mit Abstand das am häufigsten betroffene Schutzrecht. Im Jahr 2018 erfolgten 88,13 % der von den Zollbehörden der EU durchgeführten Grenzbeschlagnahmen aufgrund des Verdachts eines Verstoßes gegen Markenrechte. Vgl. hierzu *Europäische Kommission, Report on EU customs enforcement of intellectual property rights – results at the EU border 2018*, 2019, S. 17.

13 Der Anteil der Waren, die durch die Zollbehörden der EU wegen des Verdachts eines Verstoßes gegen geistige Eigentumsrechte beim Transit beschlagnahmt wurden, ist im Verlauf der letzten Jahre kontinuierlich gestiegen. Lag er im Jahr 2011 bei rund 5 %, so betrug dieser Prozentsatz im Jahr 2018 bereits rund 9 %. Vgl. hierzu *Europäische Kommission, Report on EU customs enforcement of intellectual property rights – results at the EU border 2011*, 2012, S. 19; *ders., Report on EU customs enforcement of intellectual property rights – results at the EU border 2018*, 2019, S. 18.

14 Auf die Möglichkeit der Beschlagnahme von Originalwaren beim Parallelimport wird in dieser Arbeit nicht eingegangen.

15 Pariser Verbandsübereinkunft zum Schutz des gewerblichen Eigentums vom 20. März 1883 in der Stockholmer Fassung vom 14. Juli 1967, zuletzt geändert am 2. Oktober 1979.

den Verordnungen der Europäischen Union sowie einem kurzen Überblick über die Warenverkehrsfreiheit nach AEUV; im Anschluss daran werden relevante Gerichtsentscheidungen zu diesem Thema analysiert. Abgerundet wird Absatz A durch ein Fazit. Absatz B geht sodann auf die neue Transitregelung ein, die in der Markenrichtlinie vom 16. Dezember 2015 vorgesehen ist. In diesem Absatz wird eine detaillierte Darstellung des Gesetzgebungsverfahrens vorgenommen, das zur Schaffung der neuen Transitregelung im Rahmen der EU-Markenrechtsreform geführt hat. In Absatz C wird auf die möglichen Konflikte eingegangen, die aufgrund der neue Transitregelung auftreten könnten, insbesondere in Bezug auf das Internationale Recht (Art. V Abs. 2 GATT). In Absatz D schließlich werde ich eine neue Interpretationslinie zu diesem Thema entwickeln.

In Kapitel 4 geht es um einen kurzen Überblick über die Rechtslage in Brasilien, um in groben Grundzügen darzustellen, wie diese Thematik in einem anderen wichtigen Transitland behandelt wird, das ja ein bedeutender Handelspartner Deutschlands ist. Darüber hinaus werde ich Vorschläge *de lege ferenda* unterbreiten.

In Kapitel 5 werden die wichtigsten Aspekte des hier zu untersuchenden Themas sowohl nach deutschem bzw. europäischem Recht als auch nach brasilianischem Recht zusammengefasst, um so die jeweiligen Gemeinsamkeiten und Unterschiede herauszuarbeiten.

Die Arbeit wird dann mit einem Ergebnis abgeschlossen.

1. Kapitel: Theoretische Grundlagen

A Piraterie

Die Piraterie ist ein weltweites Phänomen. Schon vor etwas mehr als zehn Jahren schätzte die Internationale Handelskammer den Anteil der Pirateriewaren am weltweiten Handel auf etwa 10 %[16]. Im Jahr 2013 wurde der Gesamtwert gefälschter bzw. nachgeahmter Waren, global betrachtet, mit 461 Milliarden US-Dollar veranschlagt. Und die Prognosen für 2022 besagen, dass dieser Wert bis dahin 991 Milliarden US-Dollar erreichen wird[17].

Wenngleich es natürlich unmöglich ist, den Umfang des weltweiten Handels mit Pirateriewaren genau zu bestimmen, so liefern die genannten Schätzungen doch einen deutlichen Hinweis auf die wahren Dimensionen und die Tragweite des Problems. Bei einer Umfrage unter mittelständischen Unternehmen in Deutschland gaben 39 % der Befragten an, dass die Piraterie eines der relevantesten Sicherheitsrisiken für ihre Tätigkeiten im In- und Ausland sei[18]. Allein zwischen 2015 und 2018 wurden rund 140 Millionen Produkte von den Zollbehörden der Europäischen Union wegen des Verdachts eines Verstoßes gegen geistige Eigentumsrechte beschlagnahmt[19].

War es anfangs vor allem die Luxusgüterindustrie, die von der Piraterie betroffen war, so griff sie im Verlauf der Zeit immer stärker um sich, was schließlich dazu führte, dass sie heute eine Bedrohung für Produkte aus sämtlichen Industriezweigen darstellt[20]. Die negativen Auswirkungen der Piraterie sind unterschiedlicher

---

16 *Cordes*, GRUR 2007, 483.

17 *Frontier Economics, Ltd., The Economic Impacts of Counterfeiting and Piracy*, 2016, S. 14 f.

18 *Corporate Trust*, Studie: Gefahrenbarometer, 2010, S. 45.

19 *Europäische Kommission, Report on EU customs enforcement of intellectual property rights – results at the EU border 2018*, 2019, S. 9.

20 Im Jahr 2018 wurden die Produkte, die von den Zollbehörden der EU wegen des Verdachts auf einen Verstoß gegen geistiges Eigentum beschlagnahmt wurden, in 36 Kategorien unterteilt. Vgl. hierzu *Europäische Komission, Report on EU customs enforcement of intellectual property rights – results at the EU border 2018*, 2019, S. 13.

Art[21], sei es für die Markeninhaber, für die Verbraucher oder für die Volkswirtschaft als Ganzes[22]. Für den **Inhaber einer Marke** wirkt sich die Piraterie ganz unmittelbar als Umsatzverlust aus, gelangen hierdurch doch Produkte zu erheblich niedrigeren Preisen auf den Markt – Preisen, die nur deshalb so niedrig sein können, weil die „Piraten", die ja keine Kosten etwa für Forschung, Entwicklung und Marketing aufwenden müssen, kein oder ein wesentlich geringeres Unternehmensrisiko tragen. Im Jahr 2013 schätzte der Verband Deutscher Maschinen- und Anlagenbau (VDMA) den Umsatzverlust seiner Mitglieder auf 7,9 Milliarden Euro[23]. Doch das ist noch nicht alles: Es gibt auch negative Auswirkungen auf das Markenimage, die durch die niedrige Qualität der Piraterieprodukte bedingt sind, vor allem dann, wenn der Verbraucher diese für die Originale hält. Ein anderer wichtiger Punkt im Bereich des Imageschadens, der in besonderem Maße für die Luxusartikelindustrie ein Problem darstellt, betrifft den Verlust an Exklusivität bzw. die Verwässerung von Marken. Viele Verbraucher erwerben Luxusartikel ja gerade aufgrund des exklusiven Charakters bestimmter Marken. Wenn nun aber gefälschte Produkte, die mit den Originalen identisch zu sein scheinen, in Umlauf kommen, so büßt die Marke an Exklusivität ein. Hinzu kommen noch die Kosten, die der Markeninhaber für gerichtliche oder außergerichtliche Maßnahmen zur Bekämpfung der Piraterie aufzuwenden hat, oder die ihm aufgrund von Beschwerden[24] seitens der Verbraucher entstehen. Was den **Verbraucher** betrifft, so ist ferner der Vermögensschaden zu berücksichtigen, der durch den Erwerb von Produkten verursacht wird, die keiner strengen Qualitätskontrolle standhalten mussten, weshalb sie nicht die erhoffte Gegenleistung bieten und im Falle von

---

21 Zum Thema siehe *Braun*, Produktpiraterie, 1993, S. 31 ff.; *Harte-Bavendamm*, Handbuch der Markenpiraterie in Europa, 2000, S. 9 ff.; *Schuhmacher*, Die Marken(artikel)piraterie, 2003, S. 34 ff.; *Welser/González*, Marken- und Produktpiraterie, 2007, S. 47 ff.; *Amschewitz*, Die Durchsetzungsrichtlinie und ihre Umsetzung im deutschen Recht, 2008, S. 12 ff.

22 Hilty unterzieht das Verhältnis zwischen den Verbraucherinteressen und dem öffentlichen Interesse einerseits sowie dem Umfang der Rechte des Inhabers von Schutzrechten andererseits einer kritischen Betrachtung. Siehe *Hilty*, in: *Geiger*, Criminal Enforcement of Intellectual Property, 2012, S. 22 f.

23 *VDMA*, Produktpiraterie, 2014, S. 6.

24 Vgl. hierzu *Welser/González*, Marken- und Produktpiraterie, 2007, S. 49.

Funktionsstörungen sogar weitere Sachschäden hervorrufen können. Darüber hinaus kann der Verbraucher – was noch schwerer wiegt – auch lebensgefährliche oder substanzielle gesundheitliche Schäden erleiden, eine Gefahr, die Produkte verschiedenster Industriezweige betrifft.

So können beispielsweise gefälschte Autoersatzteile zu tragischen Verkehrsunfällen führen; gefälschte Produkte aus dem Bereich Lebensmittel und Getränke können Giftstoffe enthalten, die schwerwiegende Beeinträchtigungen der Gesundheit hervorrufen; Gleiches gilt auch für nachgeahmte Kosmetika und Körperpflegeprodukte; gefälschte Spielwaren können durch ihren Gebrauch ebenfalls gesundheitliche Probleme verursachen, vor allem wenn sie vorrangig für Kinder bestimmt sind (so birgt ja schon ein einziges loses Teil die Gefahr in sich, von einem Kind verschluckt zu werden); natürlich können aber vor allem gefälschte Medikamente zu gravierenden Gesundheitsschäden und im Extremfall sogar zum Tod führen (man kann ja nie genau wissen, in welcher Menge der aktive Wirkstoff in einem gefälschten Medikament tatsächlich enthalten ist)[25]; gefälschte Elektroartikel wiederum können Brände oder Explosionen verursachen; gefälschte Baumaterialien schließlich können sowohl für den Verbraucher als auch für die Allgemeinheit desaströse Folgen haben, wenn sie beispielsweise für die Errichtung von Ölplattformen, Pipelines, Raffinerien und Kraftwerken verwendet werden.

Auch auf die **Volkswirtschaft** wirkt sich die Piraterie negativ aus: Dem Staat gehen beträchtliche Einnahmen verloren, was zum einen daran liegt, dass die gefälschten Produkte in der Regel in Schwarzarbeit hergestellt werden, und zum anderen daran, dass auch die Unternehmen, die von der Piraterie betroffen sind, weniger Gewinne machen. Abgesehen davon erzeugt die Piraterie ein schlechtes

---

25 Für eine eingehende Darstellung und Analyse des Problems des internationalen Handels mit gefälschten Medikamenten einschließlich seiner verhängnisvollen Folgen für die Gesellschaft siehe *OECD/EUIPO, Trade in Counterfeit Pharmaceutical Products*, 2020. Laut diesem Bericht erreichte der internationale Handel mit gefälschten Medikamenten beispielsweise im Jahr 2016 einen Wert von 4,4 Milliarden US-Dollar. Des Weiteren hebt der Bericht hervor, dass Schätzungen zufolge jedes Jahr zwischen 72.000 und 169.000 Kinder nach der Einnahme gefälschter Medikamente an Lungenentzündung sterben; überdies sollen gefälschte Medikamente gegen Malaria für 116.000 Todesfälle jährlich verantwortlich sein.

Investitionsklima in den Ländern, in denen sich die Behörden kaum um ihre Bekämpfung kümmern oder in denen das Rechtssystem kein wirksames Vorgehen gegen sie erlaubt, wodurch ausländische Unternehmen vor Investitionen zurückgeschreckt werden könnten. So belief sich der globale Rückgang ausländischer Investitionen im Jahr 2013 auf schätzungsweise 111 Milliarden US-Dollar, während für 2022 prognostiziert wird, dass dieser Wert sogar 231 Milliarden US-Dollar erreichen wird[26]. Ein anderer wichtiger Punkt ist der Rückgang von Arbeitsplätzen. So schätzt der VDMA, dass im Jahr 2013 bei den deutschen Unternehmen im Bereich Maschinen- und Anlagenbau allein durch die Piraterie rund 38.000 Arbeitsplätze verloren gegangen sind[27]. Weltweit betrachtet, werden die Verluste an Arbeitsplätzen durch die Piraterie für das Jahr 2013 auf 2 bis 2,6 Millionen geschätzt, während für 2022 ein Wert zwischen 4,2 und 5,4 Millionen prognostiziert wird[28]. Es versteht sich von selbst, dass dies einen Anstieg der Staatsausgaben für die sozialen Sicherungssysteme zur Folge hat. All diese schädlichen Auswirkungen der Piraterie verdeutlichen die Dringlichkeit, mit der dieses Thema behandelt werden muss. Zudem sieht nicht zuletzt die INTERPOL[29] einen Zusammenhang zwischen der Piraterie und der international organisierten Kriminalität: Sie verweist insbesondere darauf, dass die Gewinne, die mit der Vermarktung von Pirateriеprodukten erzielt werden, nicht selten zur Finanzierung anderer krimineller Machenschaften wie z. B. Drogen- oder Menschenhandel, Korruption, Bestechung, Geldwäsche, Cyberkriminalität, Umweltverbrechen und Terrorismus verwendet werden[30]. Wie die INTERPOL des Weiteren hervorhebt, beeinträchtigt der Handel mit gefälschten und nachgeahmten Waren die Weltwirtschaft und die öffentliche Gesundheit auf globaler Ebene. Und sie setzt hinzu: „Alle Regio-

26 *Frontier Economics, Ltd., The Economic Impacts of Counterfeiting and Piracy*, 2016, S. 50.

27 *VDMA*, Produktpiraterie, 2014, S. 6.

28 *Frontier Economics, Ltd., The Economic Impacts of Counterfeiting and Piracy*, 2016, S. 50, S. 8.

29 Die INTERPOL ist mit 190 Mitgliedsstaaten die größte internationale Polizeiorganisation der Welt. Siehe für weitere Informationen ihre offizielle Website: https://www.interpol.int/en.

30 Vgl. hierzu den Abschnitt *Illicit goods – the issues* auf der offiziellen Website der Interpol, abrufbar unter <https://www.interpol.int/Crimes/Illicit-goods/Illicit-goods-the-issues>.

nen der Welt und sämtliche Industriezweige sind davon betroffen“[31]. Vor diesem Hintergrund lancierte das *United Nations Office on Drugs and Crime* im Jahr 2013 die global angelegte Kampagne *Counterfeit: Don't buy into organized crime*, um das Bewusstsein der Verbraucher dafür zu schärfen, dass der Erwerb von Piraterieprodukten der Finanzierung krimineller Organisationen dienen kann und eine Gefährdung der Gesundheit und Sicherheit der Verbraucher bedeutet[32]. Im Informationsmaterial zu dieser Kampagne wird darüber hinaus auf die Umweltschäden hingewiesen, die durch die Piraterie verursacht werden, sowie auf die Arbeitsbedingungen derjenigen, die zur Herstellung gefälschter Produkte herangezogen werden[33]. Bezüglich des ersten Aspekts wird in besagtem Informationsmaterial hervorgehoben, dass die Herstellung von Pirateriewaren aufgrund der Tatsache, dass sie sich jeglicher Regulierung entzieht, zu gravierenden Umweltschäden führen kann. Als Beispiel dafür wird etwa die Entsorgung toxischer Färbemittel sowie von Elektroschrott und chemischen Substanzen genannt, die in der Regel nicht in einer der Umwelt zuträglichen Weise erfolgt. Des Weiteren wird auf die Luftverschmutzung hingewiesen, die durch das jeweilige Herstellungsverfahren unter Missachtung der für den fraglichen Industriezweig geltenden Vorschriften verursacht wird. Da die Produktion fast immer heimlich erfolgt – wie im Informationsmaterial der Kampagne weiter hervorgehoben wird –, ist es oft schwierig, wenn nicht gar unmöglich, die Verantwortlichen für solche Umweltschäden zu identifizieren bzw. zur Rechenschaft zu ziehen. Was den zweiten Aspekt betrifft, so werden neben den Arbeitsbedingungen im Allgemeinen insbesondere die miserable Vergütung und die Missachtung der Arbeitnehmerrechte angeprangert. Die Arbeiter, bei denen es sich oft um Kinder handelt, werden nicht nur schlecht bezahlt, sondern sind ihren Peinigern zumeist auch schutzlos ausgeliefert, ohne dass man sich um ihre Sicherheit oder um sonstige Vorschriften kümmern würde. Hinzuzufügen bleibt, dass die Piraterie, von den oben aufgeführten negativen Auswirkungen einmal abgesehen, einen frontalen Verstoß gegen die Rechtsord-

31 Ebenda.

32 Für weitere Informationen siehe die offizielle Webseite der Kampagne: https://www.unodc.org/counterfeit/.

33 *UNODC, The Illicit Trafficking of Counterfeit Goods and Transnational Organized Crime*, 2013, S. 4.

nung und die öffentliche Ordnung im Allgemeinen darstellt. Und so gelangt das Informationsmaterial zu dem folgenden Schluss: „The illicit trafficking of counterfeit goods is a crime which touches virtually everyone in one way or another".

Es gibt keine einheitliche Terminologie, um sich im Rahmen des Geistigen Eigentums mit dem Problemfeld der Piraterie zu befassen. Sowohl in der deutschen als auch in der ausländischen Rechtslehre kommt es hier zu gewissen Unstimmigkeiten. Am häufigsten werden die Begriffe **Markenpiraterie** und **Produktpiraterie** verwendet[34]. Doch selbst diese beiden Termini sind nicht ganz eindeutig. Von Markenpiraterie spricht man in der Regel dann, wenn Produkte auf täuschende Art nachgeahmt werden, und wenn diese Nachahmung mit einer unzulässigen Nutzung von Marken oder Geschäftsbezeichnungen Dritter verbunden ist. Es wird also von einer Nachahmung sowohl eines Produkts als auch einer Marke ausgegangen. Von Produktpiraterie spricht man hingegen für gewöhnlich dann, wenn Produktnachahmungen außerhalb des Markenrechts gemeint sind, also vor allem im Geschmacksmuster-, Patent- und Urheberrechtsbereich. Manche Autoren sehen den Terminus Produktpiraterie allerdings eher als einen Oberbegriff, von dem die Markenpiraterie lediglich einen Unterfall darstellt[35]. Da sich die vorliegende Arbeit auf den Bereich des Markenrechts beschränkt – also auf die Schutzrechte, die am häufigsten von der Piraterie betroffen sind –, soll im weiteren Verlauf nur noch der Begriff Markenpiraterie verwendet werden.

B Grenzbeschlagnahme

Wie unschwer zu erkennen ist, stellt der Ausdruck „Grenzbeschlagnahme" ein Kompositum dar, das sich aus den Wörtern „Grenze" und „Beschlagnahme" zusammensetzt. Der *Duden* gibt die primäre Bedeutung des Wortes **Grenze** wie

---

34 Ausführlich zum Thema siehe *Knaak*, Die nationalen und internationalen Arbeiten gegen die Markenpiraterie – Eine Zwischenbilanz, GRUR Int. 1988, 1, 4; *Harte-Bavendamm*, Handbuch der Markenpiraterie in Europa, 2000, S. 12 ff.; *Schuhmacher*, Die Marken(artikel)piraterie, 2003, S. 19 ff.; *Amschewitz*, Die Durchsetzungsrichtlinie und ihre Umsetzung im deutschen Recht, 2008, S. 7 ff.

35 *Meister*, Aspekte der Produktpiraterie, WRP 1991, S. 138; *Harte-Bavendamm*, Handbuch der Markenpiraterie in Europa, 2000, S. 14; *Kettner*, Die Bekämpfung der Produktpiraterie jenseits des Zivilrechts, 2011, S. 27 ff.

folgt an: „(durch entsprechende Markierungen gekennzeichneter) Geländestreifen, der politische Gebilde (Länder, Staaten) voneinander trennt“[36]. Eine Grenze zwischen zwei oder mehreren Nachbarstaaten stellt somit eine geografische Trennlinie zwischen ihren jeweiligen Staatsgebieten dar[37]. Und an eben dieser Grenze endet die Hoheit der betreffenden Staaten[38]. Für das vorliegende Thema sind des Weiteren die Zollgrenzen von Belang, durch welche die Zollgebiete[39] von Staaten abgegrenzt werden. Das Zollgebiet kann, muss aber nicht identisch mit dem Staatsgebiet sein, weshalb auch die Zollgrenze nicht zwingend mit der Staatsgrenze übereinstimmen muss[40]. Die Kontrolle der Zollgrenze wird durch den Zoll gewährleistet, der somit für die Überwachung des grenzüberschreitenden Warenverkehrs zuständig ist[41]. Die Bedeutung des Wortes **Beschlagnahme** hingegen ergibt sich, soweit es seinen normativen Gehalt betrifft, aus der Strafprozessordnung (StPO), und dort insbesondere aus den Abs. 1 und 2 von § 94. Gemäß diesen Bestimmungen ist die Beschlagnahme eine Maßnahme, die dann ergriffen wird, wenn sich Gegenstände, die für eine Untersuchung als Beweismittel wichtig sein könnten, im Gewahrsam einer Person befinden und nicht freiwillig herausgegeben werden[42]. Durch besagte Maßnahme werden die betreffenden Gegenstände in amtliche Verwahrung genommen, also in den Besitz einer amtlichen Behörde überführt[43]. Wörtlich genommen, ist der Begriff **Grenzbeschlagnahme**, für den es keine Legaldefinition gibt, demnach im Sinne einer Maßnahme zu verstehen, die der Überführung von Waren in amtliche Verwahrung dient und von den

---

36 Dudenredaktion, 2019, S. 767.

37 Ausführlich zum Thema Staatsgebiet, Staatsgrenzen und Grenzverlauf siehe *von Arnauld*, Völkerrecht, 2019, S. 29 ff.; *Stein/von Buttlar/Kotzur*, Völkerrecht, 2017, S. 86 ff.

38 *von Arnauld*, Völkerrecht, 2016, S. 35, 360 f.

39 Zum Thema Zollgebiet siehe *Reuter/Fuchs*, Das neue Zollrecht der Europäischen Union, 2016, S. 46 f.; *Witte* in: *Witte* (Hrsg.), Kommentar zum Zollkodex, 2018, Art. 4 Rn. 1 ff.

40 Beispielhaft sei hier die Enklave Büsingen genannt, die zwar zum deutschen Staatsgebiet gehört, sich aber im Zollgebiet der Schweiz befindet.

41 Für einen Überblick über die Tätigkeit der deutschen Zollbehörden siehe *Scherbauer*, Die Grenzbeschlagnahme von Produktpiraterienwaren im Immaterialgüterrecht, 2000, S. 63 ff.

42 Zu den Abs. 1 und 2 von Paragraph 94 StPO und ihren Voraussetzungen siehe *Köhler*, in: *Meyer-Goßner/Schmitt*, StPO, 2020, § 94, Rn. 1 ff.

43 Köhler, in: *Meyer-Goßner/Schmitt*, StPO, 2020, § 94, Rn. 15 f.

Zollbehörden an der Zollgrenze des jeweiligen Staates durchgeführt wird[44]. Im spezifischen Kontext der Markenpiraterie betrifft diese Maßnahme solche Waren, bei denen der Verdacht einer Verletzung von Markenrechten Dritter besteht. Die Möglichkeiten eines Einschreitens seitens der Zollbehörden beschränken sich jedoch nicht allein auf Maßnahmen an der Grenze[45]. Vielmehr können sie bei jeglichen Waren einschreiten, die zur Überführung in den zollrechtlich freien Verkehr angemeldet wurden. Und im Rahmen der vereinfachten Zollverfahren[46] können diese Anmeldungen auch bei einer Binnenzollstelle, und nicht nur bei einer Grenzzollstelle abgegeben werden. Die Grenzbeschlagnahme hat sich im Lauf der Jahre als ein wichtiges Instrument zur Bekämpfung der Markenpiraterie erwiesen. So wurden zwischen 2008 und 2015 allein von den Zollbehörden der EU rund 670 Millionen Produkte beschlagnahmt, bei denen der Verdacht einer Verletzung geistiger Eigentumsrechte bestand[47]. Eine Grenzbeschlagnahme kann im Wesentlichen nur dann erfolgen, wenn sich ein Produkt im Import- oder Exportverfahren bzw. im Transit befindet – der Umfang der vorliegenden Arbeit beschränkt sich auf den letztgenannten Fall.

C Transit

I Begriffsdefinition

> „This morning, I was awakened by an alarm-clock made by Philips, the well-known Dutch multi-national. I washed myself with a Yard-

---

44 Eine ähnliche Definition findet man bei *Scherbauer*, Die Grenzbeschlagnahme von Produktpirateriewaren im Immaterialgüterrecht, 2000, S. 58.

45 *Harte-Bavendamm* weist in diesem Zusammenhang darauf hin, dass man sich durch die in der Praxis oft als Synonyme verwendeten Ausdrücke „Grenzbeschlagnahme" und „Einschreiten der Zollbehörde" nicht zu dem Trugschluss verleiten lassen dürfe, das Einschreiten beziehe sich allein auf Maßnahmen an der Grenze. Vgl. *Harte-Bavendamm*, Handbuch der Markenpiraterie in Europa, 2000, S. 161 f.

46 Eingehend zum Thema Zollverfahren sowie auch zu den vereinfachten Verfahren siehe *Schulmeister et al.* in: *Witte/Wolfgang* (Hrsg.), Lehrbuch des Zollrechts der Europäischen Union, 2016, S. 232 ff.

47 *Europäische Kommission, Report on EU customs enforcement of intellectual property rights – results at the EU border 2015*, 2016, S. 12.

> ley soap (UK), shaved with Palmolive cream (USA) and used after shave Eau Sauvage (France). Out of my German fridge – a Siemens – I took a Jaffa orange juice imported from Israel while listening to the news on a Sony radio (Japan). I rushed into a taxi (it was a Volvo, Sweden) and here I am, standing on a carpet which I recognize as made by Van Besouw, a Belgian industry“[48].

Das Zitat, das diesem Kapitel als Motto vorausgestellt wurde, entstammt einer Rede, die 1985 während der Welthandelskonferenz gehalten wurde[49]. Schon damals, vor über 30 Jahren, verwies der Vortragende also recht anschaulich auf das Ausmaß und die Bedeutung, die der internationale Austausch von Waren und Dienstleistungen bis dahin angenommen hatte. Und sein Umfang erscheint umso größer, bedenkt man, dass der Herstellungsort eines Produkts in vielen Fällen nicht mit dem Herkunftsort des betreffenden Herstellers übereinstimmt. Laut den Statistiken des Bundesamts für Güterverkehr für das Jahr 2015 erreichte die allein in Deutschland im Straßen-, Schienen- und Binnenschiffsverkehr beförderte Gütermenge ein Volumen von 3,7 Milliarden Tonnen[50]. In diesem Zusammenhang des internationalen Handels spielt der Begriff *Transit* eine wichtige Rolle. Der *Duden* gibt seine Bedeutung wie folgt an: „Durchfuhr von Waren oder Durchreise von Personen durch ein Drittland“[51]. Es ist also kein Zufall, dass der Begriff *Transit* üblicherweise als Synonym für Durchfuhr verwendet wird[52]. Wenn es auch weder im deutschen, noch im europäischen oder im internationalen Recht eine spezifische Legaldefinition für den Terminus *Transit* gibt, so lässt sich dem Außenwirtschaftsgesetz § 2 IX Nr. 1 und 2 doch immerhin eine Legal-

48 *Morello*, The Consumer in World Trade, 1986, S. 303.

49 Die Welthandelskonferenz von 1985, die den Titel „Trade in transit“ trug, wurde gemeinsam vom World Trade Center Amsterdam und der Vrije Universiteit Amsterdam veranstaltet, um der Eröffnung des World Trade Center von Amsterdam zu gedenken.

50 *Bundesamt für Güterverkehr*, Marktbeobachtung Güterverkehr – Jahresbericht 2015, 2016, S. 6.

51 Dudenredaktion, 2019, S. 1808.

52 *Schilling*, der Transit als Markenrechtsverletzung, Konstanz 2011, S. 10.

definition für den Begriff Durchfuhr entnehmen[53]: Demzufolge wäre Durchfuhr „die Beförderung von Waren aus dem Ausland durch das Inland, ohne dass die Waren im Inland in den zollrechtlich freien Verkehr gelangen“, sowie „die Beförderung von Waren des zollrechtlich freien Verkehrs aus einem anderen Mitgliedstaat der Europäischen Union durch das Inland“. Obwohl sich diese Definition nicht speziell auf das Markenrecht bezieht, so ist sie doch hilfreich, um das Thema richtig einordnen zu können. Diese Durchfuhr umfasst nicht nur die Durchfahrt durch ein Land im Straßenverkehr, sondern auch die Verbringung von Waren an einen See- oder Flughafen, um von dort aus in ein anderes Land verschifft oder ausgeflogen zu werden.

Im Zusammenhang mit dem Markenrecht befasste sich sowohl die Literatur als auch die Rechtsprechung wiederholt mit dem Thema Transit. Im Wesentlichen unterschied man dabei zwischen **reinem Transit** und **gebrochenem Transit** sowie zwischen **Transit im engeren** und **im weiteren Sinne**. Beim **reinen Transit** gehen die transportierten Waren bei der Durchfuhr durch das Transitland nicht in den Wirtschaftskreislauf der Union ein, bzw. sie kommen mit dem inländischen Wirtschaftsverkehr nicht in Berührung[54]. In der älteren Rechtsprechung und Literatur wurde diese Form auch als **ungebrochener Transit** bzw. **Transit im engeren Sinne** bezeichnet[55]. Beim **gebrochenen Transit** hingegen, auch **Transit im weiteren Sinne** genannt, gelangen die Waren in den Wirtschaftskreislauf der Union, wo sie entweder mit dem Status von Unionswaren verbleiben oder von wo aus sie in Länder exportiert werden, die kein EU-Mitglied sind[56]. Das Unterscheidungsmerkmal zwischen den beiden Transitformen ergibt sich also aus der Fragestellung, ob die Waren bei der Durchfuhr durch das Transitland in den Wirtschaftskreislauf der Union eingehen bzw. ob es ein Handelsgeschäft im Transitland gibt.

---

53 Außenwirtschaftsgesetz vom 6. Juni 2013 (BGBl. I S. 1482), zuletzt geändert durch Art. 6 G zur Neuorganisation der Zollverwaltung vom 3. Dezember 2015 (BGBl. I S. 2178).

54 *Schilling*, Der Transit als Markenrechtsverletzung, 2011, S. 11 f.

55 *Busse/Starck*, Warenzeichengesetz, 1990, § 15, Rn. 20; BGHZ 23, 100 (106) – Taeschner/Pertussin I.

56 *Schilling*, Der Transit als Markenrechtsverletzung, 2011, S. 12.

Der gebrochene Transit, bei dem die eingeführten Waren bei der Durchfuhr durch das Transitland in den Wirtschaftskreislauf der Union gelangen, erfüllt ohne weiteres das Kriterium einer Benutzungshandlung der Einfuhr gemäß § 14 Abs. 3 Nr. 4 MarkenG. Gleiches gilt auch für die in derselben Vorschrift vorgesehene Benutzungshandlung der Ausfuhr, falls die Waren anschließend in ein Nicht-EU-Land exportiert werden. Unproblematisch ist auch in diesem Fall die Erfüllung des Tatbestands des Inverkehrbringens bzw. des Besitzes zum Zwecke des Inverkehrbringens, wie dies in § 14 Abs. 3 Nr. 2 da MarkenG vorgesehen ist. Somit kann sich der Markeninhaber, gestützt auf das MarkenG, ohne größere Schwierigkeiten gegen den gebrochenen Transit zur Wehr setzen.

Beim reinen Transit hingegen, bei dem ja die Waren bei der Durchfuhr durch das Transitland nicht in den Wirtschaftskreislauf der Union gelangen, wird der Vorgang durch die in § 14 Abs. 3 MarkenG vorgesehenen Benutzungshandlugen nicht ohne weiteres erfasst. Aus diesem Grund bleibt das Thema der vorliegenden Arbeit auf diese Form des Transits beschränkt.

II Transitkonstellationen

Beim Thema Transit von Markenwaren überschneiden sich das Zollrecht und das Markenrecht. Doch das ist noch nicht die einzige Schwierigkeit: Abgesehen von den Überschneidungen beider Regelungskomplexe ist auch zu berücksichtigen, dass die Möglichkeit einer sich auf das MarkenG bzw. die MarkenRL gründenden Beschlagnahme von Pirateriewaren, wenn diese das Transitland passieren, in direktem Zusammenhang mit dem Zollverfahren[57] steht, das für den Transport besagter Waren gewählt wird. Wird als Zollverfahren beispielsweise die Überlassung zum zollrechtlichen freien Verkehr der Union gewählt, so gelangen die Waren bei der Durchfuhr durch das Transitland, *i.e.* an der ersten Eingangszollstelle, in den Wirtschaftskreislauf der Union, so dass dieses Vorgehen ohne weiteres den Tatbestand der Benutzungshandlung der Einfuhr gemäß § 14 III Nr. 4 MarkenG erfüllt. Wie wir gesehen haben, entspricht dies der Konstellation des gebro-

57 Eine Analyse der verschiedenen Arten von Zollverfahren würde den Rahmen dieser Arbeit sprengen. Vgl. eingehend zu diesem Thema die obige Fußnote 46.

chenen Transits. Wird als Zollverfahren hingegen das Versandverfahren oder das Zolllagerverfahren gewählt, so gelangen die Waren bei der Durchfuhr durch das Transitland nicht in den Wirtschaftskreislauf der Union, da sie ja in die jeweiligen Bestimmungsländer weitertransportiert werden, ohne benutzt oder verändert zu werden. Es ist fraglich, ob ein solches Handeln für das Transitland von wirtschaftlicher Bedeutung ist, bzw. ob es unter die Benutzungshandlungen gemäß § 14 III MarkenG subsumiert werden kann. Wie gesehen, haben wir es hier mit der Konstellation des reinen Transits zu tun.

Unter den verschiedenen möglichen Fallkonstellationen, die beim Transit von Marken- bzw. Pirateriewaren vorliegen können, sind für die vorliegende Arbeit folglich nur diejenigen von Interesse, bei denen das Zollverfahren, das für den Transport der Markenwaren gewählt wird, nicht dazu führt, dass diese bei der Durchfuhr durch das Transitland in den Wirtschaftskreislauf der Union gelangen. Im Wesentlichen ist also die folgende Konstellation denkbar:

- Markenwaren von außerhalb der EU werden auf dem Wege des Versand- oder Zolllagerverfahrens durch ein EU-Mitgliedsland transportiert und sind für ein Nicht-EU-Mitglied bestimmt;

Diese Konstellation hat die größten Kontroversen ausgelöst, wenn es um die Klärung der Frage ging, ob im Transitland Produkte beschlagnahmt werden könnten, welche die Markenrechte Dritter verletzen. In dieser Arbeit wird darauf eingegangen, ob bereits durch den bloßen Transit von Waren eine Verletzung von Markenrechten vorliegen kann oder nicht, bzw. ob, und in welcher Art, ein Markeninhaber durch Transithandlungen beeinträchtigt wird. In diesem Zusammenhang werden Gerichtsentscheidungen analysiert, die sich auf Fälle beziehen, welche sich der fraglichen Konstellation zuordnen lassen; des Weiteren werden die normativen Lösungsansätze erörtert, die bereits gefunden wurden, um die Lücken in der bisherigen Gesetzgebung zu schließen; ebenso wird untersucht, zu welchen Konflikten die neue Transit-Regelung künftig möglicherweise führen könnte.

2. Kapitel: Internationale Rechtsgrundlagen

A PVÜ

Die Pariser Verbandsübereinkunft, kurz PVÜ, die im Jahr 1883 von elf Staaten gezeichnet wurde[58], war das erste internationale Abkommen über Gewerblichen Rechtsschutz[59]. Sie enthielt die Grundsätze für die Bildung nationaler Rechtssysteme zum Schutz von Geistigem Eigentum und hatte die Wirkung eines Dachabkommens[60] für eine Reihe weiterer Sonderabkommen[61], die in ihrem Rahmen abgeschlossen wurden. Heute, also über ein Jahrhundert nach ihrer Verabschiedung, zählt die PVÜ, die von der *World Intellectual Property Organization* (WIPO) verwaltet wird, 176 Mitgliedsstaaten[62]. Ihr Originaltext wurde bei sechs verschiedenen Gelegenheiten revidiert, so zuletzt in Stockholm im Jahre 1967. Auch diese Stockholmer Fassung wurde 1979 noch einmal geändert. Zwischen den Jahren 1980 und 1984 fanden vier weitere Sitzungen der Diplomatischen Konferenz zur Revision der PVÜ statt, bei denen jedoch keine endgültigen Ergebnisse erzielt wurden[63]. Alle diese Revisionen, denen die PVÜ im Lauf der Jahre unterzogen

---

58 Die Gründungsstaaten der PVÜ waren Belgien, Brasilien, Frankreich, Guatemala, Italien, die Niederlande, Portugal, El Salvador, Serbien, Spanien und die Schweiz.

59 Für eine historische Analyse der PVÜ siehe *Beier,* GRUR Int. 1983, 339 ff.; *Ricketson,* The Paris Convention for the Protection of Industrial Property, 2015, S. 51 ff.

60 *Fezer,* Markenrecht, 2009, S. 2673 Rn. 2. Art. 19 der Stockholmer Fassung der PVÜ sieht vor, dass sich die Verbandsländer das Recht vorbehalten, untereinander einzelne Sonderabkommen zum Schutz des gewerblichen Eigentums zu treffen, sofern diese Sonderabkommen nicht gegen die Bestimmungen der PVÜ verstoßen. Vgl. hierzu *Troller,* Die mehrseitigen völkerrechtlichen Verträge im internationalen gewerblichen Rechtsschutz und Urheberrecht, 1965, S. 35.

61 Beispiele für solche Sonderabkommen sind etwa das Madrider Markenabkommen und der *Patent Cooperation Treaty* (PCT).

62 Für eine vollständige Liste der Mitgliedsstaaten siehe die Website: http://www.wipo.int/treaties/en/ShowResults.jsp?lang=en&treaty_id=2.

63 *Fezer,* ibid.

wurde, hatten das Ziel, das Schutzsystem der Übereinkunft zu perfektionieren, wie dies in ihrem Originaltext vorgesehen war[64].

Gleich in ihrem ersten Artikel hält die PVÜ fest, dass die Mitgliedsstaaten einen Verband zum Schutz des gewerblichen Eigentums bilden. Diese Definition zieht beträchtliche Rechtsfolgen nach sich. Denn indem durch den Abschluss der PVÜ ein Verband errichtet wurde, begründete sie nicht nur Rechte und Pflichten für ihre Mitgliedsstaaten und – sofern es von diesen erlaubt wird – für deren einzelnen Rechtssubjekte, vielmehr wurde eine juristische Person internationalen Rechts mit eigenen Organen ins Leben gerufen, um die Ziele der Übereinkunft umzusetzen[65].

Bodenhausen unterteilt die wichtigsten Rechtsnormen der PVÜ in vier Kategorien[66]. Die erste Kategorie umfasst abgesehen von Regelungen rein administrativer Art diejenigen Vorschriften des internationalen öffentlichen Rechts, welche die Rechte und Pflichten der Mitgliedsstaaten festlegen und für die Errichtung der Verbandsorgane gelten[67]. In der zweiten Kategorie finden sich hingegen Vorschriften, die von den Mitgliedsstaaten verlangen, bzw. es ihnen erlauben, auf dem Gebiet des gewerblichen Eigentums gesetzgeberisch tätig zu werden[68]. Die dritte Kategorie betrifft materielle Rechtsnormen bezüglich der Rechte und

---

64 Art. 14 der Originalfassung sah vor, dass die PVÜ in regelmäßigen Zeitabständen überarbeitet werden sollte, um auf diese Weise Verbesserungen des Schutzsystems einführen zu können.

65 *Miosga*, Internationaler Marken- und Herkunftsschutz, 1967, S. 9 f.; *Bodenhausen*, Guide to the Application of the Paris Convention, 1968, S. 19.

66 Eingehend zum Thema siehe *Bodenhausen*, Guide to the Application of the Paris Convention, 1968, S. 10 ff.

67 Beispiele für die Rechtsnormen dieser Kategorie sind die Vorschriften von Art. 12 (Pflicht der Mitgliedsstaaten, ein besonderes Amt für gewerbliches Eigentum einzurichten, sowie die Pflicht dieses Amtes, ein regelmäßig erscheinendes Blatt mit Angaben zu den erteilten Patenten und eingetragenen Marken herauszugeben) sowie von Art. 13 (Vorschrift über die Bildung einer Versammlung und über deren Zusammensetzung, Befugnisse und Aufgaben).

68 Beispiele dieser Kategorie sind die Bestimmungen von Art. 10 *bis* (1), wonach von den Mitgliedsstaaten verlangt wird, einen wirksamen Schutz gegen unlauteren Wettbewerb zu sichern, sowie von Art. 5 A(2), wo den Mitgliedsstaaten das Recht zugesichert wird, gesetzliche Maßnahmen zu treffen, um Missbräuche zu ahnden, die sich durch die Ausübung eines durch ein Patent verliehenen Exklusivrechts ergeben könnten.

Pflichten von Einzelpersonen, deren Umfang sich jedoch auf die Forderung beschränkt, dass das nationale Recht der Mitgliedsstaaten bei der Umsetzung der fraglichen Normen auf besagte Einzelpersonen anzuwenden sei[69]. Die vierte Kategorie schließlich beinhaltet materielle Rechtsnormen bezüglich der Rechte und Pflichten von Einzelpersonen, die nicht nur in allgemeiner Form die Anwendung des nationalen Rechts vorsehen, sondern deren Inhalt sich direkt auf die darin beschriebenen Situationen anwenden lässt[70]. In diesem Zusammenhang ist aber nochmals darauf hinzuweisen, dass die in der PVÜ vorgesehenen Rechtsnormen den Mitgliedsstaaten die Freiheit einräumen, gemäß ihren eigenen Interessen und Prioritäten gesetzgeberisch tätig zu werden. Was beispielsweise das Markenrecht betrifft, so legt die PVÜ nicht fest, ob dieses Schutzrecht durch die Benutzung, durch die Eintragung oder auf beiderlei Weise erworben wird. Ein anderer wichtiger Punkt besteht darin, dass die PVÜ es den Verbandsangehörigen freistellt, einen bestimmten Mindestschutz zu gewährleisten, so z. B. durch Vorschriften über den Schutz notorisch bekannter Marken, über den Ausübungs- und Benutzungszwang und gegen den unlauteren Wettbewerb[71]. Somit wird es den Mitgliedsstaa-

---

69 Ein Beispiel hierfür ist die Vorschrift von Art. 2, wonach die Staatsangehörigen eines jeden Mitgliedsstaates in allen anderen Mitgliedsstaaten dieselben Vorzüge genießen, welche die betreffenden Gesetze dieser Länder auch ihren eigenen Staatsangehörigen gewähren. In diesem Zusammenhang bleibt allerdings fraglich, ob die Einzelpersonen eine direkte Anwendung der Normen dieser Kategorie durch die nationalen Verwaltungsbehörden und Gerichte einfordern können, oder ob durch besagte Normen lediglich die Pflicht der Mitgliedsstaaten begründet wird, dafür Sorge zu tragen, dass ihre nationale Gesetzgebung eben diesen Normen entspricht. Anders gesagt geht es darum, ob diese Normen der PVÜ „self-executing“ sind oder nicht. Die Antwort darauf – so erläutert *Bodenhausen* – hängt im Wesentlichen von zwei Faktoren ab: Zum einen ist zu beachten, ob die Verfassungsordnung des Mitgliedsstaates es überhaupt zulässt, dass Vorschriften internationaler Abkommen „self-executing“ sind, und zum anderen muss geprüft werden, ob diese Vorschriften (in diesem Fall der PVÜ) in einer Weise formuliert sind, die eine direkte Anwendung auf die Einzelpersonen erlaubt. Vgl. *Bodenhausen*, Guide to the Application of the Paris Convention, 1968, S. 13 ff.

70 Wie schon bei den Rechtsnormen der dritten Kategorie, so stellt sich auch hier die Frage, ob diese Vorschriften „self-executing“ sind oder nicht. Beispiele hierfür sind die Bestimmungen der Art. 4 (Prioritätsrecht), 4 *bis* (Unabhängigkeit der Patente) und 4 *ter* (Recht des Erfinders, als solcher im Patent genannt zu werden).

71 *Beier*, GRUR Int. 1983, 339.

ten gestattet, in ihren nationalen Gesetzen einen weitreichenderen Schutz des gewerblichen Eigentums zu gewährleisten, als es den Bestimmungen der PVÜ entsprechen würde. Diese Freiheit, den in der PVÜ vorgesehenen Schutz des gewerblichen Eigentums zu erweitern, darf allerdings nicht dazu führen, dass die darin garantierten Rechte geschmälert werden[72].

Durch die PVÜ wurden grundlegende Prinzipien für den internationalen Schutz des gewerblichen Eigentums eingeführt, was etwa die Inländerbehandlung, das Prioritätsrecht, das Territorialitätsprinzip oder die Unabhängigkeit des Schutzes betrifft. Die in Art. 2 verankerte Inländerbehandlung bildet den Kern der PVÜ und sieht vor, dass jeder Mitgliedsstaat den Angehörigen der übrigen Mitgliedsstaaten dieselben Vorteile gewähren muss, die er den eigenen Staatsangehörigen gewährt[73]. Das in Art. 4 festgelegte Prioritätsrecht sieht vor, dass jeder Angehörige eines Mitgliedsstaates die Möglichkeit hat, das Datum der ersten Hinterlegung in einem der Mitgliedsstaaten als offizielles Hinterlegungsdatum für die übrigen Verbandsländer geltend zu machen, sofern er die nachfolgende Hinterlegung in den betreffenden Ländern innerhalb von sechs Monaten (bei gewerblichen Mustern und Marken) bzw. von zwölf Monaten (bei Patenten) vornimmt. Aus diesem Prioritätsrecht ergibt sich, dass nachfolgende Anmeldungen in den betreffenden Mitgliedsstaaten nicht aufgrund von Tatsachen für unwirksam erklärt werden können, die zwischen dem Datum der ersten Hinterlegung und dem der nachfolgenden Anmeldungen eintreten[74]. Das Territorialitätsprinzip legt fest, dass sich die Wirksamkeit des Schutzes als Marke, gewerbliches Muster oder Patent auf das Staatsgebiet desjenigen Mitgliedsstaates beschränkt, der diese Schutzrechte gewährt hat, wobei sich die Voraussetzungen, der Inhalt und der

---

72 *Bodenhausen* führt hier als Beispiel den hypothetischen Fall an, dass ein Mitgliedsstaat den Staatsangehörigen bestimmter Mitgliedsstaaten Prioritätsrechte mit längeren Fristen gewähren könnte, als sie in Art. 4 C (1) vorgesehen sind. Vgl. *Bodenhausen*, Guide to the Application of the Paris Convention, 1968, S. 16.

73 *Bodenhausen*, Guide to the Application of the Paris Convention, 1968, S. 27 ff.; *Fezer*, Markenrecht, 2009, S. 2705 Rn. 1; *Spuhler*, Das System des internationalen und supranationalen Schutzes von Marken, 2000, S. 59 ff.

74 *Bodenhausen*, Guide to the Application of the Paris Convention, 1968, S. 35; *Fezer*, Markenrecht, 2009, S. 2710 Rn 1. ff.; *Spuhler*, Das System des internationalen und supranationalen Schutzes von Marken, 2000, S. 63 f.

Umfang des Schutzes nach dem Recht eben dieses Staates richten[75]. Der in den Art. 4 *bis* und 6 enthaltene Grundsatz der Unabhängigkeit des Markenschutzes bzw. des Patentschutzes sieht vor, dass über die Eintragung einer Marke, eines Patents oder eines gewerblichen Musters derjenige Mitgliedsstaat zu befinden hat, in dem diese gemäß den nationalen Rechtsvorschriften hinterlegt wurden. Die Entscheidungen eines jeden Mitgliedsstaates sind somit unabhängig von den Entscheidungen der übrigen Verbandsländer einschließlich des Landes, in dem die Hinterlegung zuerst erfolgte[76].

Was im Speziellen die Grenzbeschlagnahme und den Transit von Waren betrifft, so finden sich die einschlägigen Rechtsnormen in Art. 9[77]. So heißt es in Art. 9 Abs. 1, dass ein Produkt, das widerrechtlich mit einer eingetragenen Marke eines Dritten gekennzeichnet ist, bei der Einfuhr in die Mitgliedsstaaten, in denen diese Marke geschützt ist, beschlagnahmt werden muss. Für den Fall, dass die Rechtsvorschriften des betreffenden Mitgliedsstaates keine Beschlagnahme bei der Einfuhr erlauben, wird die Beschlagnahme durch das Einfuhrverbot oder durch die Beschlagnahme im Inland ersetzt[78]. Gemäß Art. 9 Abs. 3 kann die Beschlagnahme auf Antrag der Staatsanwaltschaft, jeder anderen zuständigen Behörde oder einer beteiligten Partei erfolgen, sei dies eine natürliche oder eine juristische Person. In der Bestimmung von Art. 9 Abs. 1 bleibt die Möglichkeit

---

75 *Beier*, GRUR Int. 1968, 8, 12 ff.; *Spuhler*, Das System des internationalen und supranationalen Schutzes von Marken, 2000, S. 61 f.; *Hye-Knudsen*, Marken-, Patent- und Urheberrechtsverletzungen im europäischen Internationalen Zivilprozessrecht, 2005, S. 5 ff.

76 *Bodenhausen*, Guide to the Application of the Paris Convention, 1968, S. 61 ff., 87 f., *Fezer*, Markenrecht, 2009, S. 2716 Rn. 1. *Beier* kritisiert die Auffassung, wonach die territoriale Unabhängigkeit ein selbständiges Wesensmerkmal des Territorialitätsprinzips sei. Laut *Beier* ist sie lediglich eine Folge bestimmter Aspekte des Territorialitätsprinzips (Die Schutzwirkung beschränkt sich auf das Staatsgebiet des Mitgliedsstaates, das den Schutz gewährt hat, und für die Gewährung eben dieses Schutzes ist das nationale Recht eines jeden Mitgliedsstaates maßgeblich), vgl. *Beier*, GRUR Int. 1968, 8, 12.

77 Zum Thema siehe *Miosga*, Internationaler Marken- und Herkunftsschutz, 1967, S. 93 ff.; *Ricketson*, The Paris Convention for the Protection of Industrial Property, 2015, S. 599 ff.

78 Falls die Rechtsordnung eines Mitgliedsstaates keine dieser drei Alternativen zulässt, solange die entsprechenden Vorschriften nicht geändert werden, so werden die fraglichen Maßnahmen durch solche ersetzt, die das Recht des betroffenen Mitgliedsstaates für ähnliche Fälle vorsieht.

der Beschlagnahme auf den Kontext der Einfuhr beschränkt. Was den Warentransit betrifft, so überlässt es die PVÜ den Rechtsvorschriften jedes einzelnen Mitgliedsstaates, über die Möglichkeit einer Beschlagnahme rechtswidrig gekennzeichneter Produkte zu entscheiden[79]. Dementsprechend heißt es in Art. 9 Abs. 4 ziemlich klar: „Die Behörden sind nicht gehalten, die Beschlagnahme im Fall der Durchfuhr zu bewirken".

B GATT

Die Entstehung des GATT-Abkommens geht direkt auf die Anstrengungen der USA und des Vereinigten Königreichs zurück, nach dem Ende des zweiten Weltkriegs die Grundlagen für eine Weltwirtschaftsordnung zu schaffen[80]. Schon im Juli 1944 versammelten sich in Bretton Woods, New Hampshire, USA, unter angloamerikanischer Federführung 730 Delegierte aus den 44 alliierten Nationen, um über die Parameter zu beraten, nach denen sich die Weltwirtschaft im Anschluss an den zweiten Weltkrieg richten sollte. Bei diesem Treffen, das unter der Bezeichnung „Bretton-Woods-Konferenz" bekannt ist, zeichneten die teilnehmenden Länder das Abkommen über die Errichtung des Internationalen Währungsfonds und der Bank für Wiederaufbau und Entwicklung[81]. Ein weiteres Ergebnis der Konferenz war die an alle teilnehmenden Staaten gerichtete Aufforderung, schnellstmöglich eine Vereinbarung über die Reduzierung von Hindernissen im internationalen Handel anzustreben[82]. Im Hinblick darauf fand zwischen November 1947 und März 1948 in der kubanischen Hauptstadt Havanna

---

79 *Ricketson*, The Paris Convention for the Protection of Industrial Property, 2015, S. 601.

80 *Wehser, in*: *Wolfrum/Prill/Brückner* (Hrsg.), Handbuch Vereinte Nationen, 1977, S. 140. *Mavroidis* legt in diesem Zusammenhang eine Analyse der Gründe vor, die zur Ausarbeitung des GATT-Abkommens geführt haben. Vgl. hierzu *Mavroidis*, Trade in Goods, 2007, S. 6 ff. Siehe zum selben Thema auch *Jackson*, World Trade and the Law of GATT, 1969, S. 35 ff.; *Irwin/Mavroidis/Sykes*, The Genesis of the GATT, 2008, S. 5 ff.

81 *Mavroidis*, Trade in Goods, 2007, S. 3. Der „Final Act" dieses Abkommens und die damit verbundenen Dokumente sind abrufbar unter: https://fraser.stlouisfed.org/files/docs/historical/eccles/036_17_0004.pdf.

82 Vgl. den „Report of Comission III (Other Measures for International Monetary and Financial Cooperation)", der dem „Final Act" beigefügt ist.

eine Konferenz zum Thema Handel und Beschäftigung statt, die in der Zeichnung jener Übereinkunft gipfelte, die als „Havanna-Charta" bekannt wurde[83]. Dieses Abkommen enthielt Bestimmungen, die für die Bereiche Handelspolitik, Beschäftigung, wirtschaftliche Entwicklung, Wiederaufbau und Wettbewerb gelten sollten, und sah ferner die Schaffung einer Internationalen Handelsorganisation (*International Trade Organization* – ITO) vor, die dafür zuständig sein sollte, besagte Bestimmungen durchzusetzen. Neben dem IWF und der Weltbank war der ITO somit die Rolle einer dritten Säule innerhalb der neuen Weltwirtschaftsordnung zugedacht[84]. Im Verlauf der vorbereitenden Sitzungen zur Havanna-Konferenz fanden Verhandlungen über die Flexibilisierung des Welthandels statt, wozu auch Maßnahmen zum Abbau wechselseitiger Zölle gehörten. Diese Verhandlungen führten schließlich zur Zeichnung eines provisorischen Handelsabkommens, das die Bezeichnung GATT erhielt und dessen Wortlaut im Wesentlichen dem Kapitel IV des Entwurfs zu jenem Abkommen entsprach, das „Havanna-Charta" genannt werden sollte[85]. Am 30. Oktober 1947 wurde das GATT von 23 Staaten[86] als völkerrechtlicher Vertrag abgeschlossen. Da die„Havanna-Charta" ihrerseits nie den US-amerikanischen Kongress passierte, konnte sie auch nie in Kraft treten[87], so dass das GATT vorerst als das einzige multilaterale Abkommen verblieb,

83 Der„Final Act" dieses Abkommens und die damit verbundenen Dokumente sind abrufbar unter: https://treaties.un.org/doc/source/docs/E_CONF.2_78-E.pdf.

84 *Wehser*, in: *Wolfrum/Prill/Brückner* (Hrsg.), Handbuch Vereinte Nationen, 1977, S. 140; *Christians*, Immaterialgüterrechte und GATT, 1990, S. 54.

85 *Wehser*, in: *Wolfrum/Prill/Brückner* (Hrsg.), Handbuch Vereinte Nationen, 1977, S. 141; *Fikentscher*, in: *Beier/Schricker* (Hrsg.), GATT or WIPO? New Ways in the International Protection of Intellectual Property, 1989, S. 101; *Senti*, GATT-WTO – Die neue Welthandelsordnung nach der Uruguay-Runde, 1999, S. 12 ff.

86 Die 23 Gründungsstaaten waren Australien, Belgien, Brasilien, Burma, Kanada, Ceylon, Chile, China, Kuba, Tschechoslowakei, Frankreich, Indien, Libanon, Luxemburg, die Niederlande, Neuseeland, Norwegen, Pakistan, Südrhodesien, Syrien, Südafrika, das Vereinigte Königreich und die USA.

87 *Fikentscher*, in: *Beier/Schricker* (Hrsg.), GATT or WIPO? New Ways in the International Protection of Intellectual Property, 1989, S. 102; *Christians*, Immaterialgüterrechte und GATT, 1990, S. 55; *Senti*, GATT-WTO – Die neue Welthandelsordnung nach der Uruguay-Runde, 1999, S. 11 f.;

das den internationalen Handel regelte, bis im Jahr 1994 schließlich die Welthandelsorganisation (WTO) gegründet wurde.

Zwischen der Zeichnung des GATT-Abkommens 1947 und der Errichtung der WTO anno 1994 fanden verschiedene Verhandlungsrunden im Rahmen des GATT statt[88], bei denen über die Fortentwicklungen des Welthandels debattiert wurde[89]. Und aus einer dieser Verhandlungsrunden, nämlich der im Jahr 1986 begonnenen Uruguay-Runde, resultierte 1994 schließlich die Gründung der WTO[90]. Während der Verhandlungen bei der Uruguay-Runde erfuhr der Wortlaut des GATT einige Änderungen, und seine aktualisierte Fassung, die dann die Bezeichnung „GATT 1994" erhalten sollte, wurde gemeinsam mit anderen, bei derselben Verhandlungsrunde geschlossenen Vereinbarungen als Anlage 1A in das Abkommen zur Schaffung der Welthandelsorganisation[91] (WTO Agreement[92]) aufgenommen.

Das GATT enthält eine Reihe von Grundsätzen, die dem Ziel der Schaffung eines Weltwirtschaftssystems gehorchen, das auf die Liberalisierung des Handels ausgerichtet ist[93]. Zu diesen Grundsätzen gehören die Prinzipien der Meistbegünstigung und der Inländerbehandlung, beides Beispiele für Diskriminierungsverbote, sowie die Vorschriften für den Abbau von Handelshemmnissen. Das in Art. I verankerte Prinzip der Meistbegünstigung legt fest, dass sämtliche Handelsvorteile, so etwa im Zusammenhang mit Zöllen und Abgaben bei Import- und Exportgeschäften, die von einer Vertragspartei einem Dritten (sei es eine Vertrags-

---

88 Die erste Runde fand in Genf statt, in deren Verlauf das Abkommen gezeichnet wurde. Die wichtigsten weiteren Runden waren die von Annecy, Torquay, Genf II, Dillon, Kennedy, Tokio, Uruguay. Die letzte Runde schließlich, in Doha initiiert, ist noch nicht abgeschlossen.

89 Für eine Übersicht der Verhandlungsrunden siehe *Senti*, GATT-WTO – Die neue Welthandelsordnung nach der Uruguay-Runde, 1999, S. 14 ff.

90 *Katzenberger/Kur*, in: *Beier/Schricker* (Hrsg.), From GATT to TRIPs, 1996, S.1.

91 *Mavroidis*, Trade in Goods, 2007, S. 26; *Senti*, GATT-WTO – Die neue Welthandelsordnung nach der Uruguay-Runde, 1999, S. 17 ff.

92 Der Text des Abkommens ist abrufbar unter: https://www.wto.org/English/docs_e/legal_e/04-wto.pdf.

93 Ausführlich zu den Grundsätzen des GATT siehe *Fikentscher*, in: *Beier/Schricker* (Hrsg.), GATT or WIPO? New Ways in the International Protection of Intellectual Property, 1989, S. 113 ff.

partei oder nicht) gewährt werden, unverzüglich auch allen anderen Mitgliedern des GATT eingeräumt werden müssen[94]. Das in Art. III verankerte Prinzip der Inländerbehandlung wiederum sieht vor, dass die Vertragsparteien ausländische Produkte in derselben Weise behandeln müssen wie die inländischen[95]. Anders ausgedrückt, bedeutet dies ein Verbot der Ungleichbehandlung zwischen nationalen und ausländischen Produkten. Was schließlich das Prinzip des Abbaus von Handelshemmnissen anbelangt, so betrifft dieses die Reduzierung der Zölle[96] (Art. II und XXVIII bis), das Verbot von quantitativen Marktzugangsbeschränkungen[97] (Art. VIII, XI und XIII) und die Beseitigung der nicht-tarifären Handelshemmnisse[98] (Art. III, VIII und XI).

Im Gegensatz zur PVÜ gewährleistet das GATT keinen Mindestschutz[99]; ebenso wenig beinhaltet es „sich selbst erfüllende" („self-executing") Normen, da Rechte und Pflichten allein zwischen den Vertragsparteien begründet werden. Die Vorschriften des GATT richten sich somit ausschließlich an die souveränen Staaten, nicht jedoch an Einzelpersonen[100]. Da es sich um ein Abkommen handelt, das sich lediglich auf den freien Handel bezieht, gewährleistet das GATT

94 *Wehser*, in: *Wolfrum/Prill/Brückner* (Hrsg.), Handbuch Vereinte Nationen, 1977, S. 143; *Senti*, GATT-WTO – Die neue Welthandelsordnung nach der Uruguay-Runde, 1999, S. 42 ff. Für eine historische Analyse des Meistbegünstigungsgrundsatzes und seiner Aufnahme ins GATT siehe *Jackson*, World Trade and the Law of GATT, 1969, S. 249 ff.

95 *Jackson*, World Trade and the Law of GATT, 1969, S. 273 ff.; *Senti*, GATT-WTO – Die neue Welthandelsordnung nach der Uruguay-Runde, 1999, S. 42.

96 Für einen Überblick über dieses Thema und die bei der Uruguay-Runde erreichte Reduzierung von Zöllen siehe *Senti*, GATT-WTO – Die neue Welthandelsordnung nach der Uruguay-Runde, 1999, S. 55 ff.

97 Über die quantitativen Marktzugangsbeschränkungen im internationalen Handel und ihr Verbot durch das GATT siehe *Jackson*, World Trade and the Law of GATT, 1969, S. 305 ff.

98 Zum Thema siehe *Senti*, GATT-WTO – Die neue Welthandelsordnung nach der Uruguay-Runde, 1999, S. 59 ff.

99 *Joos/Moufang*, GRUR Int. 1988, 887, 899; *Fikentscher*, in: *Beier/Schricker* (Hrsg.), GATT or WIPO? New Ways in the International Protection of Intellectual Property, 1989, S. 117.

100 Für eine Analyse der Unterschiede zwischen dem GATT und der PVÜ siehe *Fikentscher*, in: *Beier/Schricker* (Hrsg.), GATT or WIPO? New Ways in the International Protection of Intellectual Property, 1989, S. 119 ff.

auch keine Eigentumsrechte, sei es an materiellen oder immateriellen Gütern. Die einzige Bestimmung, die das Markenrecht betrifft, ist der bloße Hinweis im sechsten Abs. von Art. IX, wonach die Vertragsparteien zusammenarbeiten müssen, um zu verhindern, dass Marken verwendet werden, die in irgendeiner Weise über den wirklichen Ursprung der Ware hinwegtäuschen könnten. Das GATT enthält also keinerlei Vorschriften für die Bekämpfung der Piraterie, wie es etwa Bestimmungen bezüglich der Grenzbeschlagnahme wären. Hingegen widmet das GATT den Art. V mitsamt seinen 7 Absätze dem Thema Transitfreiheit, wobei in groben Zügen die Bedingungen festgelegt werden, deren Einhaltung eine Vertragspartei für Waren einfordern kann, die sich im Transit auf ihrem Staatsgebiet befinden[101].

Gleich im ersten Absatz von Art. V erläutert das GATT-Abkommen den Begriff „Transitverkehr“ (*traffic in transit*)[102] folgendermaßen: „Waren (einschließlich Gepäck), Wasserfahrzeuge und andere Beförderungsmittel gelten als auf der Durchfuhr durch das Gebiet einer Vertragspartei befindlich, wenn die Durchfuhr durch dieses Gebiet – mit oder ohne Umladung, Einlagerung, Umpackung oder Änderung der Beförderungsart – nur ein Teil des Gesamtbeförderungsweges ist, dessen Anfang und Ende außerhalb der Grenzen der Vertragspartei liegen, durch deren Gebiet die Durchfuhr stattfindet“. Der zweite Absatz von Art. V geht dann wie folgt auf das Thema Transitfreiheit ein: „Für den Verkehr durch das Gebiet jeder Vertragspartei nach oder aus dem Gebiet der anderen Vertragsparteien besteht Durchfuhrfreiheit bei Benutzung der für den internationalen Durchfuhrverkehr am besten geeigneten Verkehrswege“ (erster Satz). Der zweite Absatz sieht ferner vor, dass kein Unterschied aufgrund der Flagge der Wasserfahrzeuge, des Ursprungs-, Herkunfts-, Eingangs-, Austritts- oder Bestimmungsortes oder aufgrund von Umständen, die das Eigentum an den Waren, Wasserfahrzeugen oder anderen Beförderungsmitteln betreffen, gemacht werden darf (zweiter Satz). Folgt man der Interpretation dieser Bestimmung, wie sie vom Panel der WTO

---

101 Für einen Überblick über Art. V des GATT siehe *Jackson*, World Trade and the Law of GATT, 1969, S. 506 ff.; *Mavroidis*, Trade in Goods, 2012, 245 ff.

102 Die offizielle deutsche Version des Textes des GATT-Abkommens verwendet den Ausdruck „Durchfuhrverkehr“.

im Fall *Colombia – Indicative Prices and Restrictions on Ports of Entry*[103] vertreten wurde, so muss die Transitfreiheit für alle Produkte gewährt werden, die sich auf dem Staatsgebiet der Vertragspartei im Transitverkehr befinden, und zwar unabhängig von Aspekten, die sich auf die Art des Produkts und ihres Transports beziehen. Des Weiteren vertrat das Panel der WTO im Hinblick auf diesen zweiten Absatz die Auffassung, dass für alle Produkte sämtlicher Vertragsparteien dieselben Zugangsvoraussetzungen und gleiche Bedingungen während des internationalen Transitverkehrs gewährleistet sein müssen[104]. Im Fall *Russia – Measures Concerning Traffic in Transit105* stellte das Panel ferner klar, dass die Verwendung der Konjunktion „oder" im ersten Satz von Art. V Abs. 2 zwei voneinander unabhängige Pflichten begründet, nämlich die, dass jede Vertragspartei die Transitfreiheit durch ihr eigenes Staatsgebiet sowohl für den Transitverkehr *in das* Staatsgebiet einer anderen Vertragspartei als auch *aus dem* Staatsgebiet einer anderen Vertragspartei sicherstellen muss. Jedoch wird die Transitfreiheit durch eben diesen zweiten Abschnitt auf die geeignetsten Verkehrswege für den Warentransport beschränkt. Dies bedeutet, dass sich die Transitfreiheit nicht auf alle vorhandenen Verkehrswege innerhalb des Staatsgebiets der Vertragspartei erstreckt, sondern lediglich auf die für den Transit am besten geeigneten Routen[106]. Der dritte Absatz von Art. V verpflichtet die Vertragsparteien dazu, außer bei Verletzung von Zollvorschriften den Transitverkehr nicht unnötig zu verzögern oder zu beschränken. Des Weiteren wird dort bestimmt, dass der Transitverkehr von Durchfuhrabgaben und Durchfuhrbelastungen zu befreien ist, ausgenommen die Beförderungskosten oder solche Ausgaben, die dem aus der Durchfuhr entstehenden Verwaltungsaufwand und den Kosten der erbrachten Dienstleistungen entsprechen. Was Belastungen sowie andere Vorschriften und Förmlichkeiten betrifft, so

---

103 *Colombia – Indicative Prices and Restrictions on Ports of Entry, Report of the Panel* WT/DS366/R. Auf Art. V des GATT und insbesondere auf dessen Abs. 1, 2 und 3 sowie auf das fragliche Panel wird weiter unten in Kapitel 3. C im Detail eingegangen.

104 *Colombia – Indicative Prices and Restrictions on Ports of Entry, Report of the Panel* WT/DS366/R., Abs. 7.396, 7.397 und 7.402.

105 *Russia – Measures Concerning Traffic in Transit*, Report of the Panel WT/DS512/R., Abs. 7.168 und 7.172.

106 *Colombia – Indicative Prices and Restrictions on Ports of Entry, Report of the Panel* WT/DS366/R., Abs. 7.400 und 7.401.

müssen diese angemessen (Abs. 4) und dürfen nicht diskriminierend (Abs. 5) sein. Bis zum heutigen Tag bot der Fall *Colombia – Indicative Prices and Restrictions on Ports of Entry* die beste Gelegenheit, bei der das Panel der WTO eine Interpretation von Art. V des GATT, insbesondere die ersten beiden Absätze betreffend, vorgelegt hat, in welchem Zusammenhang es die Begriffe Transitverkehr und Transitfreiheit sowie einige den Vertragsparteien auferlegte Pflichten näher erläutert hat[107].

Wichtig ist schließlich noch der Hinweis darauf, dass das GATT verschiedene Ausnahmen bezüglich der darin festgelegten Pflichten vorsieht[108]. Zu unterscheiden sind dabei die sogenannten allgemeinen Ausnahmen, die auf sämtliche im Rahmen des GATT-Abkommens eingegangene Pflichten Anwendung finden, auf die man sich also berufen kann, um sich der Erfüllung jeglicher dieser Pflichten zu entziehen, wozu beispielsweise die in Art. XX vorgesehenen Ausnahmen gehören[109], und zum anderen diejenigen Ausnahmen, die sich nur auf eine begrenzte Anzahl von Pflichten anwenden lassen[110]. In einer erschöpfenden Liste, die von Abs. a) bis Abs. j) reicht, zählt Art. XX eine Reihe von Maßnahmen auf, die von den Vertragsparteien als allgemeine Ausnahmen in Anspruch genommen werden können. Vor der Aufzählung besagter Maßnahmen stellt Art. XX jedoch einleitend klar, dass unter dem Vorbehalt, dass diese nicht in einer Weise angewendet werden, die zu einer willkürlichen und ungerechtfertigten Diskriminierung zwischen Ländern mit gleichartigen Verhältnissen oder zu einer verschleierten Beschränkung des internationalen Handels führen würde, keine Bestimmung des GATT so ausgelegt werden darf, dass sie eine Vertragspartei daran hindert,

---

107 Zwar bezog sich auch der Fall *Russia – Measures Concerning Traffic in Transit* auf den Warentransit bzw. auf die ihm auferlegten Beschränkungen, genauer analysiert wurde Art. V GATT allerdings im Fall *Colombia – Indicative Prices and Restrictions on Ports of Entry*, als man sich erstmals mit dem Thema befasste.

108 Für einen Überblick über die im GATT vorgesehenen Ausnahmen siehe *Jackson*, World Trade and the Law of GATT, 1969, S. 535–540.

109 Ausführlich zum Art. XX siehe *Mavroidis*, Trade in Goods, 2012, S. 326 ff. Für eine historische Analyse der in Art. XX vorgesehenen allgemeinen Ausnahmen siehe *Jackson*, World Trade and the Law of GATT, 1969, S. 741 ff.

110 *Jackson*, World Trade and the Law of GATT, 1969, S. 536 ff.; *Mavroidis*, Trade in Goods, 2012, S. 325.

die genannten Maßnahmen zu beschließen oder durchzuführen. Für das Thema der vorliegenden Arbeit ist vor allem die in Abs. d) vorgesehene allgemeine Ausnahme von Belang: Diese bezieht sich auf die Anwendung von Maßnahmen, die erforderlich sind, um die Konformität mit Gesetzen oder sonstigen Vorschriften sicherzustellen, welche nicht gegen das GATT-Abkommen verstoßen, einschließlich u.a. der Bestimmungen über den Schutz von Patenten, Warenzeichen und Urheberrechten. In diesem Zusammenhang ist außerdem hervorzuheben, dass die von einer Vertragspartei beschlossenen Maßnahmen in einer nicht-diskriminierenden Weise und unter Wahrung der in der Einleitung von Art. XX genannten Voraussetzungen angewandt werden müssen, um die Nichterfüllung einer der im GATT festgelegten Pflichten rechtfertigen zu können[111]. Demzufolge darf eine Maßnahme, die einerseits dem Kampf gegen die Markenpiraterie dient, andererseits jedoch die Transitfreiheit beschränkt oder gar negiert, nur dann von einer Vertragspartei beschlossen und durchgeführt werden, wenn dabei die Bestimmungen der Einleitung von Art. XX sowie von dessen Abs. d) eingehalten werden[112].

C TRIPs

Das TRIPs-Abkommen ist eine multilaterale Übereinkunft[113] über den Umgang mit gewerblichem Eigentum, die ihren Ursprung[114] ebenfalls in der Uruguay-Runde hat[115], also jener im Jahr 1986 im Rahmen des GATT initiierten Verhand-

---

111 *Mavroidis*, Trade in Goods, 2012, S. 355 ff.

112 Auf diese Problematik wird in detaillierter Form in Kapitel 3. C eingegangen.

113 Über die TRIPs-Vereinbarung als ein multilaterales Abkommen und den Unterschied gegenüber plurilateralen Verträgen siehe *Drexl*, GRUR Int. 1994, 777, 779.

114 *Katzenberger/Kur* benennen drei Hauptgründe, die zum Abschluss des TRIPs-Abkommens führten: die zunehmende wirtschaftliche Bedeutung des gewerblichen Eigentums, die Unzulänglichkeit der traditionellen Rechtsvorschriften im Hinblick auf den internationalen Schutz gewerblicher Eigentumsrechte und schließlich die Unzulänglichkeit unilateraler Maßnahmen und bilateraler Abkommen. Ausführlich dazu siehe *Katzenberger/Kur* in: *Beier/Schricker* (Hrsg.), From GATT to TRIPs, 1996, S. 7 ff.

115 Für einen Überblick über die Entstehung des TRIPs-Abkommens im Kontext der Uruguay-Runde siehe *Gervais*, The Trips Agreement – Drafting History and Analysis, 2012, S. 11 Rn. 1.12 ff.

lungsrunde, die auch zur Vereinbarung über die Errichtung der WTO führte[116]. Wie das GATT 1994 und die weiteren im Verlauf der Uruguay-Runde geschlossenen Übereinkünfte wurde auch das TRIPs-Abkommen als Anlage (Annex 1C) in die Vereinbarung über die Errichtung der WTO aufgenommen. In diesem Zusammenhang sei darauf hingewiesen, dass der Beitritt zur WTO notwendigerweise auch den Beitritt zum TRIPs-Abkommen impliziert. Die Rechtsnormen[117] des TRIPs-Abkommens sind folglich niemals isoliert, sondern immer im Kontext der WTO zu betrachten[118]. Gleiches gilt hingegen nicht für die anderen plurilateralen Abkommen, die ebenfalls im Verlauf der Uruguay-Runde geschlossen wurden, aber als Anlage IV in die Vereinbarung über die Errichtung der WTO aufgenommen wurden. Was diese betrifft, so ist der Beitritt zu ihnen freigestellt, weshalb sie nur für diejenigen Länder bindend sind, die ihnen ausdrücklich beitreten[119].

Das TRIPs-Abkommen legt ebenso wie die PVÜ Mindestschutzstandards fest, die von den Vertragsstaaten zu gewährleisten sind[120]. Im Gegensatz dazu sieht das GATT, wie wir gesehen haben, aufgrund seiner primären Natur eines Freihandelsabkommens keine Mindestschutzstandards vor. Das TRIPs-Abkommen erlaubt es den Vertragsstaaten aber sogar, über die Mindestschutzstandards hinauszugehen und in ihren nationalen Gesetzgebungen einen weitreichenderen Schutz zu verankern, als er dort festgelegt ist. In solch einem Fall darf der weitreichendere Schutz allerdings nicht den im TRIPs-Abkommen enthaltenen Vorschriften zuwiderlaufen. Wie im GATT, so sind auch im TRIPs-Abkommen die Grundsätze

116 Für einen Überblick über die Konferenz der EU-Kommission vom 23. und 24. Juli 2004, bei der es um eine Bewertung der Ergebnisse, die durch das TRIPS-Abkommen zehn Jahre nach seiner Ratifizierung erzielt wurden, sowie um eine Erörterung der weiteren Perspektiven für die folgenden Jahre ging, siehe *Kur*, IIC 2005, 558, 562.

117 Für eine eingehende Analyse der TRIPs-Bestimmungen auf dem Gebiet des Markenrechts siehe *Kur* in: *Beier/Schricker* (Hrsg.), From GATT to TRIPs, 1996, S. 98 ff.

118 *Drexl*, GRUR Int. 1994, 777, 778.

119 *Drexl*, GRUR Int. 1994, 777, 778; *Katzenberger/Kur* in: *Beier/Schricker* (Hrsg.), From GATT to TRIPs, 1996, S. 2.

120 *Busche* weist darauf hin, dass die Schutzrechtsharmonisierung nicht der ausschließliche Regelungszweck des TRIPs-Abkommens ist, da die Erreichung eines bestimmten Schutzrechtsstandards auch als ein Mittel zur Förderung des Welthandels aufgefasst werden kann, *Busche* in: *Busche/Stoll/Wiebe* (Hrsg.), Kommentar zum TRIPs, 2013, S. 15 Rn 4.

der Inländerbehandlung (Art. 3) und der Meistbegünstigung (Art. 4) eindeutig formuliert. Letzterer taucht damit zum ersten Mal überhaupt in einem internationalen Abkommen zum gewerblichen Eigentum auf[121]. Abgesehen von materiellen Standards sind im TRIPs-Abkommen auch Normen über die Durchsetzung der Rechte des geistigen Eigentums festgelegt[122]. Für das Thema der vorliegenden Arbeit sind dabei insbesondere die Vorschriften zur Grenzbeschlagnahme relevant, die in den Artt. 51 bis 60[123] detailliert geregelt sind. Diesbezüglich ermöglicht das TRIPs-Abkommen „dem Rechtsinhaber, der den begründeten Verdacht hat, dass es zur Einfuhr von nachgeahmten Markenwaren oder unerlaubt hergestellten urheberrechtlich geschützten Waren[124] kommen kann, [...] bei den zuständigen Gerichten oder Verwaltungsbehörden schriftlich zu beantragen, die Freigabe dieser Waren in den freien Verkehr auszusetzen" (Art. 51 Satz 1). Voraussetzung für einen solchen Antrag ist, dass der Rechtsinhaber Beweise vorlegt, die seinen Verdacht *prima facie* belegen, und „eine hinreichend genaue Beschreibung der Waren" liefert (Art. 52 Satz 1). Die Vorschrift des TRIPs-Abkommens beschränkt sich folglich auf den Kontext der Einfuhr (Art. 51 Satz 1). Wie in der PVÜ wird

121 *Correa*, A Commentary on the TRIPs Agreement, 2007, S. 5.

122 Ausführlich zu den Vorschriften der Rechtsdurchsetzung im Rahmen des TRIPs siehe *Dreier*, GRUR Int. 1996, 210 ff.

123 Für eine eingehende Analyse der genannten Artikel siehe *Vander/Steigüber* in: *Busche/Stoll/Wiebe* (Hrsg.), Kommentar zum TRIPs, 2013, S. 766 ff. Siehe zum selben Thema auch *Correa*, A Commentary on the TRIPs Agreement, 2007, S. 438 ff.; *Gervais*, The Trips Agreement, 2012, S. 611 Rn. 2.599 ff.

124 Im Sinne des TRIPs-Abkommens werden gemäß Fußnote 2 zu Art. 51 „nachgeahmten Markenwaren" folgendermaßen definiert: „Waren einschließlich Verpackungen, auf denen unbefugt eine Marke angebracht ist, die mit einer rechtsgültig für solche Waren eingetragenen Marke identisch ist oder die sich in ihren wesentlichen Merkmalen nicht von einer solchen Marke unterscheiden lässt und die dadurch nach Maßgabe des Rechts des Einfuhrlandes die Rechte des Inhabers der betreffenden Marke verletzt". Unter „unerlaubt hergestellten urheberrechtlich geschützten Waren" versteht man gemäß derselben Fußnote hingegen „Waren, die ohne Zustimmung des Rechtsinhabers oder der vom Rechtsinhaber im Land der Herstellung ordnungsgemäß ermächtigten Person hergestellte Vervielfältigungsstücke sind, und die unmittelbar oder mittelbar von einem Gegenstand gemacht wurden, dessen Vervielfältigung die Verletzung eines Urheberrechts oder eines verwandten Rechts nach Maßgabe des Rechts des Einfuhrlandes dargestellt hätte".

die Anwendung von Grenzmaßnahmen auf Waren, die sich im Transit befinden[125] oder ausgeführt werden, den Vertragsstaaten freigestellt.

Nach Einreichung des Antrags auf Festhaltung der Waren durch den Rechtsinhaber muss die zuständige Stelle diesen innerhalb einer angemessenen Frist darüber informieren, ob der Antrag angenommen wurde und innerhalb welchen Zeitraums die Zollbehörden Maßnahmen ergreifen werden (Art. 52 Abs. 2). Vom Rechtsinhaber kann eine Kaution oder eine gleichwertige Sicherheitsleistung verlangt werden, „die ausreicht, um den Antragsgegner und die zuständigen Stellen zu schützen und einem Missbrauch vorzubeugen“, aber „nicht unangemessen von der Inanspruchnahme des Verfahrens abschrecken“ darf (Art. 53 Abs. 1). Sowohl der Rechtsinhaber als auch der Einführer müssen umgehend benachrichtigt werden, ob die Freigabe der Waren ausgesetzt wird (Art. 54). Beiden muss darüber hinaus ausreichend Gelegenheit eingeräumt werden, „unbeschadet des Schutzes vertraulicher Informationen [...] die zurückgehaltenen Waren untersuchen zu lassen“ (Art. 57). Weiter heißt es: „Sind die Zollbehörden nicht innerhalb einer Frist von zehn Arbeitstagen nach der Mitteilung der Aussetzung an den Antragsteller davon in Kenntnis gesetzt worden, dass ein zu einer Sachentscheidung führendes Verfahren von einer anderen Partei als dem Antragsgegner in Gang gesetzt worden ist oder dass die hierzu befugte Stelle einstweilige Maßnahmen getroffen hat, um die Aussetzung der Freigabe zu verlängern, so sind die Waren freizugeben, sofern alle anderen Voraussetzungen für die Einfuhr oder Ausfuhr erfüllt sind“, wobei besagte Frist um weitere zehn Arbeitstage verlängert werden kann (Art. 55 Abs. 1). Ist ein zu einer Sachentscheidung führendes Verfahren eingeleitet worden, so kann der Antragsgegner die Überprüfung der Maßnahmen beantragen, und damit auch die Möglichkeit der Stellungnahme erwirken (Art. 55 Abs. 2). Besonders hervorzuheben ist, dass die rechtsverletzenden Waren „vorbehaltlich des Rechts des Antragsgegners, die Überprüfung durch ein Gericht zu beantragen“, von den zuständigen Stellen vernichtet werden können (Art. 59). Das TRIPs-Abkommen gestattet den Vertragsstaaten ferner die Möglichkeit, ein Verfahren vorzusehen, mit dem die Zollbehörden verdächtige Wa-

125 In Fußnote 1 zu Art. 51 heißt es ausdrücklich: „Es besteht Einvernehmen, dass keine Verpflichtung besteht, solche Verfahren auf [...] Waren im Transit anzuwenden“.

ren von Amts wegen anhalten können. Hierbei muss den zuständigen Stellen die Möglichkeit eingeräumt werden, jederzeit vom Rechtsinhaber Auskünfte einholen, die ihnen bei der Überprüfung der Verletzung helfen können. Darüber hinaus müssen unmittelbar nach der Aussetzung der Waren sowohl der Einführer als auch der Rechtsinhaber umgehend darüber informiert werden. Die Vertragsstaaten dürfen ihre Behörden und Beamten nur dann von der Haftung auf angemessene Wiedergutmachung freistellen, „wenn Handlungen in gutem Glauben vorgenommen oder unternommen werden“ (Art. 58).

3. Kapitel: Die Rechtslage in der Europäischen Union, dargestellt am Beispiel des deutschen Rechts

Wie gesehen, ergeben sich durch die Markenpiraterie sehr negative Folgen für die Markeninhaber, ganz zu schweigen davon, dass sie auch für den Verbraucher und für die Volkswirtschaft schädlich ist. Daher muss unbeschadet der Maßnahmen, mit denen sich die Verbraucher gegen Produktfälscher zur Wehr setzen können – indem sie sich beispielsweise auf bestimmte Vorschriften des Verbraucherschutzes stützen[126] –, auch den Markeninhabern die Möglichkeit eingeräumt werden, wirksam gegen die Markenpiraterie vorzugehen. Zusätzlich zu den traditionellen Instrumenten zur Durchsetzung des Markenrechts[127] ist es somit von grundlegender Bedeutung, auch an den Grenzen einen wirksamen Kampf gegen die Markenpiraterie zu gewährleisten.

Tatsache ist, dass die Beschlagnahme von Pirateriewaren, die sich auf dem Wege der Ausfuhr und vor allem der Einfuhr befanden, schon immer ein wichtiges Mittel im Kampf gegen die Markenpiraterie darstellte. So erfolgten etwa im Jahr 2018 rund 90 % der von den Zollbehörden der EU durchgeführten Beschlagnahmen zu einem Zeitpunkt, da sich die Pirateriewaren im Importverfahren befanden[128]; die Anzahl der allein in dieser Phase beschlagnahmten Produkte belief sich auf rund 34 Millionen Artikel.

Da die Ein- und Ausfuhr von Pirateriewaren aus der Sicht des Markenrechts als rechtsverletzende Benutzungshandlungen betrachtet wurden, wurde die Möglichkeit der Grenzbeschlagnahme von Pirateriewaren im Import- oder Exportverfahren weder in der Theorie noch in der Praxis angezweifelt.

---

126 In Brasilien gibt es z. B. das Sondergesetz *Lei No. 8.078/90*, das die Rechte der Verbraucher regelt und auch zivil- und strafrechtliche Sanktionen im Falle einer Verletzung dieser Rechte vorsieht.

127 Eingehend zum Thema siehe *Amschewitz*, die Durchsetzungsrichtlinie und ihre Umsetzung im deutschen Recht, 2008, S. 97 ff., 343 ff. Siehe zum Thema auch *Baiocchi*, Der Schutz bekannter Marken unter besonderer Berücksichtigung der zivilrechtlichen Sanktionen, 2012, S. 177 ff. Siehe zum selben Thema auch *Kur*, IIC 2004, 821 ff.

128 *Europäische Kommission, Report on EU customs enforcement of intellectual property rights – results at the EU border 2018*, 2019, S. 18.

Im Lauf der Zeit zeigte sich allerdings, dass die Beschlagnahme von Pirateriewaren im Import- oder Exportverfahren nicht mehr ausreichte, um die Markenpiraterie an den Grenzen umfassend und wirksam zu bekämpfen. In einer immer globalisierteren Welt und angesichts der rasanten Entwicklung des internationalen Warenverkehrs nahm auch die Zahl der Pirateriewaren im Transitverkehr stetig zu. Sehr häufig ist ja das Herstellungsland eines Produkts nicht mit dem Ursprungsland des jeweiligen Herstellers identisch, und noch viel weniger mit den Ländern, auf deren Märkten das Produkt vertrieben wird. Um vor diesem Hintergrund eine wirksame Bekämpfung der Piraterie an den Grenzen zu erreichen, erwies es sich als notwendig, den Markeninhabern auch die Möglichkeit einzuräumen, Pirateriewaren im Transitland beschlagnahmen zu lassen, um auf diese Weise zu verhindern, dass diese in den Wirtschaftskreislauf des Transitlands oder in den Markt des Ziellands eingeschleust werden. Hierzu musste allerdings erst einmal geprüft werden, ob allein durch den bloßen Transit von Pirateriewaren bereits eine Verletzung von Markenrechten vorliegt oder nicht. Somit war immer dringlicher eine juristische Analyse der Situationen geboten, in denen es um den Transit – und nicht nur um den Import oder Export – von Pirateriewaren geht. Was den Gegenstand der vorliegenden Arbeit betrifft, so müssen – wie bereits in Kapitel 1. C. II. erwähnt – insbesondere die folgende Transitkonstellation näher betrachtet werden: Die Markenwaren von außerhalb der EU werden auf dem Wege des Versand- oder Zolllagerverfahrens durch ein EU-Mitgliedsland transportiert und sind für ein Nicht-EU-Mitglied bestimmt.

A Grenzbeschlagnahme beim Transit vor der MarkenRL vom 16. Dezember 2015

In diesem Unterpunkt wird – ausgehend von den im deutschen und im europäischen Recht vorgesehenen marken- und zollrechtlichen Bestimmungen – die Rechtslage bezüglich des Transits von Pirateriewaren vor dem Inkrafttreten der MarkenRL vom Dezember 2015 analysiert, um auf diese Weise festzustellen, ob der bloße Transit von Waren schon zur damaligen Zeit eine Verletzung von Schutzrechten darstellte, bzw. ob es dem Markeninhaber schon damals möglich war, Pirateriewaren im Transitland beschlagnahmen zu lassen. Im Anschluss daran wird im Lichte der hierbei gewonnenen Erkenntnisse auf die Gerichtsentscheidungen eingegangen, die damals zu diesem Thema verkündet wurden.

I MarkenG

1 Allgemeine Voraussetzungen der Markenrechtsverletzung

§ 14 MarkenG ist die zentrale Bestimmung über die Rechte, die dem Markeninhaber im Falle der Benutzung durch Dritte zustehen[129]. In § 14 Abs. 1 MarkenG wird das subjektive Markenrecht als Ausschließlichkeitsrecht geregelt. Der Inhalt dieses Rechts besteht nach § 14 Abs. 2 darin, dass der Markeninhaber jedem Dritten Eingriffe in sein Markenrecht verbieten kann, und insbesondere, dass jedem ohne Zustimmung des Markeninhabers handelnden Dritten die Benutzung der Marke für Waren oder Dienstleistungen im geschäftlichen Verkehr untersagt ist. Dabei wird die sachliche Reichweite des Verbietungsrechts gemäß § 14 Abs. 2 Nr. 1–3 MarkenG durch drei Verletzungstatbestände festgelegt: Verstöße gegen den Identitätsschutz (Nr. 1), gegen den Verwechslungsschutz (Nr. 2) und gegen den Bekanntheitsschutz (Nr. 3)[130].

Nach § 14 Abs. 2 Nr. 1 MarkenG ist es Dritten untersagt, ohne Zustimmung des Inhabers einer Marke im geschäftlichen Verkehr ein identisches Zeichen für identische Waren oder Dienstleistungen zu benutzen. Voraussetzung einer Markenrechtsverletzung nach § 14 Abs. 2 Nr. 1 ist also eine Identität in doppelter Hinsicht (Doppelidentität), d. h. sowohl die sich gegenüberstehenden Zeichen als auch die mit ihnen gekennzeichneten Waren oder Dienstleistungen müssen identisch sein[131]. Es bedarf also zur Identitätstäuschung einer vollständigen Übereinstimmung mit der Marke[132]. Die Fälle, in denen die Identität nur in einer Hinsicht besteht, werden von § 14 Abs. 2 Nr. 2 MarkenG erfasst.

---

129 *Ingerl/Rohnke*, MarkenG, 2010, § 14 Rn. 1; *Hacker*, in: *Ströbele/Hacker/Thiering*, MarkenG, 2018, § 14 Rn. 1.

130 *Ingerl/Rohnke*, MarkenG, 2010, § 14 Rn. 2.

131 Ausführlich zum Thema siehe *Ingerl/Rohnke*, MarkenG, 2010, § 14 Rn. 265 ff.; *Hacker*, in: *Ströbele/Hacker/Thiering*, MarkenG, 2018, § 14 Rn. 326 ff.

132 BGH vom 21.2.2002, GRUR 2002, 898 (899) – *de facto*.

Nach § 14 Abs. 2 Nr. 2 MarkenG kann der Markeninhaber Dritten die Benutzung solcher Zeichen verbieten, die wegen ihrer Identität oder Ähnlichkeit mit der Marke und der Identität oder Ähnlichkeit der durch die Marke und das Zeichen erfassten Waren oder Dienstleistungen beim Publikum die Gefahr von Verwechslungen hervorrufen. Um den Tatbestand des § 14 Abs. 2 Nr. 2 zu erfüllen, bedarf es einer so weitgehenden Verwechslungsgefahr[133], dass die entsprechenden Verkehrskreise dem Glauben erliegen könnten, die betreffenden Waren und Dienstleistungen stammten aus demselben oder zumindest aus wirtschaftlich miteinander verbundenen Unternehmen[134]. Dabei ist für die Beurteilung der Verwechslungsgefahr der Gesamteindruck des Kollisionszeichens maßgeblich[135], in welchem Zusammenhang es auf die Wirkung bei einem durchschnittlich informierten, aufmerksamen und verständigen Durchschnittsverbraucher der betreffenden Produkte ankommt[136]. Zudem besteht eine Wechselwirkung zwischen den Faktoren der Identität oder Ähnlichkeit von Waren bzw. Dienstleistungen, der Identität oder Ähnlichkeit der für sie verwendeten Marken sowie der Kennzeichnungskraft einer älteren Marke. Im Rahmen dieser Wechselbeziehung kann ein geringeres Maß an Ähnlichkeit zwischen Marken durch einen höheren Ähnlichkeitsgrad der mit ihnen gekennzeichneten Waren und/oder eine besondere Bekanntheit der älteren Marke im Markt ausgeglichen werden und umgekehrt[137].

Nach § 14 Abs. 2 Nr. 3 MarkenG besteht eine Markenrechtsverletzung auch dann, wenn wegen der Unterschiedlichkeit der betroffenen Waren oder Dienstleistungen zwar keine Verwechslungsgefahr besteht, es sich bei dem prioritätsälteren Zeichen aber um eine bekannte Marke handelt, deren Unterscheidungskraft oder Wertschätzung durch die Benutzung eines ähnlichen oder identischen Zeichens mit jüngerem Zeitrang beeinträchtigt oder ausgenutzt wird. Voraussetzung für eine solche Markenrechtsverletzung ist, dass diese Benutzung ohne rechtfertigenden Grund in unlauterer Weise erfolgt. Zu nennen sind hierbei die

---

133 Eingehend über die Verwechslungsgefahr siehe *Fezer*, Markenrecht, 2009, § 14 Rn. 224 ff.

134 EuGH, Urteil vom 29.9.1998, Rs. C-39/97, GRUR 1998, 922 (924) – *Canon.*

135 EuGH, Urteil vom 29.6.1995, GRUR 1996, 198 (199) – *Springende Raubkatze.*

136 EuGH, Urteil vom 22.6.1999, GRUR Int. 1999, 734 – *Lloyd.*

137 *Fezer*, Markenrecht, 2009, § 14 Rn. 652.

vier Kollisionstatbestände des Bekanntheitsschutzes einer Marke, nämlich die Beeinträchtigung der Unterscheidungskraft (*Verwässerung*), die Ausnutzung der Unterscheidungskraft (*Aufmerksamkeitsausbeutung*), die Ausnutzung der Wertschätzung (*Rufausbeutung*) und die Beeinträchtigung der Wertschätzung (*Rufgefährdung*) einer bekannten Marke[138]. Bei der Beurteilung der Voraussetzungen für die Bekanntheit sind alle relevanten Umständen des jeweiligen Einzelfalls zu berücksichtigen, insbesondere der Marktanteil der Marke, die Intensität, die geographische Ausdehnung und die Dauer ihrer Benutzung sowie der Umfang der Investitionen, die das Unternehmen zu ihrer Förderung getätigt hat[139].

Was speziell solche Fälle betrifft, die mit dem Transit von Pirateriewaren einhergehen, so kamen vor dem Inkrafttreten der MarkenRL vom Dezember 2015 die in § 14 Abs. 2 Nr. 1–2 MarkenG vorgesehenen Verletzungstatbestände in Betracht. Dies ergibt sich daraus, dass der Verletzer in Fällen von Markenpiraterie auf zweierlei Art vorgehen konnte: Entweder er reproduzierte die Marke eines Dritten, um sie für ein Produkt zu benutzen, das mit dem durch die Marke des Dritten gekennzeichneten Produkt identisch war, was eine Doppelidentität zur Folge gehabt hätte (Nr. 1), oder er führte eine Veränderung an der Marke oder am Produkt herbei, womit die Merkmale einer Verwechslungsgefahr gegeben wären (Nr. 2). Die Erfüllung der Voraussetzung einer Verwechslungsgefahr erwies sich hierbei kaum als problematisch, da der Verletzer naturgemäß danach bestrebt gewesen sein wird, sich der Marke des Dritten anzugleichen.

Um eine Transitsituation unter die markenrechtlichen Verletzungstatbestände des § 14 Abs. 2 Nr. 1–2 MarkenG subsumieren zu können, mussten zunächst allgemeine Voraussetzungen erfüllt sein[140]. Als erstes musste eine gültige Marke gemäß einer der drei Kategorien vorliegen, die in § 4 MarkenG aufgeführt sind, nämlich als Register-, Benutzungs- oder Notorietätsmarke. Des Weiteren war es erforderlich, dass die Marke vom Verletzer zur Kennzeichnung von Waren oder

138 Eingehend zu den jeweiligen Tatbeständen siehe *Fezer*, Markenrecht, 2009, § 14 Rn. 800 ff.

139 EuGH, Urteil vom 16.2.2000, GRUR Int. 2002, 73 – *General Motors*; BGH vom 12.7.2001, GRUR 2002, 340 (341) – *Faberge*.

140 Eingehend über die allgemeinen Voraussetzungen siehe *Hacker*, in: *Ströbele/Hacker/Thiering*, MarkenG, 2018, § 14 Rn. 16 ff.

Dienstleistungen verwendet wurde, wobei diese Verwendung ohne Zustimmung des Markeninhabers erfolgte. Der Nachweis über das Vorliegen besagter allgemeiner Voraussetzungen war bei Transitfällen unproblematisch. Erstens, weil davon auszugehen war, dass die potentiell geschädigte Partei über eine gültige Marke verfügte, und zweitens, weil kein Zweifel daran bestehen konnte, dass der Verletzer die fragliche (bzw. eine ähnliche) Marke ohne die Zustimmung ihres rechtmäßigen Inhabers verwenden würde, um damit Produkte zu kennzeichnen – in unserem Fall Produkte, die sich im Transitverkehr befanden. Allerdings war es des Weiteren erforderlich, dass die Benutzung des Zeichens durch den Dritten die Funktionen der Marke – und zwar insbesondere ihre wesentliche Funktion, nämlich den Verbrauchern die Herkunft der Waren oder Dienstleistungen zu garantieren – beeinträchtigte oder zu beeinträchtigen geeignet war[141]. Eine solche „Benutzung" war von zentraler Bedeutung, wenn es um die Frage des Transits als Markenrechtsverletzung geht. Da dieser im MarkenG aber nicht definiert war,

141 Gemäß der älteren Rechtsprechung des BGH stellte die „markenmäßige Benutzung" des Zeichens eine ungeschriebene Voraussetzung der Markenverletzung dar. Das Zeichen musste als Marke verwendet werden, sprich zur Unterscheidung von Waren oder Dienstleistungen eines bestimmten Unternehmens benutzt werden. Der EuGH ging hingegen dazu über, den Schutz nicht nur auf die Kennzeichenfunktion der Marke zu beziehen, sondern auf sämtliche Funktionen einer Marke auszudehnen. Nach dieser erweiterten Funktionenlehre wurden die Qualitätsfunktion sowie die Kommunikations-, Investitions- und Werbefunktion als weitere rechtlich geschützte Markenfunktionen genannt. Damit war der althergebrachte deutsche Begriff der „markenmäßigen Benutzung" überholt. Stattdessen zieht man heute die Bezeichnung „funktionsverletzende Benutzung" vor. Der Eingriff in die geschützten Markenfunktionen wird also als generelle Voraussetzung für das Vorliegen einer Markenverletzung verlangt. In diesem Zusammenhang sei darauf hingewiesen, dass die geschützten Markenfunktionen gemäß Rechtsprechung des EuGHs nicht bei allen drei Verletzungstatbeständen dieselben sind. Somit gibt es keinen einheitlichen Benutzungsbegriff mehr, der für alle drei Verletzungstatbestände gelten würde. Vielmehr muss der Benutzungsbegriff für jeden der drei Verletzungstatbestände des § 14 Abs. 2 gesondert ausgelegt werden. Eingehend zur Entwicklung des Benutzungsbegriffes bzw. zum Wandel von der markenmäßigen zur funktionsverletzenden Benuztung siehe *Hacker*, in: *Ströbele/Hacker/Thiering*, MarkenG, 2018, § 14 Rn. 86 ff. Siehe zum selben Thema auch *Hillebrand*, Vom geschäftlichen Verkehr über die markenmäßige Benutzung bis zum Warentransit, 2012, S. 112 ff. Für eine kritische Analyse der EuGH-Rechtsprechung zu diesem Thema bis zur „L'Oreal"-Entscheidung siehe *Kur*, GRUR Int. 2008, 1 ff.

waren die Kriterien, die es erlauben würden, das Vorliegen einer Markenrechtsverletzung in Transitsituationen festzustellen, im konkreten Fall umstritten. Jedoch bot § 14 Abs. 3 MarkenG Aufschluss darüber, was darunter zu verstehen sei. Besagte Bestimmung enthält einen nicht abschließenden Beispielkatalog für typische rechtsverletzende Benutzungshandlungen, welche die Kollisionstatbestände von § 14 Abs. 2 Nr. 1–3 MarkenG erfüllen. Was speziell das Thema Transit betrifft, so waren insbesondere die in § 14 Abs. 3 Nr. 2 und 4 MarkenG beispielhaft genannten Benutzungshandlungen von Bedeutung. § 14 Abs. 3 Nr. 2 MarkenG umfasst das Verbot des Anbietens der gekennzeichneten Ware, deren Inverkehrbringen oder das Besitzen zu diesen Zwecken. § 14 Abs. 3 Nr. 4 MarkenG wiederum sieht als Verletzungshandlungen das Ein- und Ausführen von gekennzeichneten Waren vor. Auch bestimmte Vorbereitungshandlungen werden vom MarkenG als Markenverletzung mit einbezogen. So waren im Kontext von Transitsituationen das Anbieten, Inverkehrbringen und Besitzen von Aufmachungen, Verpackungen oder Kennzeichnungsmitteln von Belang, die mit einem Zeichen versehen waren, welches mit einer Marke identisch bzw. ihr ähnlich war (§ 14 Abs. 4 Nr. 2). Die Ein- oder Ausfuhr solcher Aufmachungen, Verpackungen und Kennzeichnungsmittel war ebenfalls untersagt (§ 14 Abs. 4 Nr. 3).

Wurde eine Markenrechtsverletzung festgestellt, so konnte der Markeninhaber gemäß § 14 Abs. 5 und 6 MarkenG Unterlassungs- und Schadensersatzansprüche geltend machen[142]. Darüber hinaus konnte er z. B. nach § 18 MarkenG die Vernichtung der widerrechtlich gekennzeichneten Gegenstände und nach § 19 MarkenG Auskunft über Herkunft und Vertriebsweg dieser Gegenstände verlangen[143].

Da aber Transitsituationen in den Beispielkatalogen von § 14 Abs. 3 und 4 MarkenG nicht explizit vorgesehen sind, kam man bei einer eingehenden Erörterung dieses Themas nicht um eine Analyse des Benutzungsbegriffs herum. Es musste also zunächst geprüft werden, ob Transitsituationen unter den Begriff einer Benutzungshandlung subsumiert werden konnten, was letzten Endes große

142 Eigehend zu den Unterlassungs- und Schadensersatzansprüchen siehe *Thiering*, in: *Ströbele/Hacker/ Thiering*, MarkenG, 2018, § 14 Abs. 5 Rn. 424 ff., § 14 Abs. 6 Rn. 651 ff.

143 Zu den jeweiligen Vorschriften siehe *Thiering*, in: *Ströbele/Hacker/ Thiering*, MarkenG, 2018, § 18 Rn. 16 ff., § 19 Rn. 8 ff.

Kontroversen hinsichtlich ihrer möglichen Einstufung als Markenrechtsverletzung ausgelöst hätte.

1 Transit als rechtsverletzende Benutzungshandlung

a) Allgemeines

Da Transitwaren fürs Ausland bestimmt sind, kommen sie in der Regel mit dem Warenverkehr des Transitlands gar nicht in Berührung. Erst im Ausland findet ja für gewöhnlich das Inverkehrbringen statt.

Doch selbst wenn sie fürs Ausland bestimmt sind, so lässt sich aus verschiedenerlei Gründen die Gefahr nicht gänzlich ausschließen, dass Transitwaren in den Verkehr des Transitlands gelangen. Solche Gründe können beispielsweise darin bestehen, dass die Transitwaren ihrem Eigentümer im Verlauf des Transportwegs gegen dessen Willen durch Diebstahl oder Unterschlagung entzogen werden, oder auch darin, dass der Eigentümer die Transitabsicht nur simuliert, obwohl er in Wahrheit von Anfang an die Absicht verfolgt, die Waren in den Verkehr des Transitland zu bringen[144].

Die Gefahr, dass Transitwaren in die Verkehrskreise des Transitlands gelangen könnten, wurde als Argument für die Einordnung des Transits als Benutzung i.S.d. § 14 MarkenG und somit für seine Einstufung als potentielle Markenrechtsverletzung angeführt. Vor diesem Hintergrund galt es, sich mit der zentralen Fragestellung zu befassen, ob der Transit als möglicherweise gefährdende Handlung eine Benutzung i.S.d. § 14 MarkenG darstellte oder nicht[145]. Ausgangspunkt für eine Analyse der Verletzungsnorm des § 14 MarkenG war folglich die Frage nach der Reichweite des Benutzungsbegriffs. Es musste demnach geprüft werden, ob der Benutzungsbegriff so weit auszulegen sei, dass er auch den Transit als möglicherweise gefährdende Handlung mit einbezog oder nicht. Und in diesem Punkt

---

144 Vgl. *Schilling*, Der Transit als Markenrechtsverletzung, 2011, S. 59; *Leitzen*, GRUR 2006, 89, 91; *Sack*, RIW 1995, 177, 183; *Ingerl/Rohnke*, MarkenG, 2010, § 14 Rn. 200; *Ulmar*, WRP 2005, 1371, 1374 ff.

145 *Schilling*, Der Transit als Markenrechtsverletzung, 2011, S. 40.

war aufgrund der Notwendigkeit einer richtlinienkonformen Auslegung[146] die Rechtsprechung des EuGHs zum Benutzungsbegriff, die sich an den Funktionen der Marke orientierte[147], von entscheidendem Gewicht. Da die Transitwaren mit dem Verbraucher gar nicht in Berührung kommen, sei in diesem Zusammenhang darauf hingewiesen, dass besagte Rechtsprechung des EuGHs nicht etwa zu dem Zweck analysiert wurde, um festzustellen, welche Funktionen der Marke rechtlich geschützt waren und welche dieser Funktionen beim Transit beeinträchtigt wurden. Die Analyse diente vielmehr der Klärung der Frage, ob eine Beeinträchtigung der Funktionen der Marke nach der Rechtsprechung des EuGHs effektiv eingetreten sein musste, oder ob bereits die Gefahr einer Funktionsbeeinträchtigung genügte, um eine Markenrechtsverletzung zu begründen[148]. Falls allein schon die Gefahr einer Funktionsbeeinträchtigung als ausreichend angesehen wurde, so musste darüber hinaus geprüft werden, ob die Gefahr des Inverkehrbringens der Waren im Transitland für die Annahme der Gefahr einer Funktionsbeeinträchtigung genügte, oder ob es erforderlich war, dass sich die Gefahr des Inverkehrbringens während des Transits in irgendeiner Art verwirklichte[149].

b) *Meinungsstreit im Schrifttum*

Die Rechtswissenschaft vertrat keine einheitliche Auffassung zu diesem Thema. Einige Gelehrte sprachen sich dafür aus, den Benutzungsbegriff weit auszulegen, nämlich in dem Sinne, dass allein schon eine Benutzung, durch die eine Markenfunktion beeinträchtigt werden könnte, auch eine Markenrechtsverletzung darstellte. Demnach wäre bereits die Gefahr des Inverkehrbringens von Transitwaren Grund genug, um die Gefahr einer Funktionsbeeinträchtigung anzunehmen und folglich den Transit als rechtsverletzende Benutzung zu klassifizieren. Auf der anderen Seite gab es diejenigen, die im Transit zwar ebenfalls die Gefahr einer

---

146 Art. 5 MarkenRL wurde in § 14 MarkenG umgesetzt. Somit ist § 14 von den deutschen Gerichten nach der Rechtsprechung des EuGH zu Art. 5 MarkenRL auszulegen (sogenannte richtlinienkonforme Auslegung). Vgl. hierzu Fußnote 193.

147 Vgl. hierzu Fußnote 140.

148 *Schilling*, Der Transit als Markenrechtsverletzung, 2011, S. 54.

149 *Schilling*, Der Transit als Markenrechtsverletzung, 2011, S. 59.

rechtsverletzenden Benutzung erkannten, diese aber lediglich mit einigen der im Beispielkatalog von § 14 Abs. 3 MarkenG genannten Situationen gleichsetzten, ohne die Frage des Benutzungsbegriffs weiter zu vertiefen. Wieder andere konnten im Transit lediglich in solchen Fällen eine rechtsverletzende Benutzung erkennen, in denen es sich bei den Transitwaren um Nichtgemeinschaftswaren, nicht aber um Gemeinschaftswaren handelte. Manche Gelehrte vertraten eine noch restriktivere Position, indem sie den Transit in aller Regel nicht als rechtsverletzende Benutzung betrachteten und als Ausnahme lediglich eine verdichtete Gefahr des Inverkehrbringens gelten ließen. Und schließlich gab es noch diejenigen, die eine Gleichsetzung des Transits mit einer rechtsverletzenden Benutzungshandlung unabhängig von der jeweiligen Situation grundsätzlich ausschlossen.

Sack beispielsweise vertrat die Auffassung, dass Transitsituationen in der gleichen Weise wie die Vorgänge beim Export behandelt werden müssten. Dies sei dadurch bedingt, dass sowohl im einen wie auch im anderen Fall die Gefahr des inländischen Inverkehrbringens der Ware sowie eine inländische Verwechslungsgefahr bestünde, zumal ja die Exportabsicht bzw. die Transitabsicht nachträglich aufgegeben werden könnten, oder weil ungetreue Mitarbeiter und Transportpersonen einen Teil der Ware im Inland in den Verkehr bringen könnten (King-Edward-Doktrin[150]). Wenn es beim Export nicht nötig sei, die Gefahr eines inländischen Inverkehrbringens der Exportware und einer inländischen Verwechslungsgefahr nachzuweisen, so sollte dies beim Transit ebenso wenig der Fall sein[151]. Im selben Sinne äußerten sich auch *Ingerl/Rohnke*: In Anbetracht des Umstands, dass der Export gemäß § 14 Abs. 3 Nr. 4 MarkenG unabhängig von einer konkreten Gefahr der Kenntniserlangung durch inländische Verkehrskreise und unabhängig von den markenrechtlichen Verhältnissen im Bestimmungsland als Verletzungshandlung gelte, wäre eine abweichende Behandlung der Durchfuhr – so *Ingerl/Rohnke* – zumindest widersprüchlich[152]. Auch *Schulz* rechtfertigte die Anerkennung des Transits als relevante Benutzungshandlung mit der Gefahr, dass die betreffenden Waren aus verschiedenerlei Gründen im Inland in den Verkehr gelangen und dort mit der Originalware zusammentreffen könnten. Die Autorin

150 RGZ 110, 176ff., 178 King Edward.

151 *Sack*, RIW 1995, 177, 183; *ders.*, FS für Piper 1996, S. 615; *ders.*, WRP 2000, S. 702, 703.

152 *Ingerl/Rohnke*, MarkenG, 2010, § 14 Rn. 200.

befürwortete eine systematische Einordnung des Transits als ungeschriebene relevante Benutzungshandlung i.S.v. § 14 Abs. 3 MarkenG („... insbesondere ...“), da der Transit im Gegensatz zu den anderen relevanten Benutzungshandlungen keine feste inländische Anknüpfung habe[153]. Auch *Meister* vertrat in seinen Kommentaren zu dem damals frisch verabschiedeten MarkenG die Auffassung, dass der Gesetzgeber mit diesem Gesetz den Transit grundsätzlich erfassen wollte. Laut *Meister* stelle auch der Transit eine Verletzungshandlung dar, da er den Tatbestand von Ein- und Ausfuhr regelmäßig erfüllen werde[154]. *Fezer* vertrat ebenfalls die Ansicht, dass der Durchfuhrtatbestand vielfach schon den Einfuhr- und Ausfuhrtatbestand erfülle und dass der Transit somit unter § 14 Abs. 3 Nr. 4 MarkenG zu subsumieren sei. Und er fügte hinzu, dass der Transit aufgrund der nur beispielhaften, nicht abschließenden Aufzählung der Verletzungstatbestände in § 14 Abs. 3 MarkenG eine eigene Verletzungshandlung darstelle[155].

Ulmar argumentierte ähnlich, dass nämlich kein Grund bestehe, die Durchfuhr anders als den Import und Export zu behandeln. Weder beim Transit noch beim Import oder Export – so *Ulmar* – könne ausgeschlossen werden, dass die Waren im Inland in den Verkehr gelangten. *Ulmar* wies überdies darauf hin, dass die Herkunftsfunktion der Marke nur dann umfassend gewährleistet sei, wenn der Benutzungsbegriff weit ausgelegt werde und somit alle in Betracht kommenden Handlungen inklusive des Transits erfasst würden[156]. Auch *Leitzen* sprach sich zugunsten einer weiten Auslegung des Benutzungsbegriffs aus, zumal die Ein- und Ausfuhr als solche bereits verboten wären, ohne dass es auf ein Inverkehrbringen oder auf eine konkrete Gefahr der Interessen des Markeninhabers ankäme[157]. Dabei vertrat er jedoch die Ansicht, dass die Bestimmung von § 14 Abs. 3 MarkenG einschränkend interpretiert werden müsse, nämlich dergestalt, dass dadurch der Transit im innergemeinschaftlichen Handel nicht verboten werde, was ja gegen den europarechtlichen Grundsatz der innergemeinschaftlichen Freiheit des Warenverkehrs verstoßen würde, wie er in Art. 28 EG (jetzt Art. 34

153 *Schulz*, Die relevante Benutzungshandlung im deutschen Markenrecht, 1997, S. 207 ff.
154 *Meister*, WRP 1995, 366, 371; *ders.*, WRP 1995, 1005, 1013.
155 *Fezer*, Markenrecht, 2009, § 14 Rn. 483.
156 *Ulmar*, WRP 2005, 1371, 1374.
157 *Leitzen*, GRUR 2006, 89, 91.

AEUV) verankert ist. Eine solch restriktive Interpretation von § 14 Abs. 3 MarkenG gelte auch, wenn der Bestimmungs- oder der Ursprungsstaat nicht dem Gemeinschaftsgebiet angehörten, sofern die Voraussetzungen von Art. 24 EG[158] (jetzt Art. 29 AEUV[159]) erfüllt seien. Da der Transit nicht vom „spezifischen Gegenstand“[160] des Markenrechts erfasst werde – so führt *Leitzen* weiter aus –, finde er auch bei den Ausnahmen vom Grundsatz des freien Warenverkehrs, die in Art. 30 EG (jetzt Art. 36 AEUV) vorgesehen sind, keine Berücksichtigung[161]. In gleicher Weise räumte auch *Heim* ein, dass der Transit den Tatbestand einer rechtsverletzenden Benutzung erfüllen könne, wenn es sich bei den im Transit befindlichen Waren um Nichtgemeinschaftswaren handle, wobei er jedoch zugleich die Position vertrat, dass eine Ausweitung des Anwendungsbereichs des § 14 Abs. 3 Nr. 4 MarkenG auf die Fälle des Transits von Gemeinschaftswaren einen Verstoß gegen Art. 28 EG darstellen würde, der nicht durch Art. 30 EG gerechtfertigt sei[162]. Laut *Heim* müsse auch die sekundarrechtliche Bestimmung des Art. 5 Abs. 5 c) der MarkenRL, auf der § 14 Abs. 3 Nr. 4 MarkenG beruhe, mit den primärrechtlichen Regelungen der Art. 28 und 30 EG vereinbar sein, weshalb sie ebenso wie § 14 Abs. 3 Nr. 4 MarkenG europarechtskonform auszulegen sei. *Paul/Leopold* brachten ihrerseits den Gedanken in die Debatte ein, dass der „spezifische Gegenstand“ des Markenrechts in einen „Rechtsgutkern“ und in einen „Randbe-

---

158 Art. 24 EG – „Als im freien Verkehr eines Mitgliedstaats befindlich gelten diejenigen Waren aus dritten Ländern, für die in dem betreffenden Mitgliedstaat die Einfuhr-Förmlichkeiten erfüllt sowie die vorgeschriebenen Zölle und Abgaben gleicher Wirkung erhoben und nicht ganz oder teilweise rückvergütet worden sind“.

159 Eingehender zum AEUV siehe unten in diesem Kapitel Abschnitt A. 4.

160 Der „spezifische Gegenstand“ des Markenrechts besteht „insbesondere“ darin, „dem Inhaber das ausschließliche Recht zu sichern, die Marke beim erstmaligen Inverkehrbringen einer Ware zu benutzen und ihn so vor Konkurrenten zu schützen, die unter Missbrauch der Stellung und des guten Rufes der Marke widerrechtlich mit dieser Marke versehene Waren veräußern“ – vgl. GRUR Int. 2004, 39, 40 Rn. 25 – Rioglass, m. w. N. zur Rechtsprechung; GRUR Int. 1994, 614 – Ideal Standard II. Da der Transit von Gemeinschaftswaren kein Inverkehrbringen der Transitwaren darstellt, werde dieser nicht vom „spezifischen Gegenstand“ des Markenrechts erfasst – vgl. GRUR Int. 2004, 39, 40 Rn. 27 – Rioglass.

161 *Leitzen*, GRUR 2006, 89, 93 ff.

162 *Heim*, WRP 2005, 167, 174 f.

reich" zu unterteilen sei, wobei der Transit unter den weiter gefassten „Randbereich" gefasst werden könne, was im Ergebnis auf eine Anerkennung des Transits als rechtsverletzende Benutzung hinauslaufen würde. Im Falle einer Kollision des Markenrechts mit der Warenverkehrsfreiheit genieße jedoch letztere den Vorzug, da die Richtlinie primärrechtskonform auszulegen sei und eine bloße Verletzung des „Randbereichs" von ihrer Intensität her nicht schwer genug wiege. Andererseits lasse sich aber dort, wo Art. 28 EG nicht greife, laut *Paul/Leopold* eine Markenrechtsverletzung durchaus rechtfertigen[163]. *Hacker* wiederum lehnte die restriktive Interpretation ab, wonach der Transit, da er vom spezifischen Gegenstand des Markenrechts nicht erfasst werde, durch Art. 30 EG nicht gerechtfertigt sei und somit eine Verletzung von Art. 28 EG in Fällen des innergemeinschaftlichen Handels darstelle. *Hacker* zufolge kommen die Verbraucher, sofern der Transit ordnungsgemäß verläuft, weder bei Waren aus Drittstaaten, noch bei solchen aus Mitgliedstaaten mit der rechtsverletzenden Marke in Berührung. Daher gebe es keinen Grund, den Transit von Waren aus Drittstaaten anders zu behandeln[164].

Ullmann wiederum verneinte die rechtsverletzende Benutzung beim Transit. Diesem Autor zufolge erfolgt der Transit, anders als dies bei der Einfuhr von Waren der Fall ist, ja nicht mit der Zielsetzung, die Waren im Transitland in den Verkehr zu bringen. Es fehle somit an einer der Einfuhr vergleichbaren Zielsetzung. *Ullmann* fügte hinzu, dass sich durch die bloß theoretische Gefahr einer Markenrechtsverletzung an diesem Szenario nichts ändere. Dies ergebe sich allein schon daraus, dass die Versiegelung des Transportguts beim Transit geeignet oder zumindest darauf angelegt ist, die abstrakte Gefahr abzuwehren, dass die Ware im Inland in den Verkehr gelangen könnte. Somit gelangt *Ullmann* zur Schlussfolgerung, dass § 14 Abs. 3 Nr. 4 MarkenG auf den Transit verplombter Ware nicht anwendbar sei[165]. Auch *Ahrens* lehnte die Anerkennung des Transits als rechtsverletzende Benutzung ab, und zwar mit der Begründung, dass die bloße Durchfuhr lediglich eine Gefährdung des betroffenen Immaterialgüterrechts darstelle, welche nicht die Qualität einer Rechtsverletzung erlange[166]. *Starck* vertrat seiner-

163 *Paul/Leopold*, EuZW 2005, 685, 687.

164 *Hacker*, MarkenR 2004, 257, 259 f.

165 *Ullmann*, Festschrift für Ullmann 2006, S. 445.

166 *Ahrens*, BB 1997, 902, 903.

seits die Auffassung, dass der Transit nur unter besonderen Umständen – so bei zeitweiser Einlagerung und bei Veräußerungsgeschäften mit der Ware – als eine Benutzung i.S.v. § 14 Abs. 1 MarkenG aufzufassen sei[167]. *Kobiako/v.Gamm* argumentierten ähnlich, indem sie behaupteten, dass die reine Durchfuhr nicht per se als Markenverletzungshandlung zu qualifizieren sei. Eine Ausnahme würde diesen Autoren zufolge allenfalls dann eintreten, wenn konkrete Anhaltspunkte vorlägen, aus denen sich ergebe, dass die Ware während des Transits in den inländischen Verkehr gelangen könnte[168]. Die Autoren gaben des Weiteren zu bedenken, dass eine Einstufung des Transits als Markenrechtsverletzung zu erheblichen rechtlichen Risiken führen könne. In Anbetracht dessen, dass das MarkenG auch nicht eingetragenen Marken Schutz gewähre, könnten dann nämlich auch Transitwaren mit diesen nicht eingetragenen Marken vom Zoll beschlagnahmt werden. In der Praxis wäre es jedoch extrem problematisch, das Vorliegen einer nicht eingetragenen, jedoch geschützten Marke festzustellen. Überdies ließe sich die Gefahr der Beschlagnahme, wenn nicht gar Vernichtung, nur mit erheblichem rechtlichem Aufwand oder mithilfe erhöhter Versicherungsprämien vermeiden. Abgesehen davon wiesen *Kobiako/v. Gamm* auf die Gefahr des Schutzrechtsmissbrauchs im Transitverkehr hin, da ja ein Dritter die betroffenen Marken für sich anmelden könnte, nur um sie später z. B. zum Eintreiben von Lizenzgebühren gegenüber den Inhabern der Transitwaren einzusetzen[169].

Zusammenfassend lässt sich feststellen, dass die herrschende Meinung in der Literatur[170] bis zur „Philips/Nokia“[171] dahin tendierte, Transitsituationen stets als rechtsverletzende Benutzung zu qualifizieren. Als Hauptargument zur Stützung dieser Auffassung wurde vor allem die Gefahr angeführt, dass die betreffenden Waren während des Transits in den inländischen Verkehr gelangen könnten. Wenn das aber der Fall ist, so wäre eine abweichende Behandlung des Transits

167 *Starck*, GRUR 1996, 688, 693.

168 *von Gamm/Kobiako*, MarkenR 2005, 475, 478.

169 *von Gamm/Kobiako*, MarkenR 2005, 475, 479.

170 Für eine ausführliche Darstellung der von der Rechtswissenschaft zur damaligen Zeit vertretenen Auffassungen siehe *Schilling*, Der Transit als Markenrechtsverletzung, 2011, S. 42 ff., S. 203 ff.

171 Siehe unten in diesem Kapitel Abschnitt A. V. 7.

gegenüber dem Export widersprüchlich, da der Export unabhängig von der konkreten Gefahr der Kenntniserlangung durch inländische Verkehrskreise und unabhängig von den markenrechtlichen Verhältnissen im Bestimmungsland als Verletzungshandlung gelte.

2 Das Grenzbeschlagnahmeverfahren nach MarkenG

a) Allgemeines

Die erste deutsche Regelung zur Grenzbeschlagnahme wurde im Jahr 1990 verabschiedet: Die Rede ist vom „Gesetz zur Stärkung des Schutzes des geistigen Eigentums und zur Bekämpfung der Produktpiraterie" (PrPG) vom 7. März 1990, dem sog. Produktpirateriegesetz. Die Bestimmungen des PrPG wurden gleichzeitig in das WZG, den Vorgänger des MarkenG vom 25. Oktober 1994, in das UrhG, das GeschmMG, das PatG, das GebrMG, das HalbleiterSchG und das SortenschutzG eingefügt[172].

Aufgrund des Vorrangs des Gemeinschaftsrechts und insbesondere der Verordnung (EU) Nr. 608/2013 findet das nationale Grenzbeschlagnahmeverfahren gemäß § 146 Abs. 1 MarkenG nur noch eingeschränkt Anwendung[173]. Seitdem nämlich das Gemeinschaftsrecht an den Außengrenzen der Gemeinschaft anzuwenden ist und somit für Nichtgemeinschaftswaren gilt, bleibt die Anwendung des nationalen Rechts auf den innergemeinschaftlichen Warenverkehr beschränkt. Abgesehen von dieser Einschränkung verlor das nationale Grenzbeschlagnahmeverfahren auch durch die Einführung des gemeinsamen europäischen Binnenmarktes und des damit einhergehenden Wegfalls der innergemeinschaftlichen Grenzkontrollen an Bedeutung[174].

Die Beseitigung der Kontrollen an den Binnengrenzen bedeutet jedoch nicht, dass der Warenverkehr innerhalb der Gemeinschaft keinerlei Überwachung mehr

---

172 *Hesse*, Die Vereinbarkeit des EU-Grenzbeschlagnahmeverfahrens mit dem TRIPS-Abkommen, 2018, S. 39.

173 Zum Grenzbeschlagnahmeverfahren nach dem Gemeinschaftsrecht siehe unten in diesem Kapitel Abschnitt A. III.

174 *Kettner*, Die Bekämpfung der Produktpiraterie jenseits des Zivilrechts, 2011, S. 68.

unterliegt, oder dass diese auf Nichtgemeinschaftswaren beschränkt wäre. Dies liegt daran, dass die nationalen Verwaltungen nach wie vor überall auf dem jeweils betroffenen Staatsgebiet ihr Kontrollrecht ausüben können, was beispielsweise in Form von Spontankontrollen durch die Kontrolleinheit Verkehrswege (KEV) im Straßenverkehr geschehen kann. Die Kontrolleinheit Verkehrswege ist befugt, sofern bestimmte Voraussetzungen erfüllt sind, Personen und Fahrzeuge anzuhalten, um den Warenverkehr, insbesondere auch wegen Verletzungen von Markenrechten, zu überprüfen. Allerdings ist das bloße Überschreiten einer Binnengrenze *per se* noch kein ausreichender Grund für eine solche Kontrolle[175].

Festzustellen bleibt, dass das nationale Grenzbeschlagnahmeverfahren nach wie vor der Bekämpfung der Markenpiraterie dient. Die einschlägigen Bestimmungen bezüglich des nationalen Grenzbeschlagnahmeverfahrens sind in den spezifischen Gesetzen zum Schutz des geistigen Eigentums festgelegt. Was das Markenrecht betrifft, so sind hier vor allem die in §§ 146 bis 149 MarkenG enthaltenen Bestimmungen von Belang[176].

b) Voraussetzungen

Nach § 146 Abs. 1 unterliegen Waren, die widerrechtlich mit einer nach dem MarkenG geschützten Marke versehen sind, bei ihrer Einfuhr oder Ausfuhr der Beschlagnahme durch die Zollbehörde. Die Beschlagnahme kann bei einer Verletzung von eingetragenen Marken (§ 4 Nr. 1), Benutzungsmarken (§ 4 Nr. 2), Notorietätsmarken (§ 4 Nr. 3), Kollektivmarken (§ 126), Unionsmarken (§ 125b Nr. 6) sowie von international registrierten Marken mit Schutzerstreckung auf Deutschland (§§ 107 Abs. 1, 119 Abs. 1) erfolgen, wobei besagte Verletzung nach § 148 Abs. 1 aber offensichtlich sein muss. Eine solche Offensichtlichkeit liegt vor, wenn die Verletzung ohne weiteres erkennbar ist bzw. wenn die Rechtslage

---

175 *Scherbauer,* Die Grenzbeschlagnahme von Produktpirateriewaren im Immaterialgüterrecht, 2000, S. 62 f.; Scherbauer bezog sich in ihrer Arbeit noch auf die „Mobilen Kontrollgruppen", deren Nachfolger die „Kontrolleinheiten Verkehrswege" sind. Trotz der Namensänderung sind sich beide in puncto Aufbau und Organisation sowie Aufgaben und Befugnissen gleichgeblieben.

176 Zu den jeweiligen Vorschriften siehe *Vohwinkel,* in: *Kur/von Bomhard/Albrecht,* MarkenG, 2018, § 146 Rn. 1 ff., § 149 Rn. 1 ff.

nicht zweifelhaft ist, und es keine Anhaltspunkte dafür gibt, dass sich der Sachverhalt kurzfristig ändern wird[177]. In § 146 Abs. 1 ist des Weiteren festgelegt, dass der Antragsteller eine Sicherheitsleistung erbringen muss. Diese soll die voraussichtlichen Kosten der zollamtlichen Lagerung sowie einer eventuellen Vernichtung, darüber hinaus aber auch die Höhe des Schadensersatzes bei ungerechtfertigter Beschlagnahme abdecken können[178].

Der Antrag auf Beschlagnahme kann vom Rechtsinhaber oder von einem Lizenznehmer gestellt werden und ist auch präventiver Natur, um zukünftige Verletzungen bei der Ein- oder Ausfuhr frühzeitig festzustellen und sie somit unterbinden zu können. Der Antrag setzt nicht zwingend das Bestehen einer konkret vorliegenden Markenrechtsverletzung voraus[179]. Er muss bei der Zentralstelle Gewerblicher Rechtsschutz eingereicht werden. Er kann gemäß § 148 Abs. 1 für maximal ein Jahr gestellt und beliebig oft widerholt werden.

c) *Verfahrensablauf*

Werden die Waren zurückgehalten, dann muss die Zollbehörde nach § 146 Abs. 2 S. 1 den Verfügungsberechtigten bzw. den Besitzer der Waren sowie den Antragsteller unverzüglich von der Grenzbeschlagnahme unterrichten. Angaben über Herkunft, Menge und Lagerort der Waren sowie der Name und die Anschrift des Verfügungsberechtigten sind dem Antragsteller mitzuteilen (§ 146 Abs. 2 S. 2). Das Brief- und Postgeheimnis wird insoweit eingeschränkt (§ 146 Abs. 2 S. 3). Dem Antragsteller wird die Möglichkeit eingeräumt, die Waren zu inspizieren (§ 146 Abs. 2 S. 4).

Der in § 147 dargelegte Verfahrensablauf ist auf ein schnelles und ökonomisches Prozedere ausgerichtet, das es beiden Beteiligten ermöglicht, kampflos aufgeben, bevor sich der Antragsteller gezwungen sieht, ein gerichtliches Verfahren zu initiieren[180]. Falls der Verfügungsberechtigte der Beschlagnahme nicht bis spätestens zwei Wochen nach Zustellung der entsprechenden Mitteilung wider-

---

177 *Vohwinkel*, in: *Kur/von Bomhard/Albrecht*, MarkenG, 2018, § 146 Rn. 41.

178 *Vohwinkel*, in: *Kur/von Bomhard/Albrecht*, MarkenG, 2018, § 146 Rn. 16.

179 *Vohwinkel*, in: *Kur/von Bomhard/Albrecht*, MarkenG, 2018, § 146 Rn. 1.

180 *Vohwinkel*, in: *Kur/von Bomhard/Albrecht*, MarkenG, 2018, § 147 Rn. 1.

spricht, wird die Zollbehörde die Einziehung der beschlagnahmten Waren anordnen (§ 147 Abs. 1), wobei diese Maßnahme beim Amtsgericht noch anfechtbar ist (§ 148 Abs. 2 S. 1). Anschließend werden die Waren von der Zollbehörde vernichtet[181]. Widerspricht der Verfügungsberechtigte hingegen der Beschlagnahme, so kann der Antragsteller seinen Antrag auf Beschlagnahme zurücknehmen bzw. auf die Fortführung des Verfahrens verzichten (§ 147 Abs. 2 S. 2, Abs. 2 S. 1 und Abs. 4 S. 1). In diesem Fall wird die Beschlagnahme aufgehoben, womit das Verfahren beendet ist (§ 147 Abs. 3 S. 1). Erwähnenswert ist in diesem Zusammenhang, dass das Widerspruchsverfahren rein formeller Natur ist und keinerlei materiell-rechtlicher Prüfung unterzogen wird[182].

Für den Fall aber, dass der Antragsteller den Antrag in Bezug auf die beschlagnahmten Waren aufrechterhält, muss er nach § 147 Abs. 3 S. 2. eine vollziehbare gerichtliche Entscheidung vorlegen, die auf einer materiell-rechtlichen Prüfung beruht[183]. Hierbei ist zu beachten, dass besagte Gerichtsentscheidung klar zu benennen hat, wie die Zollbehörde konkret mit den beschlagnahmten Waren verfahren soll, da andernfalls die Beschlagnahme wegen des Fehlens einer gerichtlichen Entscheidung aufzuheben ist[184]. Die Beschlagnahme kann gemäß § 147 Abs. 4 S. 2 für weitere zwei Wochen aufrechterhalten werden, sofern der Antragsteller nachweist, dass die gerichtliche Entscheidung beantragt wurde, ihm aber noch nicht zugegangen ist. Angesichts der kurzen Frist von zwei Wochen, die um weitere zwei Wochen verlängert werden kann, wird diese in Abs. 4 genannte Voraussetzung üblicherweise dadurch erfüllt, dass man auf das Mittel einstweiliger Verfügungen zurückgreift[185].

Besondere Beachtung verdient auch die folgende Regelung: Falls sich die Beschlagnahme als von Anfang an ungerechtfertigt erweist und der Antragsteller nach einem Widerspruch des Verfügungsberechtigten den Antrag aufrechterhält oder sich nicht unverzüglich erklärt, so ist er nach § 149 dazu verpflichtet, den durch die Beschlagnahme verursachten Schaden zu ersetzen. Für die Feststellung,

181 *Thiering*, in: *Ströbele/Hacker/ Thiering*, MarkenG, 2018, § 147 Rn. 3.
182 *Vohwinkel*, in: *Kur/von Bomhard/Albrecht*, MarkenG, 2018, § 147 Rn. 3.
183 *Vohwinkel*, ibid.
184 *Vohwinkel*, in: *Kur/von Bomhard/Albrecht*, MarkenG, 2018, § 147 Rn. 21.
185 *Vohwinkel*, in: *Kur/von Bomhard/Albrecht*, MarkenG, 2018, § 147 Rn. 19.

ob die Beschlagnahme ungerechtfertigt ist, sind die tatsächlichen und rechtlichen Voraussetzungen zum Zeitpunkt der Erteilung der Anordnung maßgebend. Es ist also entscheidend, ob zum Zeitpunkt der Erteilung der Anordnung eine Markenverletzung nach §§ 14 und 15 zu bejahen war[186]. Das Gericht, das mit einem Schadensersatzprozess befasst wird, hat darüber zu urteilen, ob die Beschlagnahme gerechtfertigt war oder nicht[187]. Der Antragsteller muss nicht schuldhaft handeln und trägt das Risiko einer fehlerhaften Einschätzung der Rechtslage[188]. Unverzüglich erklärt sich der Antragsteller, entsprechend § 121 BGB, wenn die Erklärung ohne schuldhaftes Verzögern ergeht[189]. Der Schaden muss adäquat kausal auf die Beschlagnahme zurückzuführen sein. Die Höhe des ersatzfähigen Schadens wird gemäß §§ 249 ff. BGB nach dem negativen Interesse des Verfügungsberechtigten berechnet, d. h. der Schaden ist so zu ermitteln, als hätte die Beschlagnahme gar nicht stattgefunden. Für den Schadensersatz sind auch die Rechtsverfolgungskosten des Verfügungsberechtigten sowie eventuelle Gewinneinbußen zu berücksichtigen[190].

II MarkenRL 2008/95/EG

Das Recht der Europäischen Union unterteilt sich in das primäre und das sekundäre Unionsrecht. Das primäre Unionsrecht besteht im Wesentlichen aus dem Vertrag über die Europäische Union (EUV) und aus dem Vertrag über die Arbeitsweise der Europäischen Union (AEUV), die zusammen als Grundlage der Union rechtlich gleichrangig sind, einschließlich Anlagen und Protokollen. Das sekundäre Unionsrecht umfasst hingegen das von den Organen der EU erlassene Recht[191]. Diesbezüglich zählt Art. 288 AEUV fünf verschiedene Rechtsakttypen auf, nämlich Verordnungen, Richtlinien, Beschlüsse, Empfehlungen und

---

186 *Thiering*, in: *Ströbele/Hacker/Thiering*, MarkenG, 2018, § 149 Rn. 5.

187 *Vohwinkel*, in: *Kur/von Bomhard/Albrecht*, MarkenG, 2018, § 149 Rn. 1 ff.

188 *Vohwinkel*, ibid.; *Thiering*, in: *Ströbele/Hacker/Thiering*, MarkenG, 2018, § 149 Rn. 1.

189 *Vohwinkel*, in: *Kur/von Bomhard/Albrecht*, MarkenG, 2018, § 149 Rn. 11.

190 *Vohwinkel*, in: *Kur/von Bomhard/Albrecht*, MarkenG, 2018, § 149 Rn. 12 ff.

191 Für einen Überblick über die primären und sekundären Unionsrechte siehe *Streinz*, Europarecht, 2019, S. 157 ff.

Stellungnahmen, welche die Organe für die Ausübung der Zuständigkeiten der Union erlassen.

Was speziell die Richtlinie betrifft[192], so ist hervorzuheben, dass es sich hierbei um einen Rechtsakt handelt, welcher der Harmonisierung des Rechts der Mitgliedstaaten dient. Sie bildet die erste Stufe eines zweistufigen Rechtssetzungsverfahrens, wonach in der ersten Stufe das Harmonisierungsprogramm festgelegt und in der zweiten Stufe dieses Programm von den Mitgliedstaaten in nationales Recht umgesetzt wird[193]. Um wirksam zu werden, muss die Richtlinie also durch nationale Rechtsakte umgesetzt werden. Die Frist, innerhalb derer dies zu geschehen hat, wird in der Richtlinie selbst festgesetzt. Art. 288 Abs. 3 AEUV sieht vor, dass die Richtlinie für die Mitgliedstaaten, an die sie gerichtet wird, hinsichtlich des zu erreichenden Ziels verbindlich ist, jedoch überlässt sie den innerstaatlichen Stellen die Wahl der Form und der Mittel, die für das Erreichen dieses Zieles geeignet sind. In diesem Zusammenhang ist des Weiteren das Gebot zur richtlinienkonformen Auslegung zu beachten, demzufolge die nationalen Gerichte und Behörden verpflichtet sind, das nationale Recht – unerheblich ob vor oder nach der Richtlinie erlassen – im Regelungsbereich der Richtlinie soweit wie möglich im Lichte von deren Wortlaut und Zweck auszulegen[194]. Dies ergibt sich aus dem Zweck der Richtlinie in Verbindung mit Art. 4 Abs. 3 EUV[195].

Im Bereich des Markenrechts war damals die „Richtlinie 2008/95/EG des Europäischen Parlaments und des Rates vom 22. Oktober 2008 zur Angleichung der Rechtsvorschriften der Mitgliedstaaten über die Marken“ in Kraft. Diese Richtlinie ersetzte die vorausgehende Richtlinie 89/104/EWG vom 21. Dezember 1988, bei der es sich um die erste Regelung zur Angleichung der markenrechtlichen Vorschriften der Mitgliedstaaten handelte. Was unsere Untersuchung zum Thema *Transit* betrifft, so sind in der Richtlinie 2008/95/EG insbesondere die

---

192 Ausführlich zum Wesen und zu den Rechtswirkungen der Richtlinie siehe *Schroeder*, in: Streinz, AEUV, 2018, Art. 288 Rn. 51 ff.; *Streinz*, Europarecht, 2019, S. 170 ff.

193 *Kotzur*, in: *Geiger/Khan/Kotzur*, AEUV, 2017, Art. 288 Rn. 10.

194 *Streinz*, Europarecht, 2019, S. 181 ff.

195 *Kotzur*, in: *Geiger/Khan/Kotzur*, AEUV, 2017, Art. 288 Rn. 14.

Bestimmungen von Abs. 1 a und b[196], Abs. 2[197] sowie Abs. 3 b und c[198] von Art. 5 (*Rechte aus der Marke*) von Belang. Besagte Vorschriften waren bereits in der ersten Richtlinie enthalten und wurden unverändert in die Richtlinie 2008/95/EG übernommen. Im nationalen Recht wurden die entsprechenden Regelungen im Zuge der Umsetzung der Richtlinien in Abs. 2 Nr. 1–3 sowie Abs. 3 Nr. 2 und 4, von § 14 MarkenG verankert. Da auf die genannten Bestimmungen des MarkenG bereits eingegangen wurde und diese exakt Art. 5 Abs. 1 a und b, Abs. 2 sowie Abs. 3 b und c der Richtlinie 2008/95/EG entsprechen, sei diesbezüglich auf die Darstellung oben in Kapitel I. 1 verwiesen. In diesem Zusammenhang ist ferner zu beachten, dass in der Richtlinie 2008/95/EG nicht explizit von Transitsituationen, sondern nur von Ein- und Ausfuhr die Rede ist, was zu großen Kontroversen sowohl in der Lehre[199] als auch in der Rechtsprechung geführt hat[200].

---

196 (1) Die eingetragene Marke gewährt ihrem Inhaber ein ausschließliches Recht. Dieses Recht gestattet es dem Inhaber, Dritten zu verbieten, ohne seine Zustimmung im geschäftlichen Verkehr a) ein mit der Marke identisches Zeichen für Waren oder Dienstleistungen zu benutzen, die mit denjenigen identisch sind, für die sie eingetragen ist; b) ein Zeichen zu benutzen, wenn wegen der Identität oder der Ähnlichkeit des Zeichens mit der Marke und der Identität oder Ähnlichkeit der durch die Marke und das Zeichen erfassten Waren oder Dienstleistungen für das Publikum die Gefahr von Verwechslungen besteht, die die Gefahr einschließt, dass das Zeichen mit der Marke gedanklich in Verbindung gebracht wird.

197 (2) Die Mitgliedstaaten können ferner bestimmen, dass es dem Inhaber gestattet ist, Dritten zu verbieten, ohne seine Zustimmung im geschäftlichen Verkehr ein mit der Marke identisches oder ihr ähnliches Zeichen für Waren oder Dienstleistungen zu benutzen, die nicht denen ähnlich sind, für die die Marke eingetragen ist, wenn diese in dem betreffenden Mitgliedstaat bekannt ist und die Benutzung des Zeichens die Unterscheidungskraft oder die Wertschätzung der Marke ohne rechtfertigenden Grund in unlauterer Weise ausnutzt oder beeinträchtigt.

198 (3) Sind die Voraussetzungen der Abs. l und 2 erfüllt, so kann insbesondere verboten werden: (…) b) unter dem Zeichen Waren anzubieten, in den Verkehr zu bringen oder zu den genannten Zwecken zu besitzen oder unter dem Zeichen Dienstleistungen anzubieten oder zu erbringen; c) Waren unter dem Zeichen einzuführen oder auszuführen.

199 Siehe oben in diesem Kapitel Abschnitt A. I. 2. b).

200 Siehe unten in diesem Kapitel Abschnitt A. V.

III Das Grenzbeschlagnahmeverfahren nach der Europäischen Union

1 Die Verordnungen zur Grenzbeschlagnahme

a) Allgemeines

Das Mittel der Grenzbeschlagnahme als Instrument zur Zurückhaltung von Pirateriewaren findet sich schon seit langem auf europäischer Ebene geregelt, und zwar insbesondere durch eine Reihe von Verordnungen. Wie die Richtlinie ist auch die Verordnung eine Rechtshandlung, die in den Bereich des sekundären Unionsrechts[201] **fällt, das von** den Organen der EU erlassen wird. Gemäß Art. 288 Abs. 2 AEUV hat die Verordnung allgemeine Geltung, und sie gilt unmittelbar in jedem Mitgliedsstaat. Unter *allgemeine Geltung* ist zu verstehen, dass die Verordnung eine unbestimmte Vielzahl von Sachverhalten generell und abstrakt regelt und deswegen Rechtssatzqualität erlangt[202]. Der Begriff *unmittelbare Geltung* besagt hingegen, dass die Verordnung unmittelbar in jedem Mitgliedstaat gilt, ohne dass es einer Umwandlung in mitgliedsstaatliches Recht oder irgendeiner Vollzugsanweisung durch mitgliedsstaatliche Organe bedarf – sie ist ohne weiteres in den Mitgliedsstaaten geltendes Recht[203].

b) Verordnung (EWG) Nr. 3842/86

Die erste Grenzbeschlagnahmeverordnung wurde im Jahr 1986 von der Europäischen Wirtschaftsgemeinschaft beschlossen. Dabei handelte es sich um die „Verordnung (EWG) Nr. 3842/86 des Rates vom 1. Dezember 1986 über Maßnahmen zum Verbot der Überführung nachgeahmter Waren in den zollrechtlich freien Verkehr" (GBV 1986). Schon damals sah sich der europäische Gesetzgeber demnach veranlasst, gegen den Handel mit Pirateriewaren vorzugehen. Somit kämpfen die Zollbehörden der Mitgliedstaaten bereits seit über 30 Jahren gegen das Phänomen der Markenpiraterie. Die GBV 1986 hatte allerdings einen sehr

201 Siehe Fußnote 190.

202 *Streinz*, Europarecht, 2019, S. 168.

203 *Kotzur*, in: *Geiger/Khan/Kotzur*, AEUV, 2017, Art. 288 Rn. 8.

engen Anwendungsbereich, der sich allein auf die Einfuhr von Waren beschränkte, die eine eingetragene Marke bzw. ein eingetragenes Warenzeichen verletzten und in den zollrechtlichen freien Verkehr verbracht wurden (Art. 1 Abs. 1 a. und Abs. 2 a.). Nichtsdestotrotz war sie die erste wesentliche Rechtsgrundlage, die den Kampf gegen die Markenpiraterie durch die Zollbehörden an der Grenze ermöglichte und es auf diese Weise verhinderte, dass nachgeahmte Waren aus Drittstaaten in das Gemeinschaftsgebiet eingeführt wurden.

c) Verordnung (EG) Nr. 3295/94

Im Lauf der Zeit wurden weitere Grenzbeschlagnahmeverordnungen erlassen, die zu einer Erweiterung des Anwendungsbereichs des europäischen Grenzbeschlagnahmeverfahrens, zu einer Vergrößerung des Kreises der Antragsberechtigten und zu Veränderungen des Verfahrensablaufs im Interesse einer rechtsinhaberfreundlichen Handhabung führten[204].

So wurde acht Jahre nach der GBV 1986 die „Verordnung (EG) Nr. 3295/94 des Rates vom 22. Dezember 1994 über Maßnahmen zum Verbot der Überführung nachgeahmter Waren und unerlaubt hergestellter Vervielfältigungsstücke oder Nachbildungen in den zollrechtlich freien Verkehr oder in ein Nichterhebungsverfahren sowie zum Verbot ihrer Ausfuhr und Wiederausfuhr" erlassen (GBV 1994). Mit dieser GBV 1994 sollten die Mängel der GBV 1986 beseitigt werden. So hat sie den Anwendungsbereich der GBV 1986 bezüglich der geschützten Immaterialgüterrechte und auch der zollrechtlich relevanten Handlungen stark erweitert: Insbesondere wurde der Geltungsbereich auf das Urheber- und Geschmacksmusterrecht ausgedehnt und dafür gesorgt, dass die Zollbehörden nicht mehr nur bei der Einfuhr, sondern auch bei der Ausfuhr, Wiederausfuhr sowie bei Nichterhebungsverfahren tätig werden konnten[205]. Als „Nichterhebungsverfahren" bezeichnet man bestimmte Zollverfahren, welche gemäß Art. 84 I a der „Verordnung (EWG) Nr. 2913/92 des Rates vom 12. Oktober 1992 zur Fest-

---

204 *Hesse*, Die Vereinbarkeit des EU-Grenzbeschlagnahmeverfahrens mit dem TRIPS-Abkommen, 2018, S. 34.

205 *Scherbauer*, Die Grenzbeschlagnahme von Produktpirateriewaren im Immaterialgüterrecht, 2000, S. 83.

legung des Zollkodex der Gemeinschaften" das Versandverfahren, das Zolllagerverfahren, die aktive Veredelung, die Umwandlung unter zollamtlicher Überwachung und die vorübergehende Verwendung umfassen. Solange die überführten Nichtgemeinschaftswaren Gegenstand all dieser Arten von Nichterhebungsverfahren sind, werden keine Einfuhrabgaben erhoben und grundsätzlich auch keine handelspolitischen Maßnahmen angewendet[206]. Durch Art. 16 der GBV 1994 wurde die GBV 1986 aufgehoben.

d) Verordnung (EG) Nr. 241/99

Im Jahre 1999 wurde auch die GBV 1994 geändert, um ihren Anwendungsbereich abermals auszudehnen: Es wurde die Verordnung (EG) Nr. 241/1999 erlassen mit dem Titel „Verordnung (EG) Nr. 241/1999 des Rates vom 25. Januar 1999 zur Änderung der Verordnung (EG) Nr. 3295/94 über Maßnahmen zum Verbot der Überführung nachgeahmter Waren und unerlaubt hergestellter Vervielfältigungsstücke oder Nachbildungen in den zollrechtlich freien Verkehr oder in ein Nichterhebungsverfahren sowie zum Verbot ihrer Ausfuhr und Wiederausfuhr". Kurz zusammengefasst, wurde der Geltungsbereich der GBV 1994 auf Patente ausgedehnt, das Tätigwerden der Zollbehörden auf Freizonen und Freilager sowie auf alle verdächtigen Waren erweitert, die unter zollamtliche Überwachung stehen[207].

e) Verordnung (EG) Nr. 1383/03

Im Jahr 2004 wurde die GBV 1994 durch die „Verordnung (EG) Nr. 1383/2003 des Rates vom 22. Juli 2003 über das Vorgehen der Zollbehörden gegen Waren, die im Verdacht stehen, bestimmte Rechte geistigen Eigentums zu verletzen, und die Maßnahmen gegenüber Waren, die erkanntermaßen derartige Rechte verletzen", ersetzt (GBV 2003). Es bleibt festzustellen, dass die relevanten Bestimmun-

---

206 *Schilling*, Der Transit als Markenrechtsverletzung, 2011, S. 77.

207 *Scherbauer*, Die Grenzbeschlagnahme von Produktpirateriewaren im Immaterialgüterrecht, 2000, S. 84.

gen der GBV 1994 in der GBV 2003 weitestgehend unverändert geblieben sind[208]. Als Beispiel sei erwähnt, dass die Zollbehörden, wie dies schon in der GVB 1994 vorgesehen war, auch nach der GBV 2003 einschreiten können, wenn Waren zur Überführung in den zollrechtlich freien Verkehr, zur Ausfuhr oder zur Wiederausfuhr angemeldet werden, bzw. wenn sie in ein Nichterhebungsverfahren überführt oder in eine Freizone oder ein Freilager verbracht werden (Art. 1 Abs. 1 a. und b.). Andererseits wurden mit der GBV 2003 aber weitere Rechte des geistigen Eigentums zusätzlich erfasst, nämlich Ursprungsbezeichnungen, Sortenschutzrechte und geografische Angaben (Art. 2 Abs. 1 c. iii, iv und v). Eine wichtige Neuerung, die durch die GBV 2003 eingeführt wurde, bestand darüber hinaus darin, dass sie dem Rechtsinhaber die Möglichkeit einräumte, Proben oder Muster der beanstandeten Waren zu erhalten, um auf diese Weise die Prüfung einer eventuellen Rechtsverletzung und folglich die Fortsetzung des Verfahrens zu erleichtern (Art. 9 Abs. 3)[209].

2 Das Grenzbeschlagnahmeverfahren nach VO (EG) Nr. 608/2013

a) Allgemeines

Gegenwärtig ist die „Verordnung (EU) Nr. 608/2013 des Europäischen Parlaments und des Rates vom 12. Juni 2013 zur Durchsetzung der Rechte geistigen Eigentums durch die Zollbehörden und zur Aufhebung der Verordnung (EG) Nr. 1383/2003 des Rates“ (GBV 2013) in Kraft[210]. Es handelt sich dabei um die

---

208 *Kobiako*, GRUR, Int. 2004, 832, 833.

209 Für eine zusammenfassende Darstellung der Entwicklung der Verordnungen zur Grenzbeschlagnahme bis zur GBV 2003 siehe *Schneider/Vrins* in: *Schneider/Vrins*, Enforcement of Intellectual Property Rights Through Border Measures, 2012, S. 109 Rn. 5.12 ff.; *Vrins*, Customs Enforcement of Intellectual Property Rights, 2018, S. 84 ff.

210 Für eine Darstellung der wichtigsten Veränderungen der GBV 2013 gegenüber der GBV 2003 siehe *Riedinger*, RdTW 2014, 217 ff.; *Rinnert*, GRUR 2014, 241 ff. Für einen Überblick über die Debatten und die Verfahrensschritte, die zur Verabschiedung der GBV 2013 führten, siehe *Vrins*, Customs Enforcement of Intellectual Property Rights, 2018, S. 87 ff. Für einen Überblick über das Gesetzgebungsverfahren zur GBV 2013 siehe ebendort, S. 344 ff.

wichtigste europäische Rechtsgrundlage für die Bekämpfung der Markenpiraterie an den Außengrenzen des Unionszollgebiets[211]. Die Rechtsgrundlage der GBV 2013 ist Art. 207 AEUV[212]. Wie schon die vorausgehenden Verordnungen, gilt auch die GBV 2013 lediglich für Nichtgemeinschaftswaren. Bei Schutzrechtsverletzungen bzw. Markenverletzungen im Rahmen des innergemeinschaftlichen Warenverkehrs sind die nationalen Regelungen bzw. das MarkenG anzuwenden[213].

Wie gesehen, handelt es sich bei der Grenzbeschlagnahme um ein verwaltungsrechtliches Verfahren, das es der Zollbehörde ermöglicht, eine Filterfunktion zu erfüllen, indem sie schutzrechtsverletzende Waren bzw. Pirateriewaren an der Grenze zurückhält, so dass diese nicht in den Wirtschaftskreislauf der Union bzw. auf den deutschen Markt gelangen.

Ursprünglich war dem Tätigwerden der Zollbehörde lediglich ein vorläufiger und vorbeugender Charakter zugedacht[214]. Wenn nämlich eine Zollbehörde auf Antrag eines Berechtigten an der Grenze verdächtige Waren beschlagnahmte, dann wurden diese nur vorübergehend sichergestellt, und zwar so lange, bis die Angelegenheit durch das im Hauptsachenverfahren zuständige Gericht einer materiell-rechtlichen Prüfung unterzogen und entschieden wurde. In diesem Zusammenhang sei allerdings darauf hingewiesen, dass bereits die GBV 2003 in ihrem Art. 11 den Mitgliedsstaaten die Möglichkeit eingeräumt hatte, ein vereinfachtes Vernichtungsverfahren vorzusehen, mittels dessen die angehaltenen Waren unter bestimmten Voraussetzungen vernichtet werden konnten, ohne dass im Hauptsachenverfahren eine Entscheidung verkündet worden wäre, welche die Verletzung eines Rechts des geistigen Eigentums bzw. eines Markenrechts bestätigt hätte. Es war also nicht gänzlich ausgeschlossen, dass durch eine Zollbehörde vollendete

211 Für eine detaillierte Darstellung der GBV 2013 siehe *Hesse*, Die Vereinbarkeit des EU-Grenzbeschlagnahmeverfahrens mit dem TRIPS-Abkommen, S. 41 ff.

212 Zu Art. 207 AEUV siehe *Khan*, in: *Geiger/Khan/Kotzur*, AEUV, 2017, Art. 207 Rn. 1 ff.; *Nettesheim*, in: *Streinz*, AEUV, 2018, Art. 207 Rn. 1 ff.

213 Siehe hierzu oben Kapitel 3. A. I. 3. a).

214 Von diesem Grundgedanken zeugt auch der Erwägungsgrund Nr. 19 der GBV 2013, der ausdrücklich auf den vorläufigen und vorbeugenden Charakter der von den Zollbehörden zu ergreifenden Maßnahmen Bezug nimmt.

Tatsachen geschaffen werden konnten[215]. In der GBV 2013 ist die Möglichkeit eines solchen vereinfachten Vernichtungsverfahrens in Art. 23 vorgesehen.

Zu beachten ist auch, dass die GBV 2013 lediglich verfahrensrechtliche Vorschriften enthält, nicht jedoch Anspruchsgrundlagen. Dies bedeutet, dass mit der GBV 2013 keinerlei Kriterien festgelegt werden, nach denen sich eine Verletzung von Rechten des geistigen Eigentums feststellen lässt[216].

b) Anwendungsbereich

Der Anwendungsbereich der GBV 2013 ist in Art. 1 Abs. 1 festgelegt. Laut dieser Bestimmung können die Zollbehörden tätig werden, wenn Waren (i) im Verdacht stehen, ein Recht des geistigen Eigentums zu verletzen und (ii) sich in bestimmten zollrechtlichen Situationen befinden.

Mit der GBV 2013 wurde der Spielraum für das Eingreifen der Zollbehörden erweitert. So umfasst der Begriff „Recht geistigen Eigentums" nach Art. 2 GBV 2013 eingetragene Marken[217], Geschmackmuster, Urheberrechte und mit diesen verwandte Schutzrechte, geografische Angaben, Patente, ergänzende Schutzzertifikate für Arzneimittel oder Pflanzenschutzmittel, Sortenschutzrechte sowie weitere Rechte, die in der GBV 2003 noch keine Berücksichtigung gefunden hatten, wie etwa Handelsnamen, Topografien von Halbleitererzeugnissen und Gebrauchsmuster. Voraussetzung war, dass all diese Schutzrechtsarten nach den einzelstaatlichen Rechtsvorschriften oder nach den Rechtsvorschriften der Union geschützt sind.

Darüber hinaus sah die GBV 2013 in Art. 26 Sonderregelungen für Kleinsendungen vor, die nachgeahmte und unerlaubt hergestellte Waren enthielten. Alle Waren, die unter diese Kategorie fallen, weisen die Gemeinsamkeit auf, dass sie als Gegenstände sichtbarer Arten von Schutzrechtsverletzungen gelten, was bedeutet, dass bei ihnen eine solche mit bloßem Auge erkennbar ist und auch

---

215 *Hesse,* Die Vereinbarkeit des EU-Grenzbeschlagnahmeverfahrens mit dem TRIPS-Abkommen, 2018, S. 35.

216 Vgl. Erwägungsgrund Nr. 10 GBV 2013.

217 Marken, die Verkehrsgeltung erworben haben, sowie notorisch bekannte Marken gemäß § 4 Nr. 2 bzw. 3 MarkenG sind von der GV 2013 nicht umfasst.

für eine Zollbehörde ohne vertiefte immaterialgüterrechtliche oder technische Kenntnisse mit relativer Sicherheit überprüfbar sein sollte[218].

Eine weitere wichtige Neuerung bestand darin, dass die GBV 2013 in Art. 2 Nr. 5 bzw. 6 die Begriffe "nachgeahmte Waren" und "unerlaubt hergestellte "Waren" näher erläutert. Der Ausdruck "nachgeahmte Waren" umfasst demnach „Waren, die in dem Mitgliedstaat, in dem sie angetroffen werden, Gegenstand einer eine Marke verletzenden Handlung sind und auf denen ohne Genehmigung ein Zeichen angebracht ist, das mit der für derartige Waren rechtsgültig eingetragenen Marke identisch oder in seinen wesentlichen Merkmalen nicht von einer solchen Marke zu unterscheiden ist". Des Weiteren erstreckt sich der Begriff auf „Waren, die in dem Mitgliedstaat, in dem sie angetroffen werden, Gegenstand einer eine geografische Angabe verletzenden Handlung sind und auf denen ein Name oder ein Begriff angebracht ist oder die mit einem Namen oder einem Begriff bezeichnet werden, der im Zusammenhang mit dieser geografischen Angabe geschützt ist". Und drittens bezeichnet der Ausdruck „nachgeahmte Waren" auch noch „jegliche Art von Verpackungen, Etiketten, Aufklebern, Prospekten, Bedienungs- oder Gebrauchsanweisungen, Garantiedokumenten oder sonstigen ähnlichen Artikeln, [...] die Gegenstand einer eine Marke oder geografische Angabe verletzenden Handlung sind [...] und für die gleiche Art von Waren wie die, für die die Marke oder geografische Angabe eingetragen wurde, verwendet werden können". Der Begriff "unerlaubt hergestellte Waren" bezieht sich hingegen auf „Waren, die in dem Mitgliedstaat, in dem sie sich befinden, Gegenstand einer ein Urheberrecht oder ein verwandtes Schutzrecht oder ein Geschmacksmuster verletzenden Tätigkeit sind und die Vervielfältigungsstücke oder Nachbildungen sind oder solche enthalten und ohne Zustimmung des Inhabers des Urheberrechts oder verwandten Schutzrechts [...] oder ohne Zustimmung einer vom Rechtsinhaber im Herstellungsland ermächtigten Person angefertigt werden".

Zu beachten ist außerdem, dass für das Tätigwerden der Zollbehörde nicht die abschließende Feststellung einer Markenverletzung erforderlich ist. Es genügt schon, dass die Ware lediglich im Verdacht steht, ein Recht des geistigen

218 *Hesse*, Die Vereinbarkeit des EU-Grenzbeschlagnahmeverfahrens mit dem TRIPS-Abkommen, 2018, S. 42.

Eigentums zu verletzen. Nach Art. 2 Nr. 7 GBV 2013 besteht ein solcher Verdacht, wenn es hinreichende Anhaltspunkte dafür gibt, dass die Waren in dem Mitgliedstaat, in dem sie sich befinden, dem Anschein nach als rechtsverletzende Waren einzustufen sind. Beispiele für solche Anhaltspunkte sind die Nichtangabe der Bestimmung der Waren, obwohl das Zollverfahren eine solche Erklärung verlangt, das Fehlen genauer oder verlässlicher Informationen über Identität oder Anschrift des Herstellers oder Versenders der Waren, die fehlende Kooperation mit den Zollbehörden sowie das Auffinden von Unterlagen, welche darauf hindeuten, dass die fraglichen Waren zu Verbrauchern in der Union umgeleitet werden könnten[219].

Was die zollrechtlichen Situationen betrifft, für die ein Einschreiten der Zollbehörden vorgesehen ist, so werden in der GBV 2013 dieselben Umstände aufgeführt, wie sie bereits in der GBV 2003 benannt waren: Demnach können die Zollbehörden dann tätig werden, wenn Waren zur Überführung in den zollrechtlich freien Verkehr, zur Ausfuhr oder zur Wiederausfuhr angemeldet werden, wenn sie in das Zollgebiet oder aus dem Zollgebiet der Union verbracht werden und wenn sie in ein Nichterhebungsverfahren überführt oder in eine Freizone oder ein Freilager verbracht werden. Anders ausgedrückt, können die Zollbehörden in allen Situationen tätig werden, in denen Waren im Zollgebiet der Union der zollamtlichen Überwachung oder Zollkontrollen unterliegen oder unterliegen sollten. An dieser Stelle sei darauf aufmerksam gemacht, dass die GBV 2013 in einigen Fällen auf Zollverfahren und Begriffe verweist, die aus dem Zollkodex von 1992 (Verordnung (EWG) Nr. 2913/92) stammen. Kurze Zeit nach ihrer Verabschiedung trat mit der „Verordnung (EU) Nr. 952/2013 des europäischen Parlaments und des Rates vom 9. Oktober 2013 zur Festlegung des Zollkodex der Union" allerdings der Unionszollkodex von 2013 (UZK) in Kraft, mit dem sowohl besagter Zollkodex von 1992 als auch derjenige von 2008 („Verordnung (EG) Nr. 450/2008 des europäischen Parlaments und des Rates vom 23. April 2008 zur Festlegung des Zollkodex der Gemeinschaft") aufgehoben wurde. Das europäische Zollrecht wurde also grundlegend neu geregelt. Aufgrund der Veränderungen, die am Zollkodex von 1992 vorgenommen wurden, hörten die Nichterhe-

219 *Thiering*, in: *Ströbele/Hacker/Thiering*, MarkenG, 2018, § 150 Rn. 31 ff.

bungsverfahren auf zu existieren. Sie wurden durch die „besonderen Verfahren" ersetzt, wie sie in den Artt. 210 ff. des UZK vorgesehen sind. So kommt es, dass gemäß Art. 286 UZK alle Verweise auf die vorherigen Zollkodizes bzw. auf die aufgehobenen Verordnungen als Verweise auf die entsprechenden Bestimmungen im UZK zu lesen sind.

c) *Besondere Verfahren nach dem UZK (vormals Nichterhebungsverfahren nach ZK)*

Im Kontext der Transitproblematik sind das Versandverfahren und das Zolllagerverfahren die wichtigsten Arten „besonderer Verfahren" (Art. 210 ff. UZK)[220], da vor allem sie typischerweise für den Transport von Nichtgemeinschaftswaren genutzt werden.

Das in den Artt. 226 ff. UZK vorgesehene Versandverfahren[221] unterteilt sich in ein externes Versandverfahren, welches sich auf die Beförderung von Nicht-Unionswaren bezieht, und ein internes Versandverfahren, welches für Unionswaren gilt[222]. Für das Thema der vorliegenden Arbeit ist allein das externe Versandverfahren relevant. Kurz zusammengefasst, kann das externe Versandverfahren als eine Art von besonderem Verfahren definiert werden, die den Transport von Nicht-Unionswaren zwischen zwei Orten im EU-Zollgebiet erlaubt, ohne dass diese Waren in den jeweiligen Durchfuhrländern Einfuhrabgaben unterliegen, wie in Art. 226 Abs. 1 a, b und c UZK festgelegt ist. Der Begriff „extern" bezieht sich auf den zollrechtlichen Status der Nicht-Unionswaren, d. h. von Waren, die nicht in das EU-Wirtschaftsgebiet eingegliedert sind[223]. Das Versandverfahren nimmt eine besondere Stellung unter den verschiedenen Arten von Zollverfah-

220 Zu den verschiedene Zollverfahren einschließlich der Nichterhebungsverfahren bzw. der besonderen Verfahren siehe *Witte*, in: *Witte/Wolfgang* (Hrsg.), Lehrbuch des Zollrechts der Europäischen Union, 2018, S. 177 ff.;

221 Ausführlich zum Versandverfahren siehe *Kampf/Ritz*, in: *Witte/Wolfgang* (Hrsg.), Lehrbuch des Zollrechts der Europäischen Union, 2018, S. 240 ff.; *Kampf*, in: *Witte* (Hrsg.), Kommentar zum Zollkodex, 2018, Art. 226 Rn. 1 ff.

222 Mehr zum Unterschied zwischen diesen beiden Arten von Versandverfahren siehe *Vrins*, Customs Enforcement of Intellectual Property Rights, 2018, S. 146 ff.

223 *Kampf*, in: *Witte* (Hrsg.), Kommentar zum Zollkodex, 2018, Art. 226, Rn 13.

ren ein, da die Waren weder benutzt noch verändert werden und sich auch kein unmittelbarer wirtschaftlicher Zweck feststellen lässt[224].

Das Zolllagerverfahren[225] wiederum ist in den Artt. 237 ff. UZK verankert. Diese Art eines besonderen Verfahrens sieht vor, dass Nicht-Unionswaren innerhalb des Zollgebiets der Union gelagert werden können, ohne dass die gelagerten Waren gemäß Art. 237 Abs. 1 UZK Einfuhrabgaben, sonstigen Abgaben nach anderen geltenden Vorschriften oder handelspolitischen Maßnahmen unterliegen. Der Zweck des Zolllagerverfahrens besteht darin, Nichtgemeinschaftswaren solange von der Erhebung von Einfuhrabgaben und von der Anwendung handelspolitischer Maßnahmen freizuhalten, bis feststeht, welches ihre Bestimmung ist bzw. ob sie wiederausgeführt, in den zollrechtlich freien Verkehr übergeführt oder einer anderen Maßnahme zur Erledigung zugeführt werden[226]. Die Nicht-Gemeinschaftswaren werden in Zollagern gelagert, bei denen es sich nach Art. 240 Abs. 1 UZK um Räumlichkeiten oder sonstige Stätten handelt, die von den Zollbehörden für die Lagerung zugelassen werden. Als Beispiele für Zollager kommen geschlossene Gebäuderäume oder sonstige geschlossene, ortsfeste Lagerbehältnisse wie z. B. Lagertanks, Silos, Container und Schränke in Betracht, aber auch nicht verschlossene Teile von Räumen (Regale) oder Freiflächen, sofern sie ausreichend abgegrenzt und gekennzeichnet sind, sowie zur Lagerung eingerichtete Schiffe mit festem Liegeplatz[227].

d) *Verfahrensablauf*

Das Beschlagnahmeverfahren kann *ex officio* initiiert werden oder nachdem einem Antrag auf Tätigwerden der Zollbehörden stattgegeben wurde[228]. Der zweite

---

224 *Kampf/Ritz*, in: Witte/*Wolfgang* (Hrsg.), Lehrbuch des Zollrechts der Europäischen Union, 2018, S. 240.

225 Ausführlich zum Zolllagerverfahren siehe *Henke/Rinnert*, in: *Witte/Wolfgang*, Lehrbuch des Zollrechts der Europäischen Union, 2018, S. 284 ff.; *Witte*, in: *Witte* (Hrsg.), Kommentar zum Zollkodex, 2018, Art. 240 Rn. 1 ff.

226 *Witte*, in: *Witte* (Hrsg.), Kommentar zum Zollkodex, 2018, Art. 237 Rn. 2.

227 *Witte*, in: *Witte* (Hrsg.), Kommentar zum Zollkodex, 2018, Art. 240 Rn. 2 f.

228 Bezüglich derer, die berechtigt sind, einen Antrag auf Tätigwerden der Zollbehörden zu stellen, siehe *Hesse*, Die Vereinbarkeit des EU-Grenzbeschlagnahmeverfahrens mit dem

Fall ist wesentlich häufiger: Laut dem jüngsten von der Kommission veröffentlichten „Bericht zur Durchsetzung der Rechte geistigen Eigentums durch die EU-Zollbehörden" erfolgten 98 % der Beschlagnahmen des Jahres 2018 im Anschluss an einen vom jeweiligen Rechtsinhaber gestellten Antrag. Der Prozentsatz der *ex officio* durchgeführten Beschlagnahmen bewegte sich laut dem besagten Bericht hingegen stets um rund 2 % im Verlauf der letzten Jahre [229].

Die GBV 2013 sieht zwei Arten von Anträgen vor: den „nationalen Antrag" und den „Unionsantrag". Der „nationale Antrag" ist ein „Antrag auf Tätigwerden der Zollbehörden eines Mitgliedstaats in dem betreffenden Mitgliedstaat", d. h. er hat nur Wirkung im jeweils betroffenen Mitgliedsstaat (Art. 2 Nr. 10 GBV 2013). Der „Unionsantrag" hingegen ist ein „in einem Mitgliedstaat gestellter Antrag auf Tätigwerden der Zollbehörden dieses Mitgliedstaats und eines oder mehrerer anderer Mitgliedstaaten in ihren jeweiligen Staaten", was bedeutet, dass das Tätigwerden der Zollbehörden in zwei oder mehreren Mitgliedstaaten beantragt werden kann (Art. 2 Nr. 11 GBV 2013). Bei der Antragstellung müssen weder Anhaltspunkte für eine Schutzrechtsverletzung vorgelegt, noch muss das Bestehen einer Schutzrechtsverletzungsgefahr bewiesen werden[230]. Der Antrag auf Tätigwerden kann also rein präventiver Natur sein. In diesem Zusammenhang ist zu beachten, dass die Zollbehörde die Wirksamkeit oder den Umfang des angegebenen Schutzrechts keinerlei Prüfung unterzieht – die Bewertung des Antrags, auf die sich Art. 7 ff. GBV 2013 bezieht, ist rein formell[231]. Innerhalb von 30 Arbeitstagen nach Eingang des Antrags teilt die zuständige Zolldienststelle dem Antragsteller ihre Entscheidung über Stattgabe oder Ablehnung des Antrags mit. Im Falle einer Ablehnung muss die Entscheidung mit einer Begründung und einer Rechtsbehelfsbelehrung versehen sein (Art. 9 Abs. 1 GBV 2013). Wird dem Antrag stattgegeben, so wird die Entscheidung an dem Tag wirksam, der auf den

---

TRIPS-Abkommen, 2018, S. 47 ff.; *Vrins*, Customs Enforcement of Intellectual Property Rights, 2018, S. 157 ff.

229 *Europäische Kommission, Report on EU customs enforcement of intellectual property rights – results at the EU border 2018*, 2019, S. 8.

230 *Hesse*, Die Vereinbarkeit des EU-Grenzbeschlagnahmeverfahrens mit dem TRIPS-Abkommen, 2018, S. 50. Art. 6 Abs. 3 GBV 2013 enthält eine Auflistung der Informationen, die von den Antragstellern im Antragsformblatt angegeben werden müssen.

231 *Kühnen*, GRUR 2014, 811, 814.

Tag der Stattgabe folgt (Art. 10 GBV 2013). Die Entscheidung gilt höchstens für einen Zeitraum von einem Jahr, wobei der Antrag beliebig oft widerholt werden kann (Art. 11 Abs. 1 bzw. 12 Abs. 1 GBV 2013).

Der Ablauf des Beschlagnahmeverfahrens ist in den Artt. 17 bis 26 GBV 2013 geregelt[232]. Der Normalfall, d. h. das Verfahren, das infolge der Stattgabe eines Antrags auf Tätigwerden der Zollbehörden durchzuführen ist, findet sich in Art. 17 GBV 2013 beschrieben. Gleich zu Beginn heißt es dort, dass die Zollbehörden, wenn sie im Rahmen einer zollbehördlichen Überwachung oder einer Zollkontrolle Waren ermitteln, die im Verdacht stehen, ein Recht geistigen Eigentums zu verletzen, gehalten sind, die Überlassung dieser Waren auszusetzen oder sie zurückzuhalten (Art. 17 Abs. 1 GBV 2013). Vor der Aussetzung der Überlassung oder der Zurückhaltung der Waren können die Zollbehörden den Rechtsinhaber auffordern, ihnen sachdienliche Informationen zu den Waren zu übermitteln. Umgekehrt können aber auch die Zollbehörden dem Rechtsinhaber Informationen über die tatsächliche oder geschätzte Menge der Ware und ihre tatsächliche oder vermutete Art sowie Abbildungen davon übermitteln (Art. 17 Abs. 2 GBV 2013). Innerhalb eines Arbeitstags nach der Aussetzung der Überlassung der Waren oder der Zurückhaltung der Waren unterrichten die Zollbehörden den Anmelder oder den Besitzer der Waren über diese Aussetzung oder Zurückhaltung. Noch am gleichen Tag wie der Anmelder oder der Besitzer der Waren, bzw. umgehend im Anschluss an deren Unterrichtung, muss auch der Rechtsinhaber von den Zollbehörden benachrichtigt werden (Art. 17 Abs. 3 GBV 2013). Des Weiteren ist in diesem Zusammenhang zu beachten, dass die Zollbehörden den Inhaber der Entscheidung sowie den Anmelder oder den Besitzer der Waren über die Menge und Art der Waren informieren, deren Überlassung ausgesetzt ist oder die zurückgehalten werden, und gegebenenfalls verfügbare Abbildungen davon übermitteln. Darüber hinaus können die Zollbehörden den Rechtsinhaber auf Antrag, und soweit ihnen entsprechende Informationen vorliegen, über die Namen und Anschriften des Empfängers, des Versenders und des Anmelders oder

232 Ausführlich zum Verfahrensablauf gemäß GBV 2013 siehe *Hesse*, Die Vereinbarkeit des EU Grenzbeschlagnahmeverfahrens mit dem TRIPS-Abkommen, 2018, S. 52 ff.

des Besitzers der Waren, das Zollverfahren sowie den Ursprung, die Herkunft und die Bestimmung der Waren informieren (Art. 17 Abs. 4 GBV 2013).

Das Verfahren *ex officio* ist in Art. 18 GBV 2013 geregelt. Als Einschränkung wird dort zunächst festgelegt, dass verderbliche Waren nicht beschlagnahmt werden dürfen (Art. 18 Abs. 1 GBV 2013). Bevor die Zollbehörden die Überlassung der Waren aussetzen oder sie zurückhalten, können sie Personen, die nach ihrer Einschätzung antragsberechtigt sein könnten, dazu auffordern, ihnen sachdienliche Informationen zu übermitteln. Die Zollbehörden selbst brauchen hierbei keine anderen „Informationen verfügbar zu machen als solche über die tatsächliche oder geschätzte Anzahl der Waren und ihre tatsächliche oder vermutete Art sowie gegebenenfalls Abbildungen davon“ (Art. 18 Abs. 2 GBV 2013). Sowohl der Anmelder oder der Besitzer der Waren als auch diejenigen Personen bzw. Einrichtungen, die antragsberechtigt zu sein scheinen, müssen innerhalb von einem Arbeitstag nach der Aussetzung der Überlassung der Waren oder deren Zurückhaltung über diese Aussetzung oder Zurückhaltung unterrichtet werden (Art. 18 Abs. 3 GBV 2013). Für den Fall jedoch, dass die Zollbehörden innerhalb von einem Arbeitstag nach der Aussetzung der Überlassung oder der Zurückhaltung der Waren keinen Antragsberechtigten ermitteln konnten oder einen Antrag gemäß Art. 5 Abs. 3 nicht erhalten bzw. ihn abgelehnt haben, müssen die Waren nach Erfüllung aller Zollförmlichkeiten freigegeben werden (Art. 18 Abs. 4 a und b GBV 2013). Wurde hingegen ein Antrag gestellt und diesem stattgegeben, „so informieren die Zollbehörden den Inhaber der Entscheidung auf Antrag und soweit ihnen diese Informationen vorliegen, über die Namen und Anschriften des Empfängers, des Versenders und des Anmelders oder des Besitzers der Waren, das Zollverfahren sowie den Ursprung, die Herkunft und die Bestimmung der Waren“ (Art. 18 Abs. 5 GVB 2013).

Ein weiterer wichtiger Aspekt des Grenzbeschlagnahmeverfahrens besteht darin, dass die Zollbehörden dem Rechtsinhaber und dem Anmelder oder dem Besitzer der Waren Gelegenheit geben müssen, die Waren zu prüfen, deren Überlassung ausgesetzt ist oder die zurückgehalten werden (Art. 19 Abs. 1 GBV 2013). Darüber hinaus können die Zollbehörden dem Rechtsinhaber auf dessen Antrag Proben oder Muster der Waren „zum Zweck der Analyse und zur Vereinfachung des darauf folgenden Verfahrens“ zur Verfügung stellen (Art. 19 Abs. 2 GBV

2013). Besagte Proben und Muster müssen, sofern die Umstände es gestatten und sie insbesondere durch die Überprüfung nicht zerstört worden sind, „nach Abschluss der technischen Analyse, spätestens aber vor der Überlassung der Waren oder der Beendigung ihrer Zurückhaltung" zurückgegeben werden (Art. 19 Abs. 3 GBV 2013). Geschieht dies nicht oder werden die Proben und Muster in beschädigtem und unbrauchbarem Zustand zurückgegeben, so haftet der Rechtsinhaber „gegenüber dem Besitzer der Waren oder dem Anmelder, der in dieser Hinsicht einen Schaden erlitten hat, im Einklang mit den geltenden anwendbaren Rechtsvorschriften" (Art. 28 GBV 2013).

Das Vernichtungsverfahren ist im Wesentlichen in Art. 23 GBV 2013 geregelt. In Abs. 1 geht dieser Artikel zunächst auf die Möglichkeit eines vereinfachten Vernichtungsverfahrens ein, welches auch ohne gerichtliche Feststellung einer Schutzrechtsverletzung die Vernichtung von Waren durch die Zollbehörden ermöglicht, sofern bestimmte Voraussetzungen gleichzeitig eintreten[233]. Insbesondere können nach Art. 23 Abs. 1 GBV 2013 „Waren, die im Verdacht stehen, ein Recht geistigen Eigentums zu verletzen, unter zollamtlicher Überwachung vernichtet werden, ohne dass festgestellt werden muss, ob gemäß den Rechtsvorschriften des Mitgliedstaats, in dem die Waren angetroffen wurden, ein Recht geistigen Eigentums verletzt ist", sofern jede der folgenden Bedingungen erfüllt ist: **a)** Der Rechtsinhaber „hat den Zollbehörden innerhalb von zehn Arbeitstagen oder im Fall verderblicher Waren innerhalb von drei Arbeitstagen nach der Mitteilung über die Aussetzung der Überlassung der Waren oder deren Zurückhaltung schriftlich bestätigt, dass seines Erachtens ein Recht geistigen Eigentums verletzt ist"; **b)** der Rechtsinhaber „hat den Zollbehörden seine Zustimmung zur Vernichtung der Waren innerhalb ... [derselben Fristen] nach der Mitteilung über die Aussetzung der Überlassung der Waren oder deren Zurückhaltung schriftlich bestätigt"; **c)** „der Anmelder oder der Besitzer der Waren hat den Zollbehörden seine Zustimmung zur Vernichtung der Waren innerhalb von zehn Arbeitstagen oder im Fall verderblicher Waren innerhalb von drei Arbeitstagen nach der Mitteilung über die Aussetzung der Überlassung der Waren oder deren

233 Ausführlicher zum vereinfachten Vernichtungsverfahren siehe *Vrins*, Customs Enforcement of Intellectual Property Rights, 2018, S. 221 ff.

Zurückhaltung schriftlich bestätigt" oder seinen Widerspruch gegen die Vernichtung nicht bestätigt. In diesem Zusammenhang ist zu beachten, dass die Zollbehörden davon ausgehen können, dass der Anmelder bzw. der Besitzer der Waren mit der Vernichtung der Waren einverstanden ist, sofern er innerhalb der genannten Fristen weder seine Zustimmung zur Vernichtung der Waren noch seinen Widerspruch gegen diese Vernichtung bestätigt hat. Die Vernichtung „erfolgt unter zollamtlicher Überwachung auf Verantwortung des Inhabers der Entscheidung, sofern die nationalen Rechtsvorschriften des Mitgliedstaats, in dem die Waren vernichtet werden, nichts anderes vorsehen" (Art. 23 Abs. 2 GBV 2013).

Für den Fall jedoch, dass „der Anmelder oder der Besitzer der Waren seine Zustimmung zur Vernichtung nicht schriftlich bestätigt hat und nicht [...] davon ausgegangen wird, dass er mit der Vernichtung einverstanden ist", teilen die Zollbehörden dem Rechtsinhaber dies unverzüglich mit. Dieser muss dann „innerhalb von zehn Arbeitstagen oder im Fall verderblicher Waren innerhalb von drei Arbeitstagen nach der Mitteilung über die Aussetzung der Überlassung der Waren oder deren Zurückhaltung" ein gerichtliches Verfahren zur Feststellung der Schutzrechtsverletzung einleiten (Art. 23 Abs. 3 GBV 2013)[234]. Besagte Frist kann, außer im Falle von verderblichen Waren, auf begründeten Antrag des Rechtsinhabers um höchstens zehn Arbeitstage verlängert werden (Art. 23 Abs. 4 GBV 2013). Leitet der Rechtsinhaber das Verfahren zur Feststellung der Rechtsverletzung nicht innerhalb der genannten Fristen ein, so werden die Waren unmittelbar nach Erfüllung aller Zollförmlichkeiten freigegeben (Art. 23 Abs. 5 GBV 2013). Doch das ist noch nicht alles: Falls der Rechtsinhaber innerhalb besagter Fristen ohne triftigen Grund das genannte Verfahren nicht einleitet, so kann die zuständige Zolldienststelle entscheiden, das Tätigwerden der Zollbehörden bis zum Ende des Zeitraums für die Wirksamkeit eines entsprechenden Antrags auszusetzen (Art. 16 Abs. 2 d GBV 2013). Abgesehen davon haftet der Rechtsinhaber gegenüber dem Besitzer der Waren oder dem Anmelder für eventuell erlittene Schäden (Art. 28 Var. 1 GBV 2013)[235]. Der Grundgedanke, der hin-

234 Ausführlich zum Thema siehe *Vrins*, Customs Enforcement of Intellectual Property Rights, 2018, S. 243 ff.

235 Mehr zur Haftung des Rechtsinhabers siehe *Vrins*, Customs Enforcement of Intellectual Property Rights, 2018, S. 282 ff.

ter all den oben aufgeführten Bestimmungen steckt, ist folgender: Falls sich der Rechtsinhaber seiner Vermutung einer Schutzrechtsverletzung derart sicher ist, dass er die Vernichtung fremder Waren verlangt, dann sollte er auch bereit sein, seine Behauptung durch ein Gericht überprüfen zu lassen. Andernfalls könnte der Rechtsinhaber ja versucht sein, auf gut Glück zu behaupten, dass die Waren seiner Konkurrenten seine Schutzrechte verletzen und deswegen vernichtet werden müssten, und zwar ohne ein Gerichtsverfahren einleiten zu müssen, wie es im Falle eines Widerspruchs des Anmelders bzw. des Besitzers der Waren vorgesehen ist, wenn die Erfolgsaussichten nicht hoch genug sind[236]. Was die statistischen Daten betrifft, so bleibt anzumerken, dass laut der jüngsten Erhebung des Bundesministeriums der Finanzen aus dem Jahr 2017 91 % aller Beschlagnahmefälle in Deutschland zu einer Vernichtung der betroffenen Waren führten. Nur in 0,21 % der Fälle wurde ein gerichtliches Verfahren zur Feststellung der Schutzrechtsverletzung eingeleitet, und lediglich in 3,13 % der Fälle wurden die Waren wieder freigegeben, da die Rechtsinhaber keine rechtlichen Schritte eingeleitet hatten[237].

IV Die Warenverkehrsfreiheit nach AEUV

Am 13. Dezember 2007 wurde der Vertrag von Lissabon unterzeichnet, ein völkerrechtlicher Vertrag zwischen den damals 27 Mitgliedsstaaten der Europäischen Union. Mit diesem Vertrag von Lissabon wurden Änderungen am „Vertrag über die Europäische Union“ (EUV) und am „Vertrag zur Gründung der Europäischen Gemeinschaft“ (EGV) herbeigeführt, welch letzterer den Namen „Vertrag über die Arbeitsweise der Europäischen Union“ (AEUV) erhielt[238].

---

236 *Hesse*, Die Vereinbarkeit des EU-Grenzbeschlagnahmeverfahrens mit dem TRIPS-Abkommen, 2018, S. 66.

237 *Generalzolldirektion*, Gewerblicher Rechtsschutz – Statistik für das Jahr 2017, 2018, S. 16.

238 Zum Vertrag von Maastricht, aus dem der EUV und der EGV hervorgegangen sind, sowie zu seinen nachfolgenden Abänderungen bis zum Vertrag von Lissabon siehe *Streinz*, Europarecht, 2019, S. 15 ff.

In Art. 28 Abs. 1 AEUV ist die Zollunion zwischen den Mitgliedstaaten als Grundlage der Union verankert. Diese Zollunion basiert auf der Abschaffung der Binnenzölle und von Abgaben gleicher Wirkung zwischen den Mitgliedstaaten sowie auf der Einführung eines gemeinsamen Außenzolls einschließlich einer gemeinsamen Regelung betreffend Abgaben gleicher Wirkung gegenüber Drittstaaten[239]. Eine der Folgen der Zollunion ist der freie Warenverkehr zwischen den Mitgliedstaaten. Die Vorschriften über die Zollunion werden unter anderem durch die Bestimmungen der Artt. 34 und 35 AEUV[240] ergänzt. Art. 34 enthält die zentrale Grundregel, um diesen freien Warenverkehr sicherzustellen, indem er das Verbot von mengenmäßigen Beschränkungen sowie allen Maßnahmen gleicher Wirkung bei der Einfuhr von Waren aus anderen Mitgliedstaaten (den sog. „nichttarifären Handelshemmnissen") festlegt. Art. 35 sieht dasselbe Verbot für die Ausfuhr in andere Mitgliedstaaten vor. Auch wenn es in den genannten Artikeln nicht ausdrücklich gesagt wird, gelten besagte Verbote laut Auffassung der Rechtsprechung auch für die Durchfuhr[241]. Der Anwendungsbereich der Vorschriften der Artt. 34 und 35 AEUV betrifft nichttarifäre Handelshemmnisse im Warenverkehr zwischen den Mitgliedstaaten, wohingegen der Handel mit Drittstaaten von besagten Vorschriften nicht umfasst wird. Gegenstand des Warenverkehrs zwischen den Mitgliedstaaten sind nach Art. 28 Abs. 2 AEUV Unionswaren, d. h. Waren, die aus den Mitgliedstaaten stammen, sowie Drittlandwaren,

---

239 EuGH, Urteil vom 01.07.1969, Rs. 2 und 3/69, Slg. 1969, 212 ff. – Diamantarbeiter. Zum Zeitpunkt dieser EuGH-Entscheidung galt noch der EWG-Vertrag („Vertrag zur Gründung der Europäischen Wirtschaftsgemeinschaft") als unmittelbarer Vorläufer des EGV, welcher mit dem Vertrag von Lissabon den Namen AEUV erhielt. Die EuGH-Entscheidung bezog sich auf Art. 9 des EWG-Vertrags, dessen Bestimmung im Wesentlichen in Art. 28 Abs. 1 AEUV übernommen wurde.

240 Ausführlich zu den Artt. 34 und 35 AEUV siehe *Kotzur*, in: *Geiger/Khan/Kotzur*, AEUV, 2017, Art. 34 Rn. 1 ff., Art. 35, Rn. 1 ff.

241 EuGH, Urteil vom 12.07.1973, Rs. 2/73, Slg. 1973, 866 ff. – Geddo. Für diese Interpretation spricht die Erwähnung der Durchfuhr im Wortlaut des Art. 36 AEUV („Die Bestimmungen der Art. 34 und 35 stehen Einfuhr-, Ausfuhr- und Durchfuhrverboten oder -beschränkungen nicht entgegen, die aus Gründen der öffentlichen Sittlichkeit, Ordnung und Sicherheit, zum Schutze der Gesundheit und des Lebens von Menschen, Tieren oder Pflanzen, des nationalen Kulturguts von künstlerischem, geschichtlichem oder archäologischem Wert oder des gewerblichen und kommerziellen Eigentums gerechtfertigt sind".).

wenn sie in den Mitgliedstaaten in den freien Verkehr überführt werden. Die in den Artt. 34 und 35 AEUV vorgesehenen Verbote betreffen, wie oben erwähnt, *mengenmäßige Beschränkungen* sowie *Maßnahmen gleicher Wirkung*. *Mengenmäßige Beschränkungen* sind staatliche Maßnahmen, „die sich, je nach Falllage, als eine gänzliche oder teilweise Untersagung der Einfuhr, Ausfuhr oder Durchfuhr darstellen" (EuGH-Entscheidung im Fall „Geddo")[242]. Beispiele hierfür sind Maßnahmen, welche die Ein- oder Ausfuhr einer Ware der Menge oder dem Wert nach auf sogenannte Kontingente begrenzen, sowie auch vollständige Ein-, Aus- oder Durchfuhrverbote. In der Praxis kommen *mengenmäßige Beschränkungen* aber nicht mehr vor[243]. Bei den *Maßnahmen gleicher Wirkung* handelt es sich hingegen um „jede Handelsregelung der Mitgliedsstaaten, die geeignet ist, den innergemeinschaftlichen Handel unmittelbar oder mittelbar, tatsächlich oder potentiell zu behindern" (EuGH-Entscheidung im Fall „Dassonville")[244]. Da der Ausdruck *Maßnahmen gleicher Wirkung* somit recht weit gefasst ist, schließt er letztendlich auch alle Maßnahmen ein, die unter den Begriff *mengenmäßige Beschränkungen* fallen[245]. In diesem Zusammenhang ist des Weiteren festzustellen, dass sich durch die „Dassonville"-Entscheidung das Verbot von „Maßnahmen mit gleicher Wirkung wie eine mengenmäßige Beschränkung" von einem Diskriminierungsverbot in ein Beschränkungsverbot gewandelt hat[246]. Eventuelle Beschränkungen bei Transitfällen sind als *Maßnahmen gleicher Wirkung* zu klassifizieren. Wie gesehen, darf es im Allgemeinen keine Behinderungen des Warenverkehrs und somit auch keine Behinderungen des Transits von Gemeinschaftswaren zwischen den Mitgliedstaaten geben.

Allerdings lässt diese allgemeine Regel auch Ausnahmen zu, wie sie sich aus Art. 36 AEUV ergeben, wonach Handelshemmnisse „aus Gründen der öffentlichen Sittlichkeit, Ordnung und Sicherheit, zum Schutze der Gesundheit und des Lebens von Menschen, Tieren oder Pflanzen, des nationalen Kulturguts von

---

242 EuGH, Urteil vom 12.07.1973, Rs. 2/73, Slg. 1973, 866 ff. – Geddo (Rn. 7).

243 *Streinz*, Europarecht, 2019, S. 356.

244 EuGH, Urteil vom 11.07.1974, Rs. 8/74, Slg. 1974, 838 ff. – Dassonville (Rn. 5).

245 *Streinz*, Europarecht, 2019, S. 356.

246 Mehr zur "Dassonville"-Entscheidung und zur Reichweite des Verbots siehe *Kotzur*, in: *Geiger/Khan/Kotzur*, AEUV, 2017, Art. 34 Rn. 8 ff.

künstlerischem, geschichtlichem oder archäologischem Wert oder des gewerblichen und kommerziellen Eigentums" gerechtfertigt sein können. Im Bereich des Markenrechts könnte man sich so auf den Schutz „des gewerblichen und kommerziellen Eigentums" berufen. Allerdings lässt sich nicht jede beliebige Beeinträchtigung des freien Warenverkehrs durch das Bestehen eines Markenrechts rechtfertigen. Der Zweck der genannten Ausnahme besteht vielmehr darin, „die Erfordernisse des freien Warenverkehrs und das Recht am gewerblichen und kommerziellen Eigentum unter Vermeidung der Beibehaltung oder Schaffung künstlicher Abschottungen innerhalb des Gemeinsamen Marktes miteinander in Einklang zu bringen"[247]. Ganz allgemein sind Ausnahmen vom fundamentalen Grundsatz des freien Warenverkehrs nur zulässig, soweit sie „zur Wahrung der Rechte gerechtfertigt sind, die den spezifischen Gegenstand dieses Eigentums ausmachen"[248]. Was speziell Marken betrifft, so besteht der spezifische Gegenstand des Markenrechts insbesondere darin, dem Inhaber das ausschließliche Recht zu sichern, die Marke beim erstmaligen Inverkehrbringen einer Ware zu benutzen und ihn so vor Konkurrenten zu schützen, die unter Missbrauch der Stellung und des guten Rufes der Marke widerrechtlich mit dieser Marke versehene Waren veräußern. Dieser Schutz kann aber nur im Kontext einer Vermarktung der Waren eingefordert werden. Was den speziellen Fall des Transits durch einen oder mehrere Mitgliedstaaten betrifft, so kommt es hierbei jedoch zu gar keiner Vermarktung der Waren in den jeweiligen Ländern, weshalb der Transit den spezifischen Gegenstand des Markenrechts auch nicht verletzen kann[249]. Die in Art. 36 AEUV formulierte Ausnahme kann folglich nicht geltend gemacht wer-

247 EuGH, Urteil vom 06.04.2000, Rs. C-115/02, Slg. 2003, I-12719 ff. – Rioglass/Transremar (Rn. 23). Zum Zeitpunkt dieser EuGH-Entscheidung war noch der EG-Vertrag in Kraft, auf dessen Art. 30 sich der EuGH berief. Heute findet sich die entsprechende Bestimmung in Art. 36 AEUV.

248 EuGH, Urteil vom 06.04.2000, Rs. C-115/02, Slg. 2003, I-12719 ff. – Rioglass/Transremar (Rn. 23). Vgl. dazu u.a. auch EuGH, Urteil vom 31.10.1974, Rs. 15/74, Slg. 1974, 1148 ff. – Centrafarm/Sterling Drug (Rn. 6–8); EuGH, Urteil vom 31.10.1974, Rs. 16/74, Slg. 1974, 1183 ff. – Centrafarm/Winthrop (Rn. 4–7); EuGH, Urteil vom 17.10.1990, Rs. 10/89, Slg. 1989, I-3752 ff. – HAG (Rn. 12).

249 EuGH, Urteil vom 06.04.2000, Rs. C-115/02, Slg. 2003, I-12719 ff. – Rioglass/Transremar (Rn. 25 f.).

den, um eine Beeinträchtigung des Transitverkehrs von Gemeinschaftswaren zu rechtfertigen. So hat es der EuGH in seiner "Rioglass/Transremar"-Entscheidung gesehen, bei der es ganz konkret um den Transit von Gemeinschaftswaren ging[250].

Die beiden in der vorliegenden Arbeit behandelten Formen des Transits, nämlich das externe Versandverfahren und das Zolllagerverfahren, haben die meisten Kontroversen ausgelöst, soweit es um die Durchfuhr von Pirateriewaren geht. Beide Verfahren beziehen sich lediglich auf Nichtgemeinschaftswaren. Daher spielen, wie sich aus den obigen Ausführungen ergibt, der Grundsatz der Warenverkehrsfreiheit zwischen den Mitgliedsstaaten und somit auch der AEU-Vertrag keine Rolle für die in dieser Arbeit untersuchten Transitarten. Aufgrund der Bedeutung des besagten Grundsatzes für die Europäische Union sowie für die Transitproblematik im weiteren Sinne, die ja auch Gegenstand einer EuGH-Entscheidung war, erwies es sich jedoch als wichtig, zumindest in aller Kürze darauf einzugehen.

V Die Rechtsprechung des BGH und des EuGH

Nach unserer Analyse der markenrechtlichen Vorschriften, die im deutschen und im europäischen Recht vor Inkrafttreten der MarkenRL vom Dezember 2015 vorgesehen waren, sowie der verschiedenen Standpunkte, die hierzu in der Literatur vertreten wurden, wenden wir uns im vorliegenden Abschnitt den damals zu diesem Thema verkündeten Gerichtsentscheidungen zu, auf die in chronologischer Reihenfolge eingegangen wird. Bei jeder dieser Entscheidungen wird zunächst der jeweilige Fall dargelegt, gefolgt von einer Erläuterung der abschließenden Beurteilung durch das betreffende Gericht. Bei all den fraglichen Entscheidungen galt es im Kern zu klären, wie die MarkenRL, die PrPVO oder der AEU-Vertrag auf den jeweiligen Fall von Warentransit anzuwenden seien.

250 Zur EuGH-Entscheidung „Rioglass/Transremar" siehe unten in diesem Kapitel Abschnitt A V. 2.

1 Die EuGH-Entscheidung im Fall „Polo Lauren“ (Urt. v. 06.04.2000)

a) der Fall

In diesem Fall[251] ging es um den Transit gefälschter Waren auf dem Wege des externen Versandverfahrens von einem Land außerhalb der EU durch einen EU-Mitgliedsstaat in ein anderes Land außerhalb der EU. Betroffen waren also Nichtgemeinschaftswaren.

Kurz skizziert, hatte das indonesische Unternehmen PT. Dwidua Langgeng Pratama (im Folgenden: Dwidua) T-Shirts versandt, die mit der Wort- und Bildmarke der Gesellschaft The Polo/Lauren Company LP (im Folgenden: Polo/Lauren) versehen waren, wobei die Verschickung auf dem Wege des externen Versandverfahrens von Indonesien nach Polen erfolgte, das damals noch nicht EU-Mitglied war. Als Transitland diente Österreich. Aufgrund eines Antrags auf Grenzbeschlagnahme seitens von Polo/Lauren hielt der Zoll von Linz die Waren zurück.

Nach Erörterungen des Falls in erster und zweiter Instanz wurde dieser an den OGH der Republik Österreich verwiesen. Dieser wiederum legte ihn dem EuGH zur Vorabentscheidung der Frage nach der Auslegung der Verordnung (EG) Nr. 3295/94[252] (im Folgenden: PrPVO 1994) vor. Insbesondere ersuchte das österreichische OGH den EuGH um eine Klärung der Frage, ob Art. 1 PrPVO 1994, der den Anwendungsbereich der PrPVO 1994 festlegt, auch auf Fälle anzuwenden sei, in denen sich nachgeahmte Waren im Transit zwischen Drittstaaten durch das Gebiet eines EU-Mitgliedsstaats befänden, ob also nachgeahmte Waren, die sich im Transit zwischen Drittstaaten befinden, bei ihrer Durchfuhr durch einen Mitgliedsstaat unter Berufung auf die PrPVO 1994 durch die jeweiligen Zollbehörden beschlagnahmt werden könnten.

---

251 EuGH, Urteil vom 06.04.2000, Rs. C-383/98, Slg. 2000, I-2519 ff. – Polo Lauren. Vgl. GRUR Int. 2000, 748 ff.

252 Jetzt Verordnung (EU) Nr. 608/2013.

b) *die Entscheidung*

Die Entscheidung des EuGH folgte der Logik, dass die Verordnung in der Tat auf Waren anwendbar sei, die sich auf dem Weg des Transits von einem Drittland durch das EU-Gemeinschaftsgebiet in ein anderes Drittland befinden. In diesem Zusammenhang sei es überdies unerheblich, ob der Rechtsinhaber oder derjenige, der seine Berechtigung von diesem ableitet, seinen Gesellschaftssitz in einem EU-Mitgliedsstaat oder außerhalb der Gemeinschaft habe[253].

Die fragliche Entscheidung stützte sich im Wesentlichen auf Art. 1 Abs. 1 Buchst. a der Verordnung (EG) Nr. 3295/94. Laut der genannten Bestimmung findet die Verordnung nämlich sehr wohl Anwendung, wenn nachgeahmte Waren oder unerlaubt hergestellte Vervielfältigungsstücke oder Nachbildungen im Zusammenhang mit ihrer Überführung in ein Nichterhebungsverfahren[254] im Sinne des Art. 84 I Buchst. a des Zollkodex der Gemeinschaften bei einer zollamtlichen Prüfung entdeckt werden. Der Ausdruck „Nichterhebungsverfahren" bezeichnet nach Art. 84 Abs. 1 Buchst. a u.a. das Versandverfahren, d. h. ein Zollverfahren, bei dem Nichtgemeinschaftswaren zwischen zwei innerhalb des Zollgebiets der Gemeinschaft gelegenen Orten befördert werden können, ohne dass diese Waren Einfuhrabgaben und anderen Abgaben nach dem Zollkodex der Gemeinschaften unterliegen[255]. Der Hinweis von Art. 1 Abs. 1 Buchst. a auf den in Art. 84 Abs. 1 Buchst. a genannten Begriff des Nichterhebungsverfahrens lasse es jedenfalls gerechtfertigt erscheinen, dass auch das externe Versandverfahren als gängige Methode zur Durchfuhr von Nicht-EU-Waren durch die EU durch den Anwendungsbereich der PrPVO 1994 gedeckt sei.

In seiner Begründung führte das EuGH weiter aus, dass das externe Versandverfahren keine Tätigkeit ohne Bezug zum Binnenmarkt sei. Der EuGH hob hervor, dass das externe Versandverfahren in Wahrheit nämlich eine rechtliche Fik-

253 EuGH, Urteil vom 06.04.2000, Rs. C-383/98, Slg. 2000, I-2519 ff. – Polo Lauren (Rn. 27).

254 Mehr zum „Nichterhebungsverfahren" siehe oben in diesem Kapitel Abschnitt A. III. 1. c).

255 EuGH, Urteil vom 06.04.2000, Rs. C-383/98, Slg. 2000, I-2519 ff. – Polo Lauren (Rn. 26). Mehr zum Versandverfahren siehe oben in diesem Kapitel Abschnitt A. III. 2. c.

tion darstelle: Zwar unterlägen die beförderten Waren keinerlei Einfuhrangaben oder anderen handelspolitischen Maßnahmen, ganz so, als würden sie gar nicht ins Gemeinschaftsgebiet gelangen, in der Praxis würden sie jedoch sehr wohl aus einem Drittland eingeführt und durch einen oder mehrere Mitgliedsstaaten transportiert, bevor sie in ein anderes Drittland ausgeführt werden. Und dieser Vorgang könne durchaus unmittelbare Auswirkungen auf den Binnenmarkt haben, da ja die Gefahr bestehe, dass die nachgeahmten Waren unbefugt in den Gemeinschaftsmarkt gelangten[256].

2 Die EuGH-Entscheidung im Fall „Rioglass/Transremar“ (Urt. v. 23.10.03)

a) der Fall

Beim fraglichen Fall[257] ging es um den Transit von Originalwaren aus einem EU-Mitgliedsstaat durch einen anderen EU-Mitgliedsstaat in ein Land außerhalb der EU auf dem Wege des internen Versandverfahrens. Von der Durchfuhr waren somit Gemeinschaftswaren betroffen.

Kurz skizziert, hatte das spanische Unternehmen Rioglass SA (im Folgenden: Rioglass) mittels des internen Versandverfahrens Fenster- und Windschutzscheiben von Spanien nach Polen versandt, das damals noch kein EU-Mitglied war. Als Transitland diente Frankreich. Die fraglichen Kraftfahrzeugteile waren rechtmäßig in Spanien hergestellt worden. Bei der Kontrolle eines LKWs des Unternehmens Transremar, das von Rioglass mit dem Transport der Waren beauftragt worden war, beschlagnahmten die französischen Zolldienststellen die Waren jedoch wegen des Verdachts einer Markennachahmung.

Nach Beratungen über die Angelegenheit in erster und zweiter Instanz wurde der Fall an den französischen Kassationsgerichtshof (*Cour de cassation*) verwiesen. Dieser legte ihn sodann dem EuGH zur Vorabentscheidung der Frage nach

---

256 EuGH, Urteil vom 06.04.2000, Rs. C-383/98, Slg. 2000, I-2519 ff. – Polo Lauren (Rn. 34).

257 EuGH, Urteil vom 06.04.2000, Rs. C-115/02, Slg. 2003, I-12719 ff. – Rioglass/Transremar. Vgl. GRUR Int. 2004, 39 ff.

der Auslegung von Art. 28 EG-Vertrag[258] vor. Insbesondere ersuchte der Kassationsgerichtshof den EuGH um eine Klärung der Frage, ob die französischen Zollbehörden gemäß Art. 28 EG-Vertrag überhaupt berechtigt gewesen seien, auf der Grundlage des französischen Gesetzes über geistiges Eigentum (*Code de la propriété intellectuelle*) ein Verfahren zur Zurückhaltung von Waren durchführen, die in einem Mitgliedsstaat der Europäischen Gemeinschaft rechtmäßig hergestellt wurden und dazu bestimmt waren, nach ihrer Durchfuhr durch französisches Hoheitsgebiet in einem Drittland, hier Polen, in den Verkehr gebracht zu werden.

b) die Entscheidung

In seiner Entscheidung stellte der EuGH zunächst klar, dass Waren, die sich im Transit durch einen Mitgliedsstaat befinden, gemäß der Rechtsprechung dieses Gerichts in den Anwendungsbereich der Artt. 28 bis 30 EG fallen, auch wenn sie für einen Drittstaat bestimmt sind[259].

In seinen weiteren Ausführungen stellte der EuGH fest, dass eine Zollmaßnahme, die geeignet sei, den Vertrieb von Waren zu verzögern oder gar zu blockieren, eine Behinderung des freien Warenverkehrs darstellt. Deshalb müsste laut EuGH geprüft werden, ob die durch eine solche zollamtliche Zurückhaltung verursachte Behinderung des freien Warenverkehrs durch die Notwendigkeit gerechtfertigt werden kann, den in Art. 30 EG erwähnten Schutz des gewerblichen und kommerziellen Eigentums zu sichern[260].

In diesem Zusammenhang ist laut Auffassung des EuGH vor allem der Zweck der in Art. 30 EG enthaltenen Ausnahme zu berücksichtigen. Dieser Zweck besteht, wie gesehen, vornehmlich darin, die Erfordernisse des freien Warenverkehrs mit den Rechten an gewerblichem und kommerziellem Eigentum unter Vermeidung künstlicher Abschottungen innerhalb des gemeinsamen Marktes zu

258 Jetzt Art. 34 AEUV.

259 EuGH, Urteil vom 06.04.2000, Rs. C-115/02, Slg. 2003, I-12719 ff. – Rioglass/Transremar (Rn. 19 f.).

260 EuGH, Urteil vom 06.04.2000, Rs. C-115/02, Slg. 2003, I-12719 ff. – Rioglass/Transremar (Rn. 21 f.).

vereinen. Ausnahmen vom fundamentalen Grundsatz des freien Warenverkehrs werden von Art. 30 EG nur insoweit zugelassen, als diese Ausnahmen zur Wahrung von Rechten gerechtfertigt sind, die den spezifischen Gegenstand eines solchen Eigentums ausmachen[261].

Im fraglichen Fall wurden die Transitwaren wegen des Verdachts einer Markenverletzung zurückgehalten. Laut ständiger Rechtsprechung besteht der spezifische Gegenstand des Markenrechts insbesondere darin, dem Inhaber einer Marke das ausschließliche Recht zuzusichern, diese beim erstmaligen Inverkehrbringen einer Ware zu benutzen und ihn so vor Konkurrenten zu schützen, die unter Missbrauch der Stellung und des guten Rufes der Marke Waren veräußern, die widerrechtlich mit dieser Marke versehen sind. Der fragliche Schutz gilt allerdings nur im Kontext einer Vermarktung von Waren[262]. Ein bloßer Warentransit von einem Mitgliedsland durch das Staatsgebiet eines anderen, um schließlich in einen Drittstaat eingeführt zu werden, impliziert laut EuGH hingegen noch keine Vermarktung der betreffenden Waren. Folglich kann ein solcher Transit den spezifischen Gegenstand des Markenrechts gar nicht verletzen. Der EuGH fügt hinzu, dass sich auch durch den Umstand, dass die Waren später in einem Drittstaat vermarktet werden, nichts am Charakter des Durchfuhrvorgangs ändere, der seinem Wesen nach kein Inverkehrbringen darstellt[263].

Ausgehend von den oben geschilderten Prämissen gelangte der EuGH zu der Auffassung, dass sich in diesem Fall die Maßnahme einer zollamtlichen Zurückhaltung nicht durch den Schutz des gewerblichen und kommerziellen Eigentums im Sinne von Art. 30 EG rechtfertigen ließ. Demzufolge entschied der EuGH, dass Art. 28 EG keine ausreichende Rechtsgrundlage darstelle, die es den Zollbehörden eines Mitgliedstaats erlauben würde, nach dessen Rechtsvorschriften über geistiges Eigentum ein Verfahren zur Zurückhaltung von Waren durchführen, die in einem anderen Mitgliedsstaat rechtmäßig hergestellt wurden und dazu

261 EuGH, Urteil vom 06.04.2000, Rs. C-115/02, Slg. 2003, I-12719 ff. – Rioglass/Transremar (Rn. 23).

262 EuGH, Urteil vom 06.04.2000, Rs. C-115/02, Slg. 2003, I-12719 ff. – Rioglass/Transremar (Rn. 24).

263 EuGH, Urteil vom 06.04.2000, Rs. C-115/02, Slg. 2003, I-12719 ff. – Rioglass/Transremar (Rn. 24 ff.)

bestimmt sind, nach ihrer Durchfuhr durch das Hoheitsgebiet des erstgenannten Mitgliedsstaats in einem Drittland in den Verkehr gebracht zu werden.

Der EuGH vertrat also – mit anderen Worten gesagt – die Auffassung, dass die zollamtliche Zurückhaltung von Gemeinschaftswaren eine unzulässige Behinderung der Warenverkehrsfreiheit nach Art. 28 EG darstellte, die durch Art. 30 EG nicht gerechtfertigt sei, da der spezifische Gegenstand des Markenrechts nicht betroffen war.

3 Die EuGH-Entscheidung im Fall „Rolex" (Urt. v. 07.01.04)

a) der Fall

Beim fraglichen Fall[264] ging es um den Transit gefälschter Waren von einem Land außerhalb der EU durch einen EU-Mitgliedsstaat in ein Nicht-EU-Mitglied auf dem Wege des externen Versandverfahrens. Betroffen waren also Nichtgemeinschaftswaren.

Kurz skizziert, hatten unbekannte Täter versucht, auf dem Wege des externen Versandverfahrens unter anderem nachgeahmte und mit dem Namen „Rolex" gekennzeichnete Uhren von Italien aus nach Polen zu versenden, das damals noch nicht EU-Mitglied war. Als Transitland diente Österreich. Aufgrund eines Antrags auf Grenzbeschlagnahme seitens der Rolex SA hielt das Zollamt von Kittsee die Waren zurück. Anschließend verlangte die Rolex SA die Vernichtung der Waren und reichte beim LG Eisenstadt eine Strafanzeige ein, die sich auf den Vorwurf einer nach §§ 10 und 60 Abs. 1 und 2 des österreichischen Markenschutzgesetzes (MarkenSchG) strafrechtlich sanktionierten Verletzung ihres Markenrechts stützte.

Dies führte dazu, dass sich das LG Eisenstadt zunächst einmal mit der Frage befasste, ob der Transit nachgeahmter Waren überhaupt strafbar sei, zumal das österreichische Markenschutzgesetz nur die Ein- und Ausfuhr nachgeahmter Waren, nicht aber die bloße Durchfuhr als unzulässige Benutzung anerkannte. Auch

---

264 EuGH, Urteil vom 07.01.2004, Rs. C-60/02, Slg. 2004, I-00651 ff. – Rolex. Vgl. EuZW 2004, 285 ff.

das österreichische Strafrecht traf eine deutliche Unterscheidung zwischen den Begriffen der Ein- und Ausfuhr einerseits und dem der Durchfuhr andererseits. Nach Auffassung des LG Eisenstadt setzte die Durchführung gerichtlicher Vorerhebungen gemäß § 84 Abs. 1 StPO im fraglichen Fall voraus, dass das angelastete Verhalten eine strafbare Handlung darstellt. Das LG Eisenstadt bezog sich des Weiteren auf das Urteil „Polo Lauren", demzufolge der Anwendungsbereich der Verordnung Nr. 3295/94 auch die bloße Durchfuhr einschließt, und stellte sich dabei die Frage, ob dieses Urteil, das sich auf eine zivilrechtliche Sache bezog, auch auf das Strafrecht übertragen lasse, wenn nach innerstaatlichem Recht gar kein strafrechtlicher Verstoß vorliegt.

Das LG Eisenstadt legte daraufhin dem EuGH die Frage vor, ob eine innerstaatliche Bestimmung, welche die Auslegung zulässt, dass der bloße Transit von Waren, die unter Verletzung von markenrechtlichen Bestimmungen hergestellt bzw. verbreitet werden, nicht strafbar ist, dem Art. 2 der Verordnung (EG) Nr. 3295/94 entgegenstand.

b) die Entscheidung

Der EuGH bekräftigte zunächst seine bereits im Urteil „Polo Lauren" vertretene Auffassung, wonach die Verordnung Nr. 3295/94 nach ihrem Art. 1 auch auf solche Sachverhalte anzuwenden sei, bei denen aus einem Drittstaat eingeführte, im Transit in einen Drittstaat befindliche Waren auf Antrag eines Rechtsinhabers von den Zollbehörden eines Mitgliedsstaats vorläufig zurückgehalten werden[265]. In diesem Zusammenhang Diesbezüglich stellte der EuGH klar, dass der Anwendungsbereich besagter Verordnung unabhängig von der Art des nationalen Verfahrens sei, gleich ob es sich um ein zivil-, straf- oder verwaltungsrechtliches Verfahren handle[266]. Darüber hinaus stellte der EuGH fest, dass der Art. 11 der Verordnung Nr. 3295/94 die Mitgliedstaaten dazu verpflichtet, Sanktionen für den Fall festzusetzen, dass gegen das in Art. 2 besagter Verordnung vorgesehene Verbot, nachgeahmte Waren in den zollrechtlich freien Verkehr oder in ein Nicht-

---

265 EuGH, Urteil vom 07.01.2004, Rs. C-60/02, Slg. 2004, I-00651 ff. – Rolex (Rn. 54).
266 EuGH, Urteil vom 07.01.2004, Rs. C-60/02, Slg. 2004, I-00651 ff. – Rolex (Rn. 56).

erhebungsverfahren zu überführen oder sie auszuführen bzw. wieder auszuführen, verstoßen wird[267].

Andererseits wies der EuGH darauf hin, dass es nicht seine Aufgabe sei, sich zur Auslegung des nationalen Rechts zu äußern (im vorliegenden Fall also zu § 60 des österreichischen MarkenSchG). Die Auslegung der nationalen Vorschriften sei Aufgabe der nationalen Gerichte, die das nationale Recht im Einklang mit dem Gemeinschaftsrecht auslegen müssten[268]. In diesem Zusammenhang hob der EuGH hervor, dass die einschlägigen Vorschriften des nationalen Rechts den Artt. 2 und 11 der Verordnung 3295/94 entgegenstünden, sofern das nationale Gericht feststellen sollte, dass die erwähnten nationalen Vorschriften den bloßen Transit nachgeahmter Waren durch einen Mitgliedsstaat entgegen der Verordnung nicht verbieten[269]. Allerdings fügte der EuGH hinzu, dass es der Grundsatz „Keine Strafe ohne Gesetz" im vorliegenden Fall verbiete, den Transit nachgeahmter Waren durch österreichisches Hoheitsgebiet strafrechtlich zu sanktionieren, falls das vorlegende Gericht zu dem Schluss gelange, dass das nationale Recht ein solches Verhalten nicht untersagt, und zwar selbst dann, wenn die nationale Regelung gemeinschaftsrechtswidrig sein sollte[270]. Die Verpflichtung, das nationale Recht unter Berücksichtigung des Wortlauts und des Zweckes des Gemeinschaftsrechts konform auszulegen – so der EuGH – kann für sich allein keine strafrechtliche Verantwortlichkeit eines Wirtschaftsteilnehmers, der gegen die Vorschriften dieser Verordnung verstoßen hat, begründen oder verschärfen[271].

---

267 EuGH, Urteil vom 07.01.2004, Rs. C-60/02, Slg. 2004, I-00651 ff. – Rolex (Rn. 55).
268 EuGH, Urteil vom 07.01.2004, Rs. C-60/02, Slg. 2004, I-00651 ff. – Rolex (Rn. 58 f.).
269 EuGH, Urteil vom 07.01.2004, Rs. C-60/02, Slg. 2004, I-00651 ff. – Rolex (Rn. 58).
270 EuGH, Urteil vom 07.01.2004, Rs. C-60/02, Slg. 2004, I-00651 ff. – Rolex (Rn. 63).
271 EuGH, Urteil vom 07.01.2004, Rs. C-60/02, Slg. 2004, I-00651 ff. – Rolex (Rn. 64).

4 Die EuGH-Entscheidung im Fall „Class International BV/Colgate-Palmolive Company u. a." (Urt. v. 18.10.05)

a) *der Fall*

Beim fraglichen Fall [272] ging es um die Verbringung von Originalwaren auf dem Wege des Zolllagerverfahrens von außerhalb der EU in einen EU-Mitgliedsstaat. Betroffen waren Nichtgemeinschaftswaren.

Kurz skizziert, hatte das niederländische Unternehmen Class International BV einige Container erworben, die Zahnpasta der Gemeinschaftsmarke „AQUAFRESH" des südafrikanischen Unternehmens Kapex enthielten, und diese in ein Zollager am Hafen von Rotterdam verbracht. Zur fraglichen Zeit war kein Käufer innerhalb der EU nachweisbar.

Nachdem die Inhaber der Marke, nämlich das Unternehmen SmithKline Beecham und die Beecham Group (im Folgenden zusammen: Beecham) Kenntnis davon erhalten hatte, dass es sich bei der Zahnpasta um nachgeahmte Waren handeln könnte, veranlassten sie die Beschlagnahme der Container. Später stellte sich heraus, dass es sich bei den darin befindlichen Produkten in Wahrheit um Originalmarkenwaren handelte. Die Markeninhaber hatten jedoch nicht ihrer Verbringung in das Gemeinschaftsgebiet zugestimmt. Es handelte sich somit um nicht erschöpfte Originalwaren, für deren erstmalige Verbringung in die Gemeinschaft die Zustimmung der Markeninhaber erforderlich war.

Class International BV beantragte bei der *Rechtbank te Rotterdam*, den Arrest aufzuheben, und verlangte von Beecham Schadensersatz. Nachdem die Anträge zurückgewiesen wurden, legte Class International BV beim *Gerechtshof te 's-Gravenhage* mit der Begründung Berufung ein, dass die beschlagnahmten Waren nicht eingeführt worden seien, sondern sich lediglich im Transit befunden hätten. Einer der strittigen Punkte betraf speziell die Frage, ob die zeitweilige Lagerung von Originalmarkenwaren in einem Zolllager und/oder die Durchfuhr dieser

---

272 EuGH, Urteil vom 18.10.2005, Rs. C-405/03, Slg. 2005, I-8735 – Class International. EuZW 2005, 754 ff.

Waren in Länder außerhalb des Gemeinschaftsgebietes als Benutzung der Marke anzusehen war.

Der *Gerechtshof te ,s-Gravenhage* setzte im weiteren Verlauf das Verfahren aus und legte dem EuGH verschiedene Fragen zur Vorabentscheidung vor, die sich auf die Auslegung von Art. 5 Abs. 1 und 3 b und c der Richtlinie Nr. 89/104/EWG sowie von Art. 9 Abs. 1 und 2 b und c der Verordnung (EG) Nr. 40/94 bezogen. Insbesondere ersuchte der *Gerechtshof te ,s-Gravenhage* um Klärung der Frage, ob der Inhaber einer Marke der Überführung von Waren aus Drittländern, die eine Marke im Sinne der Richtlinie und/oder der Verordnung trugen, in das Hoheitsgebiet eines Mitgliedstaats widersprechen konnte, sofern diese Überführung im Rahmen der Durchfuhr oder des Transithandels und ohne seine Zustimmung erfolgte. Außerdem wurde gefragt, ob die Lagerung von (Original-) Nichtgemeinschaftswaren in einer Zollstelle oder einem Zolllager im Hoheitsgebiet eines Mitgliedstaats, sofern besagte Waren nicht mit der Zustimmung des Markeninhabers in das Gemeinschaftsgebiet eingeführt wurden, unter das Konzept der „Benutzung eines Zeichens im geschäftlichen Verkehr" i.S.v. Art. 5 Abs. 1 i.V.m. Art. 5 Abs. 3 b und c der Richtlinie und von Art. 9 Abs. 1 i.V.m. Art. 9 Abs. 2 b und c der Verordnung falle. Des Weiteren fragte der *Gerechtshof te ,s-Gravenhage*, ob sich die Begriffe „Anbieten" und „Inverkehrbringen" von Waren i.S.v. Art. 5 Abs. 3 b der Richtlinie und Art. 9 Abs. 2 b der Verordnung auf das Anbieten bzw. den Verkauf von Originalmarkenwaren, die den zollrechtlichen Status von Nichtgemeinschaftswaren haben, erstrecken können, wenn das Angebot abgegeben wird und/oder der Verkauf erfolgt, während für die Waren das externe Versand- oder das Zolllagerverfahren gilt. Falls dies bejaht wird, solle geklärt werden, unter welchen Umständen der Markeninhaber einem solchen Angebot oder einem solchen Verkauf widersprechen kann. Bei einer weiteren Frage ging es um die Klarstellung, welcher der Parteien die Beweislast hinsichtlich der oben erwähnten Handlungen obliegt.

b) die Entscheidung

Der EuGH stellte zunächst klar, dass Art. 7 Abs. 1 der Richtlinie und Art. 13 Abs. 1 der Verordnung es dem Markeninhaber ermöglichen, seine Waren außerhalb der Gemeinschaft zu vertreiben, ohne dass hierdurch seine Rechte innerhalb der Gemeinschaft erschöpft werden. Anders ausgedrückt, verwirkt der Markeninhaber durch das Inverkehrbringen außerhalb der Gemeinschaft nicht sein Recht, einer ohne seine Zustimmung unternommenen Einfuhr zu widersprechen. Laut EuGH gestattet es der Gemeinschaftsgesetzgeber dem Markeninhaber somit, das erste Inverkehrbringen der mit der Marke versehenen Originalwaren in der Gemeinschaft zu kontrollieren[273].

Der EuGH führte weiter aus, dass eine „Einfuhr" i.S.v. Art. 5 Abs. 3 c der Richtlinie und Art. 9 Abs. 2 c die Verbringung der Waren in die Gemeinschaft zum Zweck ihres dortigen Inverkehrbringens voraussetzt. Ein Markeninhaber kann also schon deshalb einer Einfuhr widersprechen, weil sie eine Benutzung der Marke im geschäftlichen Verkehr impliziert[274].

Dieser Zweck, sprich das Inverkehrbringen von Waren aus Drittländern in der Gemeinschaft, wird aber lediglich bei der Überführung der Waren in den zollrechtlich freien Verkehr verwirklicht. Durch die Überführung in ein Zollverfahren in der Art eines externen Versand- oder Zolllagerverfahrens erhält eine Nichtgemeinschaftsware hingegen nicht den zollrechtlichen Status einer Gemeinschaftsware. Unter solchen Umständen bleibt die Nichtgemeinschaftsware nämlich unter zollamtlicher Überwachung und unterliegt nach den Artt. 91 Abs. 1 a und 98 Abs. 1 a des Zollkodex weder Einfuhrabgaben noch irgendwelchen handelspolitischen Maßnahmen[275]. Die bloße körperliche Verbringung in das Gemeinschaftsgebiet steht einer „Einfuhr" i.S.v. Art. 5 Abs. 3 c der Richtlinie und Art. 9 Abs. 2 c der Verordnung nicht gleich und impliziert keine Benutzung der Marke im geschäftlichen Verkehr i.S.v. Abs. 1 besagter Bestimmungen. Ein Markeninhaber kann einer solchen Verbringung nach diesen Bestimmungen daher nicht widersprechen oder sie davon abhängig machen, dass bereits ein endgülti-

---

273 EuGH, Urteil vom 18.10.2005, Rs. C-405/03, Slg. 2005, I-8735 – Class International (Rn. 33).

274 EuGH, Urteil vom 18.10.2005, Rs. C-405/03, Slg. 2005, I-8735 – Class International (Rn. 34).

275 EuGH, Urteil vom 18.10.2005, Rs. C-405/03, Slg. 2005, I-8735 – Class International (Rn. 35 ff.).

ger Bestimmungsort in einem Drittland festgelegt ist[276]. Andererseits stellte der EuGH fest, dass sich die Begriffe „Anbieten" und „Inverkehrbringen" von Waren i.S.v. Art. 5 Abs. 3 b der Richtlinie und Art. 9 Abs. 2 b der Verordnung auf das Anbieten bzw. den Verkauf von Originalmarkenwaren, die den zollrechtlichen Status von Nichtgemeinschaftswaren haben, erstrecken können, wenn das Angebot abgegeben wird und/oder der Verkauf erfolgt, während für die Waren das externe Versand- oder das Zolllagerverfahren gilt. Jedoch kann der Markeninhaber dem Anbieten oder dem Verkauf dieser Waren nur dann widersprechen, wenn diese Handlungen das Inverkehrbringen der Waren in der Gemeinschaft notwendig implizieren[277]. Zuletzt stellte der EuGH klar, dass die Beweislast hinsichtlich eines eventuellen Rechtsverstoßes dem Markeninhaber obliegt, der entweder ein Inverkehrbringen der mit seiner Marke versehenen Nichtgemeinschaftswaren oder ein Anbieten bzw. einen Verkauf dieser Waren, sofern dies deren Inverkehrbringen in der Gemeinschaft notwendig impliziert, nachzuweisen hat. Ist dieser Beweis erbracht worden, so hat der in Anspruch genommene Wirtschaftsteilnehmer das Vorliegen einer Zustimmung des Markeninhabers zu einem Inverkehrbringen der Waren in der Gemeinschaft zu beweisen[278].

5 Die EuGH-Entscheidung im Fall „Montex/Diesel" (Urt. v. 09.11.06)

a) der Fall

Beim fraglichen Fall[279] ging es um den Transit von Waren von außerhalb der EU durch einen EU-Mitgliedsstaat in einen anderen EU-Mitgliedsstaat auf dem Wege des externen Versandverfahrens. Betroffen waren also Nichtgemeinschaftswaren.

276 EuGH, Urteil vom 18.10.2005, Rs. C-405/03, Slg. 2005, I-8735 – Class International (Rn. 44 f.).

277 EuGH, Urteil vom 18.10.2005, Rs. C-405/03, Slg. 2005, I-8735 – Class International (Rn. 61).

278 EuGH, Urteil vom 18.10.2005, Rs. C-405/03, Slg. 2005, I-8735 – Class International (Rn. 74 f.).

279 EuGH, Urteil vom 09.11.2006, Rs. C-281/05, Slg. 2006, I-10897 ff. – Montex/Diesel. Vgl. FD-GewRS 2006, 201300; GRUR 2007, 740.

Das irische Unternehmen Montex Holdings Ltd. (im Folgenden: Montex) vertrieb Jeanshosen unter der Marke „DIESEL“ in Irland. Dafür verbrachte Montex die einzelnen Teile einschließlich der Kennzeichnungsmittel im Wege des Zollverschlussverfahrens nach Polen, das damals noch kein EU-Mitglied war, um sie dort zusammennähen und anschließend die fertigen Hosen nach Irland zurückführen zu lassen. In Irland hat der Markeninhaber, nämlich die Diesel SpA (im Folgenden: Diesel), keinen Markenschutz.

Kurz skizziert, hielt das Hauptzollamt Löbau in Deutschland im konkreten Fall aufgrund eines Antrags auf Grenzbeschlagnahme seitens der Diesel SpA eine für Montex bestimmte Warenlieferung zurück, welche aus Hosen bestand, die mit der Marke „DIESEL“ versehen waren und von einer ungarischen Spedition per Lkw vom polnischen Fertigungsbetrieb über deutsches Gebiet nach Irland gebracht werden sollten. Die fraglichen Hosen sollten in einem durchgehenden Versandverfahren vom polnischen Zollamt bis zum Zollamt in Dublin befördert werden, wobei sie mit einem vom polnischen Zollamt angelegten Raumverschluss am Beförderungsmittel gegen eine etwaige Entnahme während des Versandverfahrens gesichert waren.

Montex legte gegen die Anordnung der Beschlagnahme der Jeanshosen mit der Begründung Widerspruch ein, dass die bloße Durchfuhr von Waren durch deutsches Staatsgebiet kein Markenrecht verletze. Demgegenüber war Diesel der Ansicht, dass diese Durchfuhr sehr wohl eine Verletzung ihres Markenrechts darstellte, da ja die Gefahr bestanden habe, dass die Waren im Durchfuhrstaat, sprich in Deutschland, in den Verkehr gelangen könnten. Folglich beantragte Diesel, es Montex zu verbieten, die Jeanshosen durch deutsches Gebiet durchzuführen. Des Weiteren sollte Montex laut Antrag von Diesel dazu verurteilt werden, entweder in die Vernichtung der Jeanshosen einzuwilligen oder aber alle Etiketten und sonstigen Kennzeichnungen mit der Bezeichnung „DIESEL“ zu entfernen bzw. in die Vernichtung dieser Kennzeichen einzuwilligen sowie die Kosten der Vernichtung zu tragen.

Nachdem die 7,6+ Montex in erster (LG Leipzig[280]) und zweiter (OLG Dresden[281]) Instanz verurteilt wurde, legte sie Revision beim BGH ein. Dieser setzte in der Folge das Verfahren aus und legte dem EuGH mehrere Fragen nach der Auslegung von Art. 5 Abs. 1 und 3 der Richtlinie 89/104/EWG sowie der Artt. 28 und 30 EGV zur Vorabentscheidung vor. Insbesondere ersuchte der BGH um Klärung der Frage, ob die eingetragene Marke ihrem Inhaber das Recht gewährte, die Durchfuhr von Waren zu verbieten, die mit dem strittigen Zeichen versehen waren; und bejahendenfalls, ob sich eine besondere Beurteilung daraus ergeben könne, dass das Zeichen im Bestimmungsland keinen Schutz genießt; und weiter, ob im Falle einer Bejahung der ersten Frage und unabhängig von der Beantwortung der zweiten Frage danach zu unterscheiden sei, ob die für einen Mitgliedsstaat bestimmte Ware aus einem Mitgliedsstaat, aus einem assoziierten Staat oder aus einem Drittstaat stammt; und schließlich, ob es dabei darauf ankomme, ob die Ware im Ursprungsland rechtmäßig oder unter Verletzung eines dort bestehenden Kennzeichenrechts des Markeninhabers hergestellt wurde[282].

b) die Entscheidung

Unter Bezugnahme auf die Entscheidungen in den Fällen „Polo Lauren", „Rio Glass und Transremar" sowie „Class International" stellte der EuGH klar, „dass der Inhaber einer Marke die Durchfuhr von mit der Marke versehenen Waren, die auf dem Weg in einen Mitgliedstaat, in dem die Marke nicht geschützt ist [in diesem Fall Irland], in das externe Versandverfahren überführt werden, durch einen anderen Mitgliedsstaat, in dem diese Marke Schutz genießt [in diesem Fall Deutschland], nur verbieten kann, wenn er nachweist, dass diese Waren Gegenstand der Handlung eines Dritten sind, die vorgenommen wird, während für die

280 LG Leipzig, Urteil vom 07.12.2001, 2 HKO 4942/01 – Diesel.

281 OGL Dresden, Urteil vom 09.07.2002, 14 U 411/02 – Diesel.

282 EuGH, Urteil vom 09.11.2006, Rs. C-281/05, Slg. 2006, I-10897 ff. – Montex/Diesel (Rn. 14).

Waren das externe Versandverfahren gilt, und die notwendig das Inverkehrbringen der Waren in diesem Durchfuhrmitgliedstaat bedeutet"[283].

Des Weiteren stellte der EuGH in diesem Zusammenhang klar, dass es nicht möglich sei, sich der Auffassung von Diesel anzuschließen, derzufolge schon die bloße Gefahr, dass die Waren nicht nach Irland gelangten (einem Mitgliedstaat, in dem die Marke nicht geschützt sei), sondern stattdessen in Deutschland unbefugt in den Verkehr gebracht werden könnten, für die Annahme ausreiche, dass die Durchfuhr die wesentlichen Funktionen der Marke in Deutschland beeinträchtige[284].

Folgte man dieser Interpretation, so würde dies – wie der Generalanwalt in Punkt 29 seiner Schlussanträge zu bedenken gab – nämlich zu dem Schluss führen, dass jeder externe Versand gekennzeichneter Waren als Benutzung einer Marke im geschäftlichen Verkehr i.S.v. Art. 5 Abs. 1 der Richtlinie 89/104/EWG anzusehen wäre. Die Rechtsprechung des EuGH zeugt demgegenüber von der gegenteiligen Auffassung, wonach das externe Versandfahren, weil es kein Inverkehrbringen der betreffenden Waren bedeute, auch keine Benutzung der Marke darstelle, die das Recht des Markeninhabers, das Inverkehrbringen in der Gemeinschaft zu kontrollieren, verletzen könnte[285].

Hinsichtlich der Beweislast stellte der EuGH unter Berufung auf die Entscheidung "Class International/ BV/Colgate-Palmolive Company u.a." fest, dass diese der Markeninhaber trägt, der entweder ein Inverkehrbringen der mit seiner Marke versehenen Nichtgemeinschaftswaren in einem Mitgliedsstaat, in dem die Marke geschützt ist, oder eine andere Handlung nachzuweisen hat, die notwendig deren Inverkehrbringen in einem solchen Mitgliedsstaat bedeutet.[286]

Der EuGH führte ferner aus, dass der Umstand, dass Polen zum maßgeblichen Zeitpunkt ein assoziierter Staat war, keineswegs bedeute, dass Waren aus diesem

---

283 EuGH, Urteil vom 09.11.2006, Rs. C-281/05, Slg. 2006, I-10897 ff. – Montex/Diesel (Rn. 23).

284 EuGH, Urteil vom 09.11.2006, Rs. C-281/05, Slg. 2006, I-10897 ff. – Montex/Diesel (Rn. 24).

285 EuGH, Urteil vom 09.11.2006, Rs. C-281/05, Slg. 2006, I-10897 ff. – Montex/Diesel (Rn. 25).

286 EuGH, Urteil vom 09.11.2006, Rs. C-281/05, Slg. 2006, I-10897 ff. – Montex/Diesel (Rn. 26).

Staat so zu betrachten seien, als stammten sie aus einem Mitgliedsstaat. Folglich stehe die Überlegung, es könne sich um Gemeinschaftswaren handeln, im Ausgangsverfahren nicht in Rede und ist daher nicht zu prüfen. Als Nichtgemeinschaftswaren konnten die Waren aus Polen in das externe Versandverfahren überführt werden, und hierfür spielte es keine Rolle, dass sie aus einem assoziierten Staat stammten und nicht aus einem nicht assoziierten Drittstaat. Es sei also nicht danach zu unterscheiden, ob die Waren zum maßgeblichen Zeitpunkt aus einem Drittstaat oder aus einem mit der EU assoziierten Staat stammten[287].

Abschließend stellte der EuGH klar, dass es unerheblich sei, ob die Herstellung der Waren im Herkunftsland rechtmäßig erfolgt sei oder nicht[288].

6 Die BGH-Entscheidung im Fall „Diesel II" (Urt. v. 21.03.07)

a) der Fall

Bei der fraglichen Rechtssache[289] geht es weiterhin um eben jene, welche zu der oben unter Punkt 5 dargestellten Vorabentscheidung des EuGHs führte. Nachdem der EuGH zu den vorgelegten Fragen Stellung bezogen hatte, übernahm erneut der BGH die Prüfung des Falls, um am 21.03.2007 seine Entscheidung zu verkünden.

b) die Entscheidung

Gestützt auf die Vorabentscheidung des EuGH, hob der BGH das Berufungsurteil des OLG Dresden auf und wies die Klage von Diesel ab, indem er die geltend gemachten Ansprüche wegen einer Verletzung der Marke „DIESEL" gemäß § 14 Abs. 2, 5 und 6, §§ 18, 19 MarkenG i.V.m. § 242 BGB zurückwies.

---

287 EuGH, Urteil vom 09.11.2006, Rs. C-281/05, Slg. 2006, I-10897 ff. – Montex/Diesel (Rn. 30 ff.).

288 EuGH, Urteil vom 09.11.2006, Rs. C-281/05, Slg. 2006, I-10897 ff. – Montex/Diesel (Rn. 34).

289 BGH, Urteil vom 21.03.2007, I ZR 246/02 – Diesel II.

Einleitend hob der BGH hervor, dass der EuGH bei seiner Analyse der Frage, ob in der Warendurchfuhr eine Markenverletzung i.S.v. § 14 Abs. 2 und 3 MarkenG sowie Art. 5 Abs. 1 und 3 MarkenRL zu sehen sei, dahingehend entschieden hat, dass die Durchfuhr als solche kein Inverkehrbringen der Waren bedeutet und somit den spezifischen Gegenstand des Markenrechts nicht verletzen kann. Der BGH fügte hinzu, dass der Markeninhaber demnach die Durchfuhr von Waren, die mit seiner Marke versehen sind, nur dann verbieten kann, wenn diese Gegenstand der Handlung eines Dritten sind, die vorgenommen wird, während für die Waren das externe Versandverfahren gilt, und die notwendig das Inverkehrbringen der Waren in diesem Durchfuhrmitgliedsstaat bedeutet[290].

Ausgehend von den oben genannten Prämissen gelangte der BGH zu der Auffassung, dass im konkreten Streitfall keine tatsächlichen Anhaltspunkte für die Annahme bestanden, dass die Waren in Deutschland in den Verkehr gebracht werden sollten. Die Klägerin, die insoweit die Darlegungs- und Beweislast trug, berief sich lediglich darauf, es könne nicht von vornherein ausgeschlossen werden, dass die Waren unter Entfernung des Zollverschlusses in Deutschland in den Verkehr gebracht werden könnten, beispielsweise durch den Fahrer des beauftragten Speditionsunternehmens. Demgegenüber argumentierte der BGH, dass die bloße Gefahr eines unbefugten Inverkehrbringens der Waren in Deutschland nicht als Begründung für die Annahme ausreiche, wonach die Durchfuhr die wesentlichen Funktionen der Marke in Deutschland beeinträchtigt. Der Frage, unter welchen Voraussetzungen die Beklagte für Handlungen Dritter verantwortlich wäre, die ein Inverkehrbringen im Durchfuhrstaat zur Folge hätten, brauche daher im Streitfall nicht nachgegangen zu werden[291].

290 BGH, Urteil vom 21.03.2007, I ZR 246/02 – Diesel II (Rn. 18).
291 BGH, Urteil vom 21.03.2007, I ZR 246/02 – Diesel II (Rn. 19).

7 Die EuGH-Entscheidung im Fall „Philips/Nokia“ (Urt. v. 01.12.11)

a) die Fälle

Fast fünf Jahre nach der Entscheidung im Fall DIESEL sah sich der EuGH erneut veranlasst, sich über das Tätigwerden der Zollbehörden im Nichterhebungsverfahren zu äußern. Am 01.12.2011 verkündete der EuGH eine Vorabentscheidung, die sich gleichzeitig auf einen Fall aus Belgien sowie auf einen weiteren Fall aus dem Vereinigten Königreich bezog[292].

Der erste Fall betraf eine in China aufgegebene Ladung, die in den Hafen von Antwerpen gelangte und elektrische Rasierapparate enthielt, welche den von Philips entwickelten Modellen für Rasierapparate ähnelten. Der Transit erfolgte auf dem Wege des Zolllagerverfahrens. Das letztendliche Ziel besagter Waren war nicht bestimmt. Da die Modelle von Philips durch Eintragungen geschützt waren, welche Philips in mehreren Mitgliedstaaten, einschließlich Belgien, ein ausschließliches Recht gewährten, setzten die belgischen Zollbehörden die Überlassung der Waren i.S.v. Art. 4 der Verordnung Nr. 3295/94 aufgrund des Verdachts aus, dass es sich bei den inspizierten Produkten um unerlaubt hergestellte Waren handeln könnte.

Nachdem das Unternehmen Philips gemäß Art. 3 der Verordnung Nr. 3295/94 einen Antrag auf Tätigwerden gestellt hatte, erhielt es von der Zollbehörde Informationsmaterial verschiedener Art, wozu beispielsweise ein Foto der Rasierapparate sowie Angaben zur Identität der Unternehmen gehörten, die an deren Herstellung und Vertrieb beteiligt waren (nämlich *Lucheng* als Herstellerin, *Far East Sourcing* als Frachtunternehmen und *Röhlig* als Versenderin). Anschließend ordneten die Zollbehörden die Zurückhaltung der Waren gemäß Art. 6 Abs. 1 der Verordnung Nr. 3295/94 an.

Zudem erhob Philips vor der *Rechtbank van eerste aanleg te Antwerpen* gegen die Unternehmen *Lucheng, Far East Sourcing* und *Röhlig* eine Klage u. a. auf Feststellung des Tatbestands, dass diese das Ausschließlichkeitsrecht an den Model-

292 EuGH, Urteil vom 1.12.2011, Rs. C-446/09 und Rs. C-495/09, Slg. 2011, I-12469 ff. – Philips/Nokia. Vgl. GRUR 2012, 828.

len der Philips-Rasierer und somit die Urheberrechte von Philips verletzt hätten. Ferner verlangte Philips die Verurteilung dieser Unternehmen zur Leistung von Schadensersatz sowie die Zerstörung der zurückgehaltenen Waren.

Philips stützte sich dabei auf den Standpunkt, dass für die Entscheidung über die Frage, ob eine Verletzung der geltend gemachten Rechte des geistigen Eigentums vorliege, von der Fiktion auszugehen sei, dass Waren wie die in Rede stehenden, die sich in einem Zolllager im Hoheitsgebiet von Belgien befänden und dort von den belgischen Zollbehörden zurückgehalten würden, als in diesem Mitgliedstaat hergestellte Waren zu gelten hätten. Diesbezüglich berief sich Philips auf Art. 6 Abs. 2 b der Verordnung Nr. 3295/94. Demgegenüber vertrat die *Far East Sourcing*, die sich als Einzige der Beklagten vor der *Rechtbank van eerste aanleg* zur Sache einließ, die Position, dass die Waren weder zurückgehalten noch anschließend als Waren, die ein Recht des geistigen Eigentums verletzen, eingestuft werden dürften, da es an jeglichem Beweis dafür fehle, dass sie in der Union in den Verkehr gebracht werden würden.

Die *Rechtbank van eerste aanleg te Antwerpen* setzte im weiteren Verlauf das Verfahren aus, um dem EuGH die Frage zur Vorabentscheidung vorzulegen, ob Art. 6 Abs. 2 b der Verordnung Nr. 3295/94 eine Bestimmung des vereinheitlichten Gemeinschaftsrechts ist, die für das Gericht des Mitgliedstaats, das vom Rechtsinhaber befasst wird, bindend ist. Des Weiteren wurde um Klärung der Frage ersucht, ob diese Bestimmung bedeutet, dass das Gericht bei seiner Beurteilung nicht berücksichtigen dürfe, dass sich die Waren in vorübergehender Verwahrung bzw. im Versand befinden, sondern von der Fiktion ausgehen müsse, dass die Waren in diesem Mitgliedstaat hergestellt wurden, und dann in Anwendung des Rechts dieses Mitgliedstaats darüber befinden müsse, ob diese Waren das betreffende Recht des geistigen Eigentums verletzen.

Der zweite Fall betraf eine Ladung, die, aus Hong Kong stammend und für das Zielland Kolumbien bestimmt, am Londoner Flughafen Heathrow eintraf und Mobiltelefone mit Zubehör enthielt, die mit der Marke „NOKIA" versehen waren. Der Transit erfolgte auf dem Wege des externen Versandverfahrens.

Da die Zollbehörden den Verdacht hegten, es könne sich um nachgeahmte Waren handeln, übersandten sie einige Proben an das Unternehmen Nokia, um dies zu prüfen. Nachdem sich bestätigt hatte, dass es sich tatsächlich um Nachahmungen handelte, wandte sich Nokia mit der Frage an die Zollbehörden, ob diese bereit seien, die besagte Ladung in Anwendung der Verordnung Nr. 1383/2003 zu beschlagnahmen. Die Zollbehörden erwiderten jedoch, dass sie die fraglichen Waren nicht zurückhalten könnten, da die Ladung für Kolumbien bestimmt sei und im Übrigen keinerlei Beleg für die Annahme vorliege, dass sie auf den EU-Markt umgeleitet werden könnten.

Das Unternehmen Nokia stellte daraufhin gemäß Art. 9 Abs. 3 der Verordnung Nr. 1383/2003 den Antrag, ihm die Namen und Anschriften des Versenders und des Empfängers mitzuteilen und sämtliche die Waren betreffenden Unterlagen zuzusenden. Doch obwohl die Zollbehörden der Nokia alle in ihrem Besitz befindlichen Informationen übermittelten, konnte das Unternehmen anhand dieser Angaben weder den Versender noch den Empfänger der Waren ermitteln, so dass es sich zu der Vermutung veranlasst sah, dass diese Vorkehrungen zur Verschleierung ihrer Identität getroffen hätten.

Aufgrund dessen richtete die Nokia ein Mahnschreiben an die Zollbehörden, in dem sie die Erhebung einer Klage gegen die Entscheidung androhte, die Ladung nicht zu beschlagnahmen. Die Zollbehörden erwiderten jedoch, dass sie seit dem Urteil „MONTEX/DIESEL" in ihrer Praxis die Regel befolgten, dass Waren, bei denen der Verdacht einer Verletzung der Rechte des geistigen Eigentums bestehe, in Fällen wie dem vorliegenden nicht zurückgehalten werden dürften, wenn nicht dargetan worden sei, dass eine Umleitung der Waren auf den Markt der EU wahrscheinlich sei.

Und so kam es, dass Nokia vor dem *High Court of Justice* tatsächlich Klage gegen die Zollbehörden erhob. Nach deren Abweisung legte Nokia beim vorlegenden Gericht Rechtsmittel ein. Das Berufungsgericht stellte fest, dass es sich bei den Mobiltelefonen zwar um Nachahmungen der unter der Marke „Nokia" vertriebenen Produkte handelte, dass jedoch kein Anhaltspunkt dafür vorliege, dass sie in der EU in den Verkehr gebracht werden würden.

Angesichts der unter ähnlichen Umständen von Philips erhobenen Klage sowie der unterschiedlichen Auslegungen in der Rechtsprechung der Mitgliedstaaten setzte das Berufungsgericht das Verfahren aus und legte dem EuGH die Frage zur Vorabentscheidung vor, ob mit einer Gemeinschaftsmarke versehene Nichtgemeinschaftswaren, die einer zollamtlichen Überprüfung in einem Mitgliedsstaat unterzogen werden und sich auf der Durchfuhr von einem Nichtmitgliedstaat in einen anderen Nichtmitgliedstaat befinden, „nachgeahmte Waren" i.S.v. Art. 2 Abs. 1 a der Verordnung Nr. 1383/2003 darstellen können, wenn keine Hinweise vorliegen, die auf ein Inverkehrbringen dieser Waren in der Gemeinschaft hindeuten, sei es in Einklang mit einem Zollverfahren oder durch eine unerlaubte Umleitung.

Der EuGH beschloss, die beiden Rechtssachen C446/09 und C495/09 miteinander zu verbinden, so dass sie Gegenstand gemeinsamer Schlussanträge und einer gemeinsamen Entscheidung waren.

b) die Entscheidung

Bezüglich der ***vorläufigen Zurückhaltung der in ein Nichterhebungsverfahren überführten Waren durch die Zollbehörde*** stellte der EuGH zunächst klar, dass solche Waren schon aus dem einfachen Grund die Rechte des geistigen Eigentums nicht verletzen können, weil sie eben in ein Nichterhebungsverfahren überführt worden sind. Eine Verletzung dieser Rechte könnte jedoch dann vorliegen, wenn aus Drittstaaten stammende Waren während ihrer Überführung in ein Nichterhebungsverfahren im Zollgebiet der Union oder sogar vor ihrer Ankunft in diesem Gebiet Gegenstand einer an die Verbraucher in der Union gerichteten geschäftlichen Handlung wie z. B. eines Verkaufs, eines Verkaufsangebots oder einer Werbung sind[293].

Bezüglich der Gefahr, dass die Waren in betrügerischer Weise zu den Verbrauchern in der Union umgeleitet werden könnten, legte der EuGH dar, dass abgesehen vom Vorliegen einer bereits an besagte Verbraucher gerichteten geschäftlichen Handlung auch andere Umstände zu einer vorläufigen Zurückhaltung der Waren durch die Zollbehörden der Mitgliedstaaten führen könnten, so zum Beispiel dann, wenn die Bestimmung der Waren entweder unbekannt ist oder in kaum verlässlicher Weise angegeben wurde. In diesem Zusammenhang stellte der EuGH ferner klar, dass in Anbetracht des verschleierten Charakters der Geschäf-

293 EuGH, Urteil vom 1.12.2011, Rs. C-446/09 und Rs. C-495/09, Slg. 2011, I-12469 ff. – Philips/Nokia (Rn. 56 f.).

te, die von Personen betrieben werden, welche unbefugt mit nachgeahmten oder nachgebildeten Waren handeln, die Zurückhaltung der Waren nicht von dem Nachweis abhängig gemacht werden kann, dass sie bereits Gegenstand eines Verkaufs an Verbraucher der Union oder einer an diese gerichteten Verkaufsofferte oder Werbung waren, da andernfalls die praktische Wirksamkeit der Verordnungen Nr. 3295/94 und Nr. 1383/2003 sehr geschwächt wäre[294].

Folglich kann die Zollbehörde ordnungsgemäß tätig werden, wenn sie über Anhaltspunkte dafür verfügt, dass einer oder mehrere der an der Herstellung, dem Versand und dem Vertrieb der Waren mitwirkenden Marktteilnehmer, auch wenn sie noch nicht damit begonnen haben, diese Waren Verbrauchern in der Union zuzuleiten, sich zumindest anschicken, dies zu tun, oder ihre Handelsabsichten verschleiern. Als Beispiele für solche Anhaltspunkte nannte der EuGH u.a. die Nichtangabe der Bestimmung der Waren, obwohl das beantragte Nichterhebungsverfahren eine entsprechende Erklärung verlangt, das Fehlen genauer oder verlässlicher Informationen über die Identität oder die Anschrift des Herstellers oder des Versenders der Waren, eine mangelnde Zusammenarbeit mit den Zollbehörden oder auch das Auffinden von Unterlagen, die die fraglichen Waren betreffen und vermuten lassen, dass ihre Umleitung zu den Verbrauchern in der Union eintreten kann[295].

Der EuGH führte weiter aus, dass sich ein solcher Verdacht immer aus den Umständen des Einzelfalls ergeben muss. Wenn nämlich im Gegensatz dazu der genannte Verdacht und das sich daraus ergebende Tätigwerden auf die bloß abstrakte Erwägung gestützt werden könnten, dass eine betrügerische Umleitung zu den Verbrauchern in der Union hypothetisch nicht ausgeschlossen werden kann, so könnte jede im externen Versand oder im Zolllager befindliche Ware ohne den geringsten konkreten Hinweis auf einen Regelverstoß zurückgehalten

294 EuGH, Urteil vom 1.12.2011, Rs. C-446/09 und Rs. C-495/09, Slg. 2011, I-12469 ff. – Philips/Nokia (Rn. 58 f.).

295 EuGH, Urteil vom 1.12.2011, Rs. C-446/09 und Rs. C-495/09, Slg. 2011, I-12469 ff. – Philips/Nokia (Rn. 60 f.).

werden. Dies aber könnte ein aleatorisches und übermäßiges Tätigwerden der Zollbehörden zur Folge haben[296].

Bezüglich der ***Entscheidung in der Sache nach der vorläufigen Zurückhaltung von in ein Nichterhebungsverfahren überführten Waren*** stellte der EuGH klar, dass eine solche Entscheidung i.S.v. Art. 6 Abs. 2 b der Verordnung Nr. 3295/94 und Art. 10 Abs. 1 der Verordnung Nr. 1383/2003 nicht auf der Grundlage eines Verdachts getroffen werden kann, sondern auf einer Prüfung der Frage beruhen muss, ob für die Verletzung des betroffenen Rechts ein Beweis vorliegt297.

Der EuGH führte dazu weiter aus, dass die betroffenen Marktteilnehmer die Besitzentziehung und die verhängten Sanktionen nicht auf der alleinigen Grundlage der Gefahr eines Betrugs oder einer Fiktion wie der von Philips und der belgischen Regierung vorgeschlagenen erleiden dürfen. Folglich darf die für die Entscheidung in der Sache zuständige Stelle als „nachgeahmte Waren" und „unerlaubt hergestellte Waren" oder, allgemeiner, als „Waren, die ein Recht des geistigen Eigentums verletzen", nicht solche Waren einstufen, hinsichtlich derer eine Zollbehörde den Verdacht einer Verletzung eines in der Union gültigen gewerblichen Schutzrechts hegt, bei denen aber nach Prüfung in der Sache nicht nachgewiesen ist, dass sie in der Union in den Verkehr gebracht werden sollen[298].

Was die Beweise betrifft, so legte der EuGH dar, dass insbesondere das Vorliegen eines Verkaufs der Waren an einen Kunden in der Union, das Vorliegen einer an die Verbraucher in der Union gerichteten Verkaufsofferte oder Werbung oder auch das Vorliegen von Unterlagen oder Schriftstücken, die die Waren betreffen und belegen, dass eine Umleitung dieser Waren zu den Verbrauchern in der Union beabsichtigt ist, als solche gelten könnten[299].

---

296 EuGH, Urteil vom 1.12.2011, Rs. C-446/09 und Rs. C-495/09, Slg. 2011, I-12469 ff. – Philips/Nokia (Rn. 62).

297 EuGH, Urteil vom 1.12.2011, Rs. C-446/09 und Rs. C-495/09, Slg. 2011, I-12469 ff. – Philips/Nokia (Rn. 68).

298 EuGH, Urteil vom 1.12.2011, Rs. C-446/09 und Rs. C-495/09, Slg. 2011, I-12469 ff. – Philips/Nokia (Rn. 69 f.).

299 EuGH, Urteil vom 1.12.2011, Rs. C-446/09 und Rs. C-495/09, Slg. 2011, I-12469 ff. – Philips/Nokia (Rn. 71).

8 Die BGH-Entscheidung im Fall „Clinique happy" (Urt. v. 25.04.12)

a) der Fall

Dies war der erste Fall, mit dem sich der BGH nach der EuGH-Entscheidung im Fall „Philips/Nokia" zu befassen hatte[300]. Dabei ging es um den Transit gefälschter Waren von außerhalb der EU durch einen EU-Mitgliedsstaat in ein Nicht-EU-Mitglied auf dem Wege des externen Versandverfahrens. Betroffen waren also Nichtgemeinschaftswaren.

Kurz skizziert, sollte ein in Deutschland ansässiges Speditionsunternehmen eine aus Dubai kommende Lieferung gefälschter Parfümprodukte im Rahmen des externen Versandverfahrens nach Russland transportieren. Die gefälschten Parfümprodukte waren mit den Marken „CLINIQUE HAPPY" und „CLINIQUE HAPPY HEART" gekennzeichnet. Die Klägerin, ein Unternehmen der E-Gruppe, war Inhaberin der deutschen und EU-Wortmarken „CLINIQUE" und „CLINIQUE HAPPY".

In ihrer Eigenschaft als Vertreterin der E-Gruppe hatte die Klägerin für beide Marken in Deutschland Grenzbeschlagnahmeanträge gestellt, um zu erwirken, dass bei dieser verdächtigen Einfuhrsendung die Überlassung der Waren ausgesetzt würde. Im Ergebnis führten diese Anträge dazu, dass die Klägerin vom Hauptzollamt Potsdam über die Zurückhaltung zumindest eines Teils der besagten Lieferung aufgrund des Verdachts einer Markenrechtverletzung Mitteilung erhielt. Daraufhin beantragte die Klägerin eine einstweilige Verfügung beim LG Berlin, das sich ihrer Begründung anschloss und es der Beklagten untersagte, ohne Zustimmung der Klägerin Parfüms mit den Marken „CLINIQUE" oder „CLINIQUE HAPPY" ein- und/oder auszuführen, anzubieten, in den Verkehr zu bringen oder diese Handlungen vornehmen zu lassen. Allerdings wies das LG Berlin im weiteren Verlauf die Hauptklage ab, die auf Unterlassung der Ein- und/oder Ausfuhr, des Anbietens und Inverkehrbringens von mit den besagten Marken gekennzeichneten Parfüms ohne Zustimmung der Klägerin, auf Herausgabe der beschlagnahmten Waren zum Zwecke ihrer Vernichtung und auf Feststellung

300 BGH, Urteil vom 24.04.2012 – I ZR 235/10 (KG). Vgl. NJW-RR 2013, 48.

der Schadensersatzverpflichtung gerichtet war. Die Klägerin legte gegen diese Entscheidung Berufung ein. Das Berufungsgericht wiederum verurteilte die Beklagte, es zu unterlassen, Parfüms nach Russland einzuführen und/oder in Russland in den Verkehr zu bringen, die ohne Zustimmung der Klägerin die Kennzeichnung „CLINIQUE HAPPY HEART“ oder „CLINIQUE HAPPY“ trügen, und das im Zolllager befindliche Kontingent an Parfüms an die Klägerin zum Zwecke der Vernichtung herauszugeben. Die Beklagte reichte daraufhin Revision beim BGH ein.

b) die Entscheidung

Die von der Beklagten eingereichte Revision hatte Erfolg und führte zur Aufhebung des Berufungsurteils sowie zur Zurückverweisung der Sache an das Berufungsgericht. Was speziell den Transit von Waren betrifft, so legte der BGH in Anlehnung an das deutsche bzw. europäische Markenrecht[301] dar, dass der Transit von Waren, die mit einer im Inland geschützten Marken versehen sind, als solche keine Benutzungshandlung i.S.v. § 14 MarkenG, Art. 5 MarkenRL sowie Art. 9 GMV sei und damit auch keine Markenverletzung darstelle. Mit Hinweis auf die Entscheidungen in den Fällen „Montex/Diesel“ und „Philips/Nokia“ führte der BGH weiter aus, dass der Markeninhaber in Bezug auf Waren, die mit einer im Inland geschützten Marke versehen sind, nur dann gegen deren Transport im Zollverschlussverfahren durch Deutschland vorgehen kann, wenn ein Inverkehrbringen dieser Waren im Inland oder in der Union droht. Die bloße Gefahr, dass die Waren nicht an ihren Zielort gelangten und stattdessen im Durchfuhrmitgliedsstaat unbefugt in den Verkehr gebracht werden könnten, reiche hingegen nicht für die Annahme aus, dass wesentliche Funktionen der Marke in Deutschland beeinträchtigt werden[302].

---

301 Die Klägerin hatte ihre Anträge in der Revisionsinstanz in erster Linie auf § 823 Abs. 1 und 2 BGB und in zweiter Linie unmittelbar auf die Verletzung russischer Markenrechte gestützt. Da diese beiden Teilaspekte den Rahmen der vorliegenden Arbeit sprengen würden, wird auf sie jedoch nicht näher eingegangen. Siehe in diesem Zusammenhang Rn. 11–26 der Entscheidungsgründe für das Urteil des BGH.

302 BGH, Urteil vom 24.04.2012 – I ZR 235/10 (KG) – Clinique Happy (Rn. 29 f.).

VI Fazit

Wie gesehen, ist es von grundlegender Bedeutung, auch an den Grenzen einen wirksamen Kampf gegen die Markenpiraterie zu gewährleisten. Hierbei stellte die Beschlagnahme von Pirateriewaren, die sich auf dem Wege der Ausfuhr und vor allem der Einfuhr befanden, schon immer ein wichtiges Mittel dar. Da sowohl die Ein- als auch die Ausfuhr als rechtsverletzende Benutzungshandlungen betrachtet wurden, wurde die Möglichkeit der Beschlagnahme von Pirateriewaren im Import- oder Exportverfahren kaum je ernsthaft in Frage gestellt.

Im Lauf der Zeit zeigte sich allerdings, dass die Beschlagnahme von Pirateriewaren im Import- oder Exportverfahren nicht mehr ausreichte, um die Markenpiraterie an den Grenzen umfassend und wirksam zu bekämpfen. Im Zuge der Globalisierung und einer zunehmend vernetzten Weltwirtschaft kam es zu einem rasanten Anstieg des internationalen Warenverkehrs. Damit einhergehend, nahm auch die Zahl der Pirateriewaren im Transitverkehr stetig zu. Vor diesem Hintergrund wurde bald darüber diskutiert, ob den Markeninhabern nicht die Möglichkeit eingeraäumt werden sollte, Pirateriewaren im Transitland beschlagnahmen zu lassen.

Das Problem bestand darin, dass weder das deutsche Markengesetz noch die Markenrichtlinie von 2008 Regelungen zum Transit enthielten. Auch das deutsche bzw. das europäische Zollrecht kannten den Begriff des Transits nicht. Aus diesem Grund war, was Deutschland bzw. Europa betrifft, sowohl in der Lehre als auch in der Rechtsprechung die Möglichkeit einer Beschlagnahme von Waren durch das jeweilige Transitland sehr umstritten. Die Kernfrage lautete, ob allein durch den bloßen Transit von Pirateriewaren bereits eine Verletzung von Markenrechten vorlag.

Die Rechtswissenschaft vertrat keine einheitliche Meinung zu diesem Thema. Einige Juristen plädierten für eine weite Auslegung des Benutzungsbegriffs in dem Sinne, dass allein schon eine Benutzung, die eine Markenfunktion potentiell beeinträchtigen könnte, als Markenrechtsverletzung zu betrachten sei. Folglich böte bereits die Gefahr des Inverkehrbringens von Transitwaren Anlass genug, um von der Gefahr einer Funktionsbeeinträchtigung auszugehen und somit den Transit als rechtsverletzende Benutzung zu bewerten. Andere Gelehrte erblickten im

Transit zwar ebenfalls die Gefahr einer rechtsverletzenden Benutzung, doch beschränkten sie sich in diesem Zusammenhang darauf, auf einige der im Beispielkatalog von § 14 Abs. 3 MarkenG genannten Situationen hinzuweisen, ohne die Frage des Benutzungsbegriffs weiter zu vertiefen. Wieder andere sahen im Transit lediglich dann eine rechtsverletzende Benutzung, wenn es sich bei den Transitwaren um Nichtgemeinschaftswaren, nicht aber um Gemeinschaftswaren handelte. Manche Gelehrte nahmen eine noch restriktivere Haltung ein, indem sie den Transit in aller Regel nicht als rechtsverletzende Benutzung betrachteten und als Ausnahme lediglich eine verdichtete Gefahr des Inverkehrbringens gelten ließen. Und schließlich gab es noch diejenigen, die eine Gleichsetzung des Transits mit einer rechtsverletzenden Benutzungshandlung unabhängig von der jeweiligen Situation grundsätzlich verneinten. Die vorherrschende Meinung in der Literatur bis zur „Philips/Nokia"-Entscheidung tendierte allerdings dazu, Transitsituationen stets als rechtsverletzende Benutzung zu qualifizieren. Als Hauptargument zur Stützung dieser Auffassung wurde vor allem die Gefahr angeführt, dass die betreffenden Waren während des Transits in den inländischen Verkehr gelangen könnten. In diesem Falle wäre eine abweichende Behandlung des Transits gegenüber dem Export jedoch widersprüchlich, da der Export unabhängig von der konkreten Gefahr der Kenntniserlangung durch inländische Verkehrskreise und unabhängig von den markenrechtlichen Verhältnissen im Bestimmungsland immer als Verletzungshandlung anzusehen sei.

Die Kontroversen rund um dieses Thema erreichten schließlich auch den EuGH. So wurden dem EuGH in verschiedenen Fällen, bei denen es um den Transit von Waren ging, Fragen nach der richtigen Auslegung der MarkenRL, der PrPVO und des EG-Vertrags (EGV)[303] zur Vorabentscheidung vorgelegt.

Erstmals äußerte sich der EuGH zu diesem Thema in seiner Entscheidung zum Fall „Polo Lauren". Darin stellte der EuGH klar, dass die Verordnung (EG) Nr. 3295/94 (PrPVO 1994) in der Tat auf gefälschte Waren anwendbar sei, die sich im Transit von einem Drittland durch das Gemeinschaftsgebiet in ein anderes Drittland befinden. Allerdings ist hierzu anzumerken, dass der EuGH nicht näher auf die Frage einging, ob schon dieser bloße Transit allein als rechtsverletzen-

303 Zur fraglichen Zeit war noch der EG-Vertrag in Kraft.

de Benutzungshandlung i.S.v. Art. 5 MarkenRL bzw. § 14 MarkenG anzusehen sei. Dennoch spricht die EuGH-Entscheidung für eine Anerkennung des bloßen Transits (zumindest aus einem Drittstaat in einen anderen) als rechtsverletzende Benutzungshandlung. Wäre dem anders, so ginge die EuGH-Entscheidung nämlich ins Leere, da dann gar kein Fall denkbar wäre, in dem der Transit nationale bzw. Gemeinschaftsmarken verletzen könnte[304]. Auch ließe sich – derselben Logik folgend – eine zollamtliche Beschlagnahme letztlich nur dann erfolgreich realisieren, wenn schon der bloße Transit materiell-rechtlich als rechtsverletzende Benutzungshandlung eingeordnet werden kann. Andernfalls wäre es nicht möglich, das anschließende Sachentscheidungsverfahren vor den nationalen Gerichten des Transitstaates mit Erfolg durchzuführen. Anders ausgedrückt, würde die Anwendung der PrPVO auf den bloßen Transit ohne einen entsprechenden markenrechtlichen Anspruch gar keinen Sinn ergeben[305].

Ein zweites Mal nahm der EuGH aus einem anderen Blickwinkel Stellung zu dieser Problematik. So befasste sich der EuGH in der „Rioglass/Transremar“-Entscheidung mit der Frage, ob die Grenzbeschlagnahme von Gemeinschafswaren, die sich im Transit befanden, mit dem Grundsatz der Warenverkehrsfreiheit nach Art. 28 EG vereinbar sei[306]. In seiner Entscheidung stellte der EuGH fest, dass eine solche Beschlagnahme einen Eingriff in die Warenverkehrsfreiheit nach Art. 28 EG darstellt, der nicht durch Art. 30 EG[307] gerechtfertigt werden kann. Dies ergebe sich daraus, dass Art. 30 EG nur insoweit einen Eingriff in die Warenverkehrsfreiheit zu Gunsten gewerblicher Schutzrechte bzw. des Markenrechts rechtfertige, als der spezifische Gegenstand dieser Schutzrechte bzw. des Markenrechts betroffen ist. Da aber der Transit von Gemeinschaftswaren kein Inverkehrbringen darstellt, werde dieser nicht vom spezifischen Gegenstand des Markenrechts erfasst. Daraus folgt, dass der bloße Transit von Gemeinschaftswaren im Ergebnis aufgrund des Anwendungsvorrangs des Art. 28 EG und einer fehlenden Rechtfertigungsmöglichkeit keine rechtsverletzende Benutzungshandlung ist[308].

304 *Sack*, WRP 2000, 702, 703.

305 *Schilling*, Der Transit als Markenrechtsverletzung, 2011, S. 93 ff.

306 Jetzt Art. 34 AEUV.

307 Jetzt Art. 36 AEUV.

308 *Schilling*, Der Transit als Markenrechtsverletzung, 2011, S. 125.

Einige Monate später befasste sich der EuGH in seiner „Rolex"-Entscheidung erneut mit diesem Thema, diesmal unter dem Gesichtspunkt der PrPVO 1994. Der EuGH bekräftigte dabei seine Position, dass die PrPVO auf Waren anwendbar sei, die sich im Transit zwischen zwei Drittstaaten befinden und in einem Mitgliedsstaat angehalten werden. Im Übrigen stellte der EuGH klar, dass es nicht seine Aufgabe sei, sich zur Auslegung des nationalen Rechts zu äußern, sondern die der nationalen Gerichte. Allein diesen obliege es, das nationale Recht im Einklang mit dem Gemeinschaftsrecht auszulegen. In diesem Zusammenhang stellte der EuGH fest, dass nationale Vorschriften, die den Transit von gefälschten Waren nicht sanktionieren, im Widerspruch zur PrPVO 1994 stehen. Auch wenn der EuGH einmal mehr darauf verzichtete, sich direkt mit der Frage nach dem Umfang des markenrechtlichen Schutzes zu befassen, so gab er doch erneut einen neuen Hinweis darauf, dass der bloße Transit von Nichtgemeinschaftswaren als rechtsverletzende Benutzungshandlung anzusehen ist[309].

Im Fall „Class International BV/Colgate-Palmolive Company u.a." hat sich der EuGH dann aber doch erstmals mit der Frage des Vorliegens einer rechtsverletzenden Benutzung beim Transit befasst. Beurteilungsmaßstab war die RL 89/104/EWG (MarkenRL). Im Gegensatz zu dem, was der Tenor der „Polo Lauren"- und der „Rolex"-Entscheidungen nahelegte[310], stellte der EuGH in diesem Fall fest, dass die bloße körperliche Verbringung von Nicht-Gemeinschaftswaren in das Gemeinschaftsgebiet im Rahmen des externen Versandverfahrens bzw. Zolllagerverfahrens keine Benutzung der Marke im geschäftlichen Verkehr i.S.v. Art. 5 MarkenRL darstellt. Dies ergebe sich daraus, dass hierbei nach Auffassung des EuGH kein Inverkehrbringen der Waren in die Gemeinschaft bezweckt werde, wie dies beim Import der Fall ist. Andererseits stellte der EuGH jedoch Folgendes klar: Würde das Anbieten oder der Verkauf von Nichtgemeinschaftswaren, die sich im externen Versandverfahren oder im Zolllagerverfahren befinden, das Inverkehrbringen dieser Waren in der Gemeinschaft notwendig implizieren, so läge sehr wohl eine rechtsverletzende Benutzung vor, in welchem Fall der Markeninhaber diesem Anbieten oder Verkauf widersprechen könnte. Das Vor-

309 Im selben Sinne *Ulmar*, WRP 2005, 1371, 1375; *Leitzen*, GRUR 2006, 89, 92.

310 Vgl. *Schilling*, Der Transit als Markenrechtsverletzung, 2011, S. 167; *Heinze/Heinze*, GRUR 2007, 740, 745.

liegen solch einer Situation müsste dann vom Markeninhaber anhand indizierender Umstände bzw. Anhaltspunkte nachgewiesen werden. Allerdings nannte der EuGH in seiner Entscheidung keine Beispiele dafür, worin solche Umstände bzw. Anhaltspunkte bestehen könnten, und überließ es so den nationalen Gerichten, diese Aspekte näher zu konkretisieren.

In seiner fünften Entscheidung, in der er sich mit dieser Problematik befasste, nämlich im Fall „Montex/Diesel", setzte sich der EuGH im Wesentlichen erneut mit der Frage nach der korrekten Auslegung der RL 89/104/EWG (MarkenRL) auseinander. Derselben Linie wie bereits bei der Entscheidung im Fall „Class International BV/Colgate-Palmolive Company u.a." folgend, stellte der EuGH klar, dass die bloße Gefahr, Waren könnten im Transitland unbefugt in den Verkehr gebracht werden, nicht für die Annahme ausreicht, dass der Transit die wesentlichen Funktionen der Marke im Transitland beeinträchtigt. In diesem Zusammenhang stellte der EuGH des Weiteren fest, dass das externe Versandfahren, weil es kein Inverkehrbringen der betreffenden Waren bedeutet, keine Benutzung der Marke darstellt, die das Recht des Markeninhabers, das Inverkehrbringen in der Gemeinschaft zu kontrollieren, verletzen könnte. Andererseits – und auch hierin wieder der Argumentationslinie bei seiner Entscheidung im Fall „Class International BV/Colgate-Palmolive Company u.a." folgend – räumte der EuGH dem Markeninhaber durchaus die Möglichkeit ein, den Transit von Nichtgemeinschaftswaren im Rahmen des externen Versandverfahrens zu verbieten, wenn diese Waren Gegenstand der Handlung eines Dritten sind, die notwendig das Inverkehrbringen der Waren im jeweiligen Transitland bedeutet. Diesbezüglich bekräftigte der EuGH jedoch, dass dann der Markeninhaber die Beweislast trägt, um das Inverkehrbringen von Nichtgemeinschaftswaren im Transitland oder eine andere Handlung nachzuweisen, die notwendig deren Inverkehrbringen im Transitland bedeutet. Letztlich brachte auch die Entscheidung im Fall „Montex-Diesel" keine abschließende Klärung zu den strittigen Fragen rund um dieses Thema. Insbesondere blieb unklar, wie umfangreich besagter Nachweis sein musste und was genau nachgewiesen werden sollte[311]. Und so blieb es weiterhin den nationa-

311 Zu den Folgen der Diesel-Entscheidung und den verschiedenen Interpretationen dazu in der Literatur siehe *Schilling*, Der Transit als Markenrechtsverletzung, 2011, S. 190 ff.

len Gerichten überlassen, die Anhaltspunkte, die notwendig ein Inverkehrbringen im Transitland bedeuten würden, näher zu konkretisieren.

Fünf Jahre nach der „Diesel"-Entscheidung befasste sich der EuGH erneut mit dem Thema des Transits, diesmal unter dem Blickwinkel der PrPVO bei der mit Spannung erwarteten „Philips/Nokia"-Entscheidung. Die Hoffnungen richteten sich darauf, dass endlich eine abschließende Klärung für das Thema gefunden werde. Zwar blieb sich der EuGH in seiner Entscheidung der Haltung treu, die er bereits bei der „Diesel"-Entscheidung eingenommen hatte, jedoch scheute er diesmal nicht vor einer eingehenderen Analyse des Problems zurück. Im Ergebnis stellte der EuGH fest, dass die abstrakte Gefahr, es könne eine betrügerische Umleitung der Transitwaren zu den Verbrauchern in der Union stattfinden, für das Tätigwerden der Zollbehörde bzw. für die Beschlagnahme der Transitwaren nicht genüge. Vielmehr sei es notwendig, dass die Zollbehörde über Anhaltspunkte verfügt, die den Verdacht einer Rechtsverletzung begründen. In diesem Punkt geht die „Philips/Nokia"-Entscheidung über die Entscheidung im Fall „Diesel" hinaus, da nun Beispiele für das Vorliegen solcher Anhaltspunkte genannt werden: so etwa die Nichtangabe der Bestimmung der Waren, obwohl das beantragte Nichterhebungsverfahren eine entsprechende Erklärung verlangt, das Fehlen genauer oder verlässlicher Informationen über die Identität oder die Anschrift des Herstellers oder des Versenders der Waren, eine mangelnde Zusammenarbeit mit den Zollbehörden oder das Auffinden von Unterlagen oder Schriftverkehr, die die fraglichen Waren betreffen und vermuten lassen, dass eine Umleitung dieser Waren zu den Verbrauchern in der Europäischen Union eintreten kann. Des Weiteren bekräftigte der EuGH, dass sich der Verdacht einer Rechtsverletzung immer aus den Umständen des Einzelfalls ergeben muss. Bezüglich der Entscheidung in der Sache selbst stellte der EuGH fest, dass diese nicht auf der Grundlage eines bloßen Verdachts getroffen werden kann. Vielmehr bedarf es eines Beweises für die behauptete Rechtsverletzung bzw. dafür, dass die Waren in Wirklichkeit dazu bestimmt sind, in der Union in den Verkehr gebracht zu werden. Als Beispiele solcher Beweise nennt der EuGH das Vorliegen eines Verkaufs der Waren an einen Kunden in der Union, das Vorliegen einer an die Verbraucher in der Union gerichteten Verkaufsofferte oder Werbung oder auch das Vorliegen von Unterlagen oder

Schriftverkehr, die die fraglichen Waren betreffen und belegen, dass eine Umleitung dieser Waren zu den Verbrauchern in der Union beabsichtigt ist.

Die Diskussionen rund um das Thema Transit hatten sich allerdings auch mit der „Philips/Nokia"-Entscheidung keineswegs erledigt. So wurde bemängelt, dass die EuGH-Rechtsprechung eine Regelungslücke (die sogenannte „Transit Gap") herbeigeführt hätte, da ihr zufolge gefährliche Pirateriewaren nur dann im Transitland beschlagnahmt werden konnten, wenn der Nachweis dafür erbracht wurde, dass die Waren Gegenstand einer an EU-Verbraucher gerichteten kommerziellen Handlung wie Verkauf, Verkaufsofferte oder Werbung waren[312]. Dieser Umstand führte im Zuge des Gesetzgebungsverfahrens zur EU-Markenrechtsform zum Erlass materiellrechtlicher EU-Bestimmungen, die sich spezifisch auf die Transitproblematik beziehen und im folgenden Kapitel näher untersucht werden.

B Die neue Transit-Regelung gemäß MarkenRL vom 16. Dezember 2015

I Die Auswirkungen der „Philips/Nokia"-Entscheidung

Wie in den Abschnitten V und VI geschildert wurde, ist das Thema Transit über zehn Jahre lang Gegenstand verschiedener Entscheidungen des EuGH gewesen. Jedoch war auch die letzte Entscheidung, nämlich die im Fall "Philips/Nokia" aus dem Jahr 2011, nicht dazu angetan, die Kontroversen darüber beizulegen. Ganz im Gegenteil. Die fragliche Entscheidung wurde zur Zielscheibe harscher Kritik seitens von Rechteinhabern[313] und internationalen Markenverbänden[314]. So wurde etwa der Vorwurf laut, dass den Rechteinhabern eine unangemessen hohe Be-

312 *Hesse,* Die Vereinbarkeit des EU-Grenzbeschlagnahmeverfahrens mit dem TRIPS-Abkommen, 2018, S. 79.

313 *Kur,* Marq. Intell. Prop. L. Rev. 19 (2015), 15, 35; *Vrins,* Customs Enforcement of Intellectual Property Rights, 2018, S. 353.

314 *International Trademark Association,* Counterfeit Goods in Transit, Inta Bulletin 2016, Vol. 71 No. 16; *Marques,* Counterfeits in Transit: well done, European Parliament (and MARQUES!), Class 46, Feb. 25, 2014.

weislast auferlegt worden sei, wodurch die Bekämpfung der Markenpiraterie erschwert, wenn nicht gar verhindert werde. Tatsache ist, dass die Rechteinhaber in der Regel ja kaum Zugang zu den Beweismitteln haben, die für den Nachweis erforderlich sind, dass Transitwaren in Wirklichkeit dazu bestimmt sind, in der Union in den Verkehr gebracht zu werden[315]. Abgesehen davon zeigt sich in der Praxis, dass es nicht schwer ist, das endgültige Ziel von Waren zu verschleiern oder zu verheimlichen[316]. Ein anderer wichtiger Aspekt, auf den als eine wahrscheinliche Auswirkung der Entscheidung im Fall „Philips/Nokia" hingewiesen wurde, war der abrupte Rückgang der Anzahl an Waren, die durch die Zollbehörden der EU beschlagnahmt wurden[317]. So belief sich beispielsweise 2012 die Zahl der beschlagnahmten Produkte (39.917.445) fast nur noch auf ein Drittel des entsprechenden Werts für das Jahr 2011 (114.772.812). Und in den Jahren 2013 (35.940.294) und 2014 (35.568.982) gingen diese Zahlen noch weiter zurück. Vor der „Philips/Nokia"-Entscheidung hingegen, sprich in den Jahren 2008 bis 2011, hatte die Zahl der beschlagnahmten Produkte im Jahresdurchschnitt stets bei über 100.000 gelegen[318]. Hinzu kommt, dass der Anteil der von den Zollbehörden der EU beschlagnahmten Waren, die sich in einer der verschiedenen Arten von besonderen Verfahren nach UZK (dem ehemaligen Nichterhebungsverfahren nach ZK) befanden, noch im Jahr 2012 nicht einmal 5 % an der Gesamtheit der Fälle erreichte[319]. Auch wenn die Rechtsprechung des EuGH das Tätigwerden der Zollbehörden erlaubte, sofern diese über Anhaltspunkte verfügten, die den Verdacht einer Rechtsverletzung begründeten, so wurde doch bemängelt, dass die Zollbehörden davor zurückschreckten, Waren zu beschlagnahmen, die sich im Transit befanden, wozu zu bedenken ist, dass ja der größte Teil der Waren, die in das Gebiet der EU gelangen, als Transitwaren erklärt werden[320].

---

315 *De Meyer/Gommers*, GRUR Int. 2016, 508, 508 ff.;

316 *Vrins*, Customs Enforcement of Intellectual Property Rights, 2018, S. 353.

317 *De Meyer/Gommers*, GRUR Int. 2016, 508, 509.

318 *Europäische Kommission, Report on EU customs enforcement of intellectual property rights – results at the EU border 2014*, 2015, S. 12.

319 *Europäische Kommission, Report on EU customs enforcement of intellectual property rights – results at the EU border 2012*, 2013, S. 22.

320 *De Meyer/Gommers*, GRUR Int. 2016, 508, 510.

II Der Weg zu einer neuen Regelung

Ein erster Versuch, Änderungen im Umgang mit der Transitproblematik herbeizuführen, wurde im Jahr 2012 im Zuge des Gesetzgebungsverfahrens zur Verabschiedung der GBV 2013 unternommen. Der von der Europäischen Kommission ursprünglich eingebrachte Vorschlag sah zunächst keinerlei Bestimmung zu diesem Thema vor. Das Europäische Parlament nahm jedoch eine Änderung an diesem Vorschlag vor, indem es ihn um eine Regelung ergänzte, mit der die Beweislast umgekehrt wurde. Insbesondere fügte das EU-Parlament Art. 16 Abs. 3 a ein, welcher es vom Anmelder oder Inhaber verdächtiger, sich in einer der besonderen Verfahrensarten nach UZK (dem früheren Nichterhebungsverfahren nach ZK) befindlicher Waren verlangt hätte, den Nachweis dafür zu erbringen, dass diese für einen Ort außerhalb der EU bestimmt sind, da andernfalls vom Gegenteil ausgegangen werden müsse. Im vollen Wortlaut lautete die vorgesehene Bestimmung wie folgt:

> „Werden Waren, bei denen der Verdacht besteht, dass es sich um Nachahmungen oder Kopien von in der Union durch ein Recht des geistigen Eigentums geschützten Erzeugnissen handelt, in ein Nichterhebungsverfahren übergeführt, so fordert die Zollbehörde den Anmelder oder den Inhaber der Waren auf, innerhalb von drei Arbeitstagen nach Eingang der Aufforderung einen geeigneten Nachweis darüber vorzulegen, dass der endgültige Bestimmungsort der Waren außerhalb des Gebiets der Union liegt. Werden keine geeigneten Nachweise vorgelegt, gehen die Zollbehörden davon aus, dass der endgültige Bestimmungsort der Waren im Gebiet der Union liegt.[321]“.

321 Art. 16, Abs. 3 a – Entwurf einer legislativen Entschließung des europäischen Parlaments zu dem Vorschlag für eine Verordnung des Europäischen Parlaments und des Rates zur Durchsetzung der Rechte geistigen Eigentums durch die Zollbehörden, (COM(2011)0285 – C7-0139/2011 – 2011/0137(COD).

Der Änderungsvorschlag wurde vom Rat der Europäischen Union allerdings mit der Begründung abgelehnt, dass sich die GBV auf verfahrensrechtliche Bestimmungen zu beschränken habe, wohingegen eine Beweislastumkehr auf eine Änderung des materiellen Rechts hinauslaufen würde[322].

Ein zweiter – und diesmal erfolgreicher – Versuch wurde im Zuge der EU-Markenrechtsreform unternommen. Nachdem das europäische Markenrecht 20 Jahre lang gültig war, beschloss man, seine Funktionsweise einer allgemeinen Bewertung zu unterziehen[323]. In diesem Zusammenhang wurde das „Max-Planck-Institut für Immaterialgüter- und Wettbewerbsrecht"[324], wie es damals noch hieß, damit beauftragt, eine eingehende Studie über das europäische Markenrecht zu erstellen. Das Ziel sollte es dabei sein, diejenigen Bereiche zu identifizieren, die zum Wohle der Betroffenen und der Gesellschaft als Ganzes verbessert oder weiterentwickelt werden müssten. Besagte Studie wurde am 15.02.2011 veröffentlicht[325].

Was speziell das Thema Transit betrifft, so weist die Studie zunächst darauf hin, dass es je nach den Umständen sehr schwer, wenn nicht gar unmöglich sein kann, Beweise dafür zu erbringen, dass Transitwaren tatsächlich dazu bestimmt sind, in der Union in den Verkehr gebracht zu werden, was jedoch von der EuGH-Rechtsprechung vorausgesetzt wird, um ihre Beschlagnahme zu rechtfertigen. Des Weiteren wird betont, dass das Prinzip der internationalen Handelsfreiheit, auch wenn es sich dabei um einen wichtigen Grundsatz handelt, nicht in abso-

---

322 Für weitere Einzelheiten zur Kontroverse darüber, ob die Beweislast im Falle einer Verletzung geistiger Eigentumsrechte eher eine verfahrensrechtliche Bestimmung oder das materielle Recht betrifft, siehe *Vrins*, Customs Enforcement of Intellectual Property Rights, 2018, S. 344 ff. *Vrins* kommt zu dem Ergebnis, dass die vom Europäischen Parlament vorgeschlagene Beweislastumkehr, da es sich hierbei um eine verfahrensrechtliche Bestimmung handle, sehr wohl in die GBV 2013 hätte aufgenommen werden können. Derselbe Autor äußert sich ferner kritisch in *Vrins*, BMM Bulletin 39 (2013), 118, 128 ff. Für weitere kritische Stellungnahmen siehe *Eijsvogel*, BMM Bulletin 39 (2013), 135, 139 ff; *De Meyer/Gommers*, GRUR Int. 2016, 508, 509.

323 Zum Hintergrund der Markenrechtsreform sowie für eine ausführliche Analyse ihrer strittigsten Aspekte siehe *Kur*, Marq. Intell. Prop. L. Rev. 19 (2015), 15, 19 ff.

324 Heute Max-Planck-Institut für Innovation und Wettbewerb [nachfolgend: MPI]

325 *Max-Planck-Institut für Immaterialgüter- und Wettbewerbsrecht*, Study on the Overall Functioning of the European Trade Mark System.

luter Form anzuwenden ist. In diesem Zusammenhang weist die Studie darauf hin, dass es einen Missbrauch darstellen würde, sich zur Vermeidung einer Beschlagnahme auf das Argument des Freihandels zu berufen, wenn es sich bei den betreffenden Transitwaren eindeutig um Piraterieprodukte handelt. Andererseits hebt die Studie aber hervor, dass die Tatsache allein, dass die Markenpiraterie eine ernsthafte Bedrohung für den Welthandel darstellt, die in effizienter Weise bekämpft werden muss, nicht von der Notwendigkeit befreit, möglichst behutsam vorzugehen, um den internationalen Handel dort, wo er in zulässiger Weise betrieben wird, nicht zu stören. Die Studie plädiert folglich dafür, die möglichen Szenarien, welche eine Rechtsverletzung begründen, auf die offenkundigen Fälle zu beschränken, bei denen kein Zweifel daran besteht, dass die fraglichen Produkte sowohl gegen das Gesetz des Transitlands als auch gegen das des Bestimmungslands verstoßen. Konkret fordert die Studie somit die Ausarbeitung einer Vorschrift, welche die Beschlagnahme von Transitwaren ermöglicht, auch wenn diese nicht für das Inverkehrbringen in der EU bestimmt sind, wobei die Reichweite besagter Vorschrift jedoch auf Fälle von Markenpiraterie gemäß der Definition von Fußnote 14 (a) zu Art. 51 des TRIPS-Abkommens zu begrenzen ist[326]. Als Voraussetzung für die Anwendung dieser Vorschrift solle gelten, dass der Tatbestand eines Verstoßes nicht nur im Transitland, sondern auch im Bestimmungsland erfüllt sein muss. Liegen diese Voraussetzungen nicht vor, so wäre die EuGH-Rechtsprechung maßgeblich, wonach die Feststellung eines Verstoßes dem Vorbehalt eines Nachweises darüber unterliegt, dass die Transitwaren dazu bestimmt sind, in der Union in den Verkehr gebracht zu werden[327].

---

326 Fußnote 14 zu Art. 51 des TRIPS-Abkommens: „'counterfeit trademark goods' shall mean any goods, including packaging, bearing without authorization a trademark which is identical to the trademark validly registered in respect of such goods, or which cannot be distinguished in its essential aspects from such a trademark, and which thereby infringes the rights of the owner of the trademark in question under the law of the country of importation."

327 *Max-Planck-Institut für Immaterialgüter- und Wettbewerbsrecht*, Study on the Overall Functioning of the European Trade Mark System, S. 111 f.

1 Der Vorschlag der Europäische Kommission

Etwas mehr als zwei Jahre später, am 27.03.2013, legte die Europäische Kommission dann gleichzeitig einen „Vorschlag für eine Richtlinie zur Angleichung der Rechtsvorschriften der Mitgliedstaaten über die Marken (Neufassung)“[328] sowie einen „Vorschlag zur Änderung der Verordnung (EG) Nr. 207/2009 über die Gemeinschaftsmarke“ vor[329]. Mit diesen beiden Vorschlägen trug die Europäische Kommission der harschen Kritik seitens der Rechteinhaber und internationalen Markenverbände an der „Philips/Nokia“-Entscheidung Rechnung. In der Begründung beider Vorschläge bezieht sich die Europäische Kommission bei der Behandlung des Themas Transit ausdrücklich auf die Entscheidung des EuGH. Sie kommt dabei zu dem Ergebnis, dass angesichts der rasanten Zunahme der Produktpiraterie[330] dringend europäische Vorschriften erforderlich seien, welche ein wirksames Vorgehen gegen nachgeahmte Waren ermöglichen. In der Begründung heißt es wie folgt:

> „Wie der Gerichtshof in seinem Urteil in der Rechtssache Philips/Nokia ausgeführt hat, stellen die Verbringung von im Nichterhebungsverfahren befindlichen Drittlandswaren in das Zollgebiet der EU sowie deren Präsenz und Beförderung im Zollgebiet nach geltendem Recht keine Verletzung von Rechten des geistigen Eigentums dar, die durch das materielle Recht der Union und ihrer Mitgliedstaaten geschützt sind. Solche Waren können nur dann als „nachgeahmte Waren“ eingestuft werden, wenn sie nachweislich

---

328 Vorschlag für eine Richtlinie des Europäischen Parlaments und des Rates zur Angleichung der Rechtsvorschriften der Mitgliedstaaten über die Marken (Neufassung), vom 27.3.2013, COM(2013) 162 final [nachfolgend: V-MRL].

329 Vorschlag für eine Verordnung des Europäischen Parlaments und des Rates zur Änderung der Verordnung (EG) Nr. 207/2009 des Rates über die Gemeinschaftsmarke, vom 27.3.2014, COM(2013) 161 final [nachfolgend: V-MVO].

330 In diesem Absatz B von Kapitel 3 wird, anders als im restlichen Teil der Arbeit, anstelle des Ausdrucks „Markenpiraterie“ gelegentlich der Begriff „Produktpiraterie“ verwendet, da dies dem Sprachgebrauch der Europäischen Kommission in der V-MRL und in der V-MVO entspricht.

> Gegenstand einer an EU-Verbraucher gerichteten kommerziellen Handlung wie Verkauf, Verkaufsofferte oder Werbung waren. Das Urteil Philips/Nokia wurde von den Beteiligten stark kritisiert, da es Rechteinhabern eine unverhältnismäßig hohe Beweislast auferlege und die Bekämpfung von Nachahmungen behindere. Die Produktpiraterie wächst rasant, so dass eine europäische Regelung für ein wirksameres Vorgehen gegen nachgeahmte Waren dringend geboten ist."[331]

Doch das ist noch nicht alles, denn an weiterer Stelle schlug die Europäische Kommission in der oben zitierten Begründung vor diesem Hintergrund eine erhebliche Ausweitung der Rechte von Markeninhabern vor, indem sie die Einstufung des Transits als rechtserhebliche Benutzungshandlung empfahl:

> „Um die Regelungslücke zu schließen, wird daher vorgeschlagen, Markeninhabern das Recht zu geben, Dritten zu verbieten, aus Drittstaaten stammende Waren, auf denen ohne Zustimmung des Markeninhabers eine Marke angebracht ist, die im Wesentlichen mit der für diese Waren eingetragenen Marke identisch ist, in das Zollgebiet der Union zu verbringen unabhängig davon, ob sie dort in den zollrechtlich freien Verkehr übergeführt werden."[332]

---

331 Der Wortlaut ist sowohl im V-MRL als auch im V-MVO praktisch identisch. Im V-MRL findet er sich auf Seite 7, während er im V-MVO auf Seite 10 erscheint. Der einzige Unterschied besteht im oben wiedergegebenen Satz des V-MRL: „Das Urteil Philips/Nokia wurde von den Beteiligten stark kritisiert, da es Rechteinhabern eine unverhältnismäßig hohe Beweislast auferlege und die Bekämpfung von Nachahmungen behindere", welcher im V-MRO folgendermaßen lautet: „Die Auswirkungen des Urteils in der Rechtssache Philips/Nokia wurden von den Interessenträgern stark kritisiert, da damit den Rechteinhabern eine unangemessen hohe Beweislast aufgebürdet und die Bekämpfung der Produktpiraterie behindert werde". Der Sinn bleibt, wie man sieht, jedoch der gleiche.

332 Diese Passage folgt direkt auf den zuvor zitierten Abschnitt beider Vorschläge.

In diesem Sinne wurde im Erwägungsgrund 22 des V-MRL bzw. im Erwägungsgrund 18 des V-MVO die Wichtigkeit betont, den Markeninhabern ein Vorgehen gegen missbräuchlich mit einer Marke versehene Transitwaren zu ermöglichen, auch wenn diese im Transitland nicht in den Verkehr gebracht werden. Das Ziel müsse es sein, auf diese Weise den Kampf gegen die Produktpiraterie effektiver zu gestalten:

> „Um den Markenschutz zu stärken und wirksamer gegen Produktpiraterie vorzugehen, sollte der Inhaber einer eingetragenen Marke Dritten verbieten können, aus Drittstaaten stammende Waren, auf denen ohne Zustimmung des Markeninhabers eine Marke angebracht ist, die im Wesentlichen mit der für derartige Waren eingetragenen Marke identisch ist, in das Zollgebiet der Mitgliedstaaten zu verbringen, auch wenn sie dort nicht in den zollrechtlich freien Verkehr übergeführt werden."[333]

Dementsprechend wurde sowohl in den V-MRL als auch in den V-MVO ein Artikel aufgenommen, welcher eine Erstreckung des Markenschutzes auf den Transitverkehr vorsah, so dass die Durchfuhr missbräuchlich mit einer Marke versehener Transitwaren als Handlung zu betrachten sei, die einem Verbotsrecht unterliegt. Im Gegensatz zur „Philips-Nokia"-Entscheidung wäre demnach kein Beweis mehr dafür erforderlich, dass die betreffenden Waren für den Geschäftsverkehr des Transitlandes bestimmt sind, um auf das Markenrecht bzw. das Mittel der Grenzbeschlagnahme zurückgreifen zu können. Darüber hinaus bliebe die Reichweite der vorgeschlagenen Vorschrift – entgegen den Empfehlungen der vom MPI vorgelegten Studie – nicht allein auf Fälle von Produktpiraterie sowie auf solche Situationen beschränkt, in denen sowohl nach den Gesetzen des Transitlands als auch nach denen des Bestimmungslands eine Rechtsverletzung vorliegt.

---

333 Die wiedergegebene Passage stammt aus dem Erwägungsgrund 22 des V-MRL. Der einzige Unterschied zu ihrem Pendant in Erwägungsgrund 18 des V-MVO besteht darin, dass es dort „einer europäischen Marke Dritten" bzw. „Zollgebiet der Union" statt „einer eingetragenen Marke Dritten" und „Zollgebiet der Mitgliedstaaten" heißt.

Es sei jedoch darauf hingewiesen, dass der entsprechende Artikel des V-MRL in der deutschen Fassung sowohl im Wortlaut als auch inhaltlich erheblich von seinem Pendant im V-MVO abwich. In den beiden Vorschlägen lautete der fragliche Artikel nämlich wie folgt:

> Art. 9 Abs. 5 des V-MVO
> „Der Inhaber der europäischen Marke ist auch berechtigt, Dritten zu untersagen, im Rahmen der kommerziellen Tätigkeit Waren in das Zollgebiet der Union zu verbringen ohne diese in den zollrechtlich freien Verkehr zu überführen, wenn die Waren, einschließlich ihrer Aufmachung, aus Drittstaaten stammen und ohne Zustimmung eine Marke aufweisen, die mit der für derartige Waren eingetragenen europäischen Marke identisch ist oder in ihren wesentlichen Aspekten nicht von einer solchen Marke zu unterscheiden ist.“.

> Art. 10 Abs. 5 des V-MRL
> „Werden aus Drittstaaten stammende Waren, einschließlich Verpackung, auf denen ohne Zustimmung des Markeninhabers eine Marke angebracht ist, die mit einer Marke identisch ist, die für derartige Waren eingetragen ist oder die in ihren wesentlichen Merkmalen nicht von einer solchen Marke zu unterscheiden ist, im Rahmen einer kommerziellen Tätigkeit in das Zollgebiet der Union verbracht, ohne in den zollrechtlich freien Verkehr übergeführt zu werden, so hat der Zollanmelder oder der Besitzer der Waren, wenn Grund zu der Annahme besteht, dass die Waren in der Union in Verkehr gebracht werden, auf Verlangen des Markeninhabers oder des nach Artikel 26 Absatz 3 ermächtigten Lizenznehmers nachzuweisen, dass der Bestimmungsort der Waren außerhalb des Gebiets der Union gelegen ist.
> Bis zum Beweis des Gegenteils wird das Gebiet der Union als Bestimmungsort der Waren betrachtet.“.

Wie man sieht, läuft der Wortlaut von Art. 10 Abs. 5 des V-MRL in der deutschen Fassung, statt ein Verbotsrecht bei der bloßen Verbringung von missbräuchlich mit einer Marke versehenen Transitwaren in die EU zu begründen, lediglich auf eine Umkehr der Beweislast hinaus, und zwar dann, „wenn Grund zu der Annahme besteht, dass die Waren in der Union in Verkehr gebracht werden", in welchem Falle der Zollanmelder oder der Besitzer der Waren auf Verlangen des Markeninhabers oder des Lizenznehmers nachweisen muss, dass die Waren für einen Ort außerhalb der EU bestimmt sind.

Der Unterschied im Wortlaut zwischen den beiden oben zitierten Artikeln dürfte mit großer Wahrscheinlichkeit durch ein Redaktionsversehen bedingt gewesen sein[334]. Dafür spricht zunächst, dass die Begründung und die Erwägungsgründe sowohl im V-MVO als auch im V-MRL identisch sind, soweit es um das Thema Transit geht. Abgesehen davon lässt sich der Unterschied im Wortlaut der fraglichen Artikel nicht in den anderen Sprachversionen der beiden Vorschläge beobachten, so etwa in der englischen, portugiesischen oder französischen Fassung.

Obwohl sie von den betroffenen Interessengruppen begrüßt wurde, rief die im V-MRL und im V-MVO enthaltene Transitregelung doch auch gewisse Bedenken hervor. Insbesondere wurde die Sorge geäußert, dass sie zu weitreichend sei und so zu einer Kollision mit internationalen Vorschriften wie dem Art. V des GATT-Abkommens führen könne, welcher die Mitglieder der Welthandelsorganisation dazu verpflichtet, die Freiheit des internationalen Handels sicherzustellen[335].

In diesem Zusammenhang sei, auch wenn es dabei um eine patentrechtliche Auseinandersetzung ging, an die Streitbeilegungsverfahren erinnert, die im Jahr 2010 von Indien und Brasilien bei der WTO gegen die Europäische Union bzw. die Niederlande initiiert wurden[336]. Ab Ende 2008 hatten die niederländischen Zollbehörden mit der Begründung eines Verdachts auf Patentrechtsverletzungen zwei Jahre lang Lieferungen generischer Arzneimittel beschlagnahmt, die in Indien hergestellt worden waren, sich zur Durchfuhr in den Niederlanden bzw. in der

334 *Engels*, GRUR-Prax 2016, 51.

335 *Kur*, Marq. Intell. Prop. L. Rev. 19 (2015), 15, 35.

336 Für eine ausführlichere Darstellung dieses Konflikts siehe *Mercurio*, ICLQ 61 (2012), 389 ff. Vgl. zum selben Thema auch *Grosse Ruse-Khan*, BMI Bulletin 39 (2013), 142 ff.

EU befanden und für verschiedene Länder Afrikas und Südamerikas, darunter Brasilien, befanden. Die Maßnahmen der niederländischen Zollbehörden erfolgten allesamt unter Berufung auf die GBV 2003. Zwar waren die fraglichen Arzneimittel in den Niederlanden bzw. in der EU patentrechtlich geschützt, jedoch galt dieser Schutz weder für Indien als dem Ursprungsland noch für die Bestimmungsländer. Nach wiederholten Beschlagnahmen seitens der niederländischen Zollbehörden trugen Indien und Brasilien die Angelegenheit beim *General Council Meeting* der WTO vom 03.02.2009[337] sowie beim TRIPS *Council Meeting* vom 04.03.2009[338] vor. Sie verliehen dabei ihrer Sorge Ausdruck, was die grenzüberschreitende Wirkung, die den Rechten der Patentinhaber zugeschrieben wurde, sowie den Schutz der öffentlichen Gesundheit und den Zugang zu Arzneimitteln in Entwicklungs- und Schwellenländern betrifft. In ihrer Stellungnahme hob die EU hervor, dass es den Zollbehörden sowohl nach dem GATT- als auch nach dem TRIPS-Abkommen erlaubt sei, die Freigabe von Waren zu Kontrollzwecken auszusetzen. Des Weiteren wandte sie ein, dass die Durchsetzungsvorschriften der EU weder den Zugang zu Arzneimitteln stören noch Hindernisse für den Warenverkehr mit Generika errichten würden[339]. Da bei den Beratungen zu diesem Thema keine größeren Fortschritte erzielt wurden, leiteten Indien[340] und Brasilien[341] Streitbeilegungsverfahren vor der WTO ein, indem sie separat am 11.05.2010 respektive am 12.05.2010 Konsultationen[342] bezüglich der Beschlagnahme generischer Medikamente im Transit beantragten. Der Vorwurf lautete, dass die von

---

337 *WTO*, General Council, Minutes of Meeting: Held in the Centre William Rappard on 3 February 2009, 30.09.2009, WT/GC/M/118, S. 24 ff.

338 Die Stellungnahmen von Indien und Brasilien sind abrufbar unter <http://www.ip-watch.org/weblog/wp-content/uploads/2009/03/intervention-by-india.doc> respektive <https://www.ip-watch.org/weblog/wp-content/uploads/2009/03/intervention-by-brazil.pdf>.

339 *WTO*, General Council, Minutes of Meeting: Held in the Centre William Rappard on 3 February 2009, 30.09.2009, WT/GC/M/118, S. 29 f.

340 *WTO, European Union and a Member State – Seizure of Generic Drugs in Transit*, 19.05.2010, WT/DS408/1; G/L/921; IP/D/28.

341 *WTO, European Union and a Member State – Seizure of Generic Drugs in Transit*, 19.05.2010, WT/DS409/1; IP/D/29; G/L/922.

342 Für einen Überblick über die verschiedenen Etappen im Streitbeilegungsverfahren der WTO siehe https://www.wto.org/english/thewto_e/whatis_e/tif_e/disp1_e.htm.

der niederländischen Zollbehörde ergriffenen Maßnahmen gegen verschiedene Bestimmungen des TRIPS- und des GATT-Abkommens verstießen, darunter auch gegen Art. V des letzteren. Knapp ein Jahr später gab das indische Ministerium für Handel und Industrie mittels einer Pressemitteilung unter dem Titel *„India EU Reach an Understanding on Issue of Seizure of Indian Generic Drugs in Transit“*[343] bekannt, dass Indien und die EU eine Einigung bezüglich der Grenzbeschlagnahmen in der EU erzielt hätten. Laut besagter Pressemitteilung beruhte diese Einigung auf dem Kernprinzip, dass die bloße Tatsache, dass sich Arzneimittel, welche Patentschutz in der EU genießen, zur Durchfuhr in der EU befänden, für die Zollbehörden der Mitgliedstaaten noch keinen ausreichenden Grund für den Verdacht darstellt, dass die fraglichen Arzneimittel Patentrechte verletzen würden. Hingegen könnte das Vorliegen eines Beweises dafür, dass die Arzneimittel mit einiger Wahrscheinlichkeit in den Geschäftsverkehr der EU umgeleitet werden könnten, für die Zollbehörden sehr wohl ein ausreichender Grund für den Verdacht sein, dass die fraglichen Arzneimittel in der EU gegen Patentrechte verstoßen. In diesem Zusammenhang zeigte sich die EU damit einverstanden, Leitlinien einzuführen, die das vereinbarte Grundprinzip bestätigen würden, um so den Herstellern von Generika und ihren Händlern Rechtssicherheit bieten zu können. Im Gegenzug erklärte sich Indien damit einverstanden, den Streit vor der WTO nicht weiterzuverfolgen. Auf diese Weise wurde ein informeller Vergleich für diesen Konflikt erzielt. Indien stellte jedoch klar, dass es sich das Recht vorbehalten würde, den Streit vor der WTO jederzeit wieder in Gang zu setzen, sollte es die EU versäumen, das mit der Einigung vereinbarte Grundprinzip zu erfüllen. Was Brasilien betrifft, so ist nicht näher bekannt, warum das Land den Streit vor der WTO nicht fortgeführt hat, jedoch wird spekuliert, dass Brasilien eine ähnliche Vereinbarung mit der EU erzielt hat[344]. Anzumerken bleibt, dass sich beide Streitbeilegungsverfahren laut Datenbank der WTO (Stand: Februar 2019) noch in der Konsultationsphase befinden, also noch nicht mit endgültiger Wirkung eingestellt wurden.

---

343 Die Pressemitteilung des indischen Ministeriums für Handel und Industrie ist abrufbar unter <http://pib.nic.in/newsite/erelease.aspx?relid=73554>.

344 *Hesse*, Die Vereinbarkeit des EU-Grenzbeschlagnahmeverfahrens mit dem TRIPS-Abkommen, 2018, S. 79.

Die in den beiden Vorschlägen V-MRL und V-MVO vorgesehene Transitregelung birgt die Gefahr in sich, eine Wiederingangsetzung der Streitbeilegungsverfahren vor der WTO auszulösen, vor allem weil die angeregte Ausweitung des Markenschutzes zu Beschlagnahmen von Generika während des Transits führen könnte, die ja der Gegenstand der Beschwerden von Indien und Brasilien gewesen sind[345]. Wenn nämlich Generika durch eine Marke gekennzeichnet wären, die mit einer in der EU eingetragenen Marke identisch ist oder sich in ihren wesentlichen Aspekten nicht von einer solchen unterscheidet, so wäre ihre Durchfuhr durch die EU gemäß der fraglichen Vorschrift selbst ohne die Gefahr einer Umleitung in den Geschäftsverkehr der EU als Rechtsverletzung zu betrachten, wodurch ihre Beschlagnahme durch die jeweilige Zollbehörde ermöglicht würde. Diese Möglichkeit einer Beschlagnahme wäre auch dann nicht völlig ausgeschlossen, wenn die Generika einen Internationalen Freinamen (INN – *International Nonproprietary Name*) erhalten haben[346]. Da viele Markennamen von Arzneimitteln auf einem INN beruhen, ließe sich eine Beschlagnahme mit der Ähnlichkeit zwischen diesem Markennamen und dem für ein Generikum verwendeten INN begründen[347].

2 Die Debatte im Europäischen Parlament

Mit der Einbringung des V-MRL und des V-MVO ins EU-Parlament gewannen die Debatten rund um das Thema an Intensität. So schlug der Rechtsausschuss des EU-Parlaments (*Committee on Legal Affairs*) in seinem Bericht vom 16.1.2014 als Reaktion auf die Stellungnahmen des Ausschusses für internationalen Handel (*Committee of International Trade*) vom 7.10.2013 sowie des Ausschusses für

---

345 *Grosse Ruse-Khan*, BMI Bulletin 39 (2013), 142, 145.

346 Die INNs dienen der Identifizierung von Arzneimittelwirkstoffen. Jeder INN besteht aus einem einmaligen, weltweit anerkannten und für den öffentlichen Gebrauch bestimmten Namen, der frei verwendet werden kann. Ein Beispiel für einen solchen INN ist Paracetamol. Für umfassende Informationen zu den INNs siehe die offizielle Website der Weltgesundheitsorganisation über den Link <https://www.who.int/medicines/services/inn/innguidance/en/>.

347 *Flynn/Madhani*, ACTA and Access to Medicines, Am. Uni. Wash. Coll. of Law (2012), 1, 26.

Binnenmarkt und Verbraucherschutz (*Committee on the International Market and Consumer Protection*) vom 7.11.2013 eine Reihe von Änderungen am V-MRL bzw. am V-MVO vor[348].

Was speziell das Thema Transit betrifft, so ist zunächst der Änderungsantrag zum Erwägungsgrund 22 des V-MRL (bzw. zum Erwägungsgrund 18 des V-MVO) zu beachten:

> Änderungsantrag zum Erwägungsgrund 22 des V-MRL (die geänderten Passagen sind kursiv gesetzt)
> „Um den Markenschutz zu stärken und wirksamer gegen Produktpiraterie vorzugehen, sollte der Inhaber einer eingetragenen Marke Dritten verbieten können, aus Drittstaaten stammende *nachgeahmte* Waren, auf denen ohne Zustimmung des Markeninhabers eine Marke angebracht ist, die im Wesentlichen mit der für derartige Waren eingetragenen Marke identisch ist, in das Zollgebiet der Mitgliedstaaten zu verbringen, auch wenn sie dort nicht in den zollrechtlich freien Verkehr übergeführt werden. *Diese Bestimmung sollte die Interessen des legitimen Handels mit Waren, die in ihren Bestimmungsländern legal auf den Markt gebracht werden können, nicht beeinträchtigen. Um die legalen Warenströme nicht zu behindern, sollte diese Bestimmung daher nur gelten, wenn der Dritte nachweist, dass der endgültige Bestimmungsort der Waren ein Land außerhalb der Union ist und wenn der Inhaber der Marke nicht nachweisen kann, dass seine Marke auch in diesem endgültigen Bestimmungsland rechtsgültig eingetragen ist. Ist das endgültige Bestimmungsland noch nicht festgelegt, sollte der Inhaber der Unionsmarke das Recht haben, alle Dritten da-*

348 Die Stellungnahmen und Anregungen der fraglichen Ausschüsse sind umfassend beschrieben im „Bericht über den Vorschlag für eine Richtlinie des Europäischen Parlaments und des Rates zur Angleichung der Rechtsvorschriften der Mitgliedstaaten über die Marken (Neufassung), vom 16.1.2014, (COM(2013)0162 – C7-0088/2013 – 2013/0089(COD)“, sowie im „Bericht über den Vorschlag für eine Verordnung des Europäischen Parlaments und des Rates zur Änderung der Verordnung (EG) Nr. 207/2009 des Rates über die Gemeinschaftsmarke, vom 12.2.2014, (COM(2013)0161 – C7-0087/2013 – 2013/0088(COD)“.

von abzuhalten, Waren erneut aus der Union zu verbringen, es sei denn, der Dritte weist nach, dass der endgültige Bestimmungsort der Waren ein Land außerhalb der Union ist und dass der Inhaber der Unionsmarke nicht nachweisen kann, dass seine Marke auch in diesem endgültigen Bestimmungsland rechtsgültig eingetragen ist. Das Recht der Union zur Förderung des Zugangs zu Medikamenten für Drittstaaten sowie die Einhaltung der WTO-Regeln, insbesondere von Artikel V des GATT zur Freiheit der Durchfuhr, bleiben hiervon unberührt.“[349]

Der oben zitierte Änderungsantrag zu den Erwägungsgründen schlägt sich auch im Änderungsantrag zur materiell-rechtlichen Vorschrift von Art. 10 Abs. 5 des V-MRL (bzw. Art. 9 Abs. 5 des V-MVO) nieder:

<u>Änderungsantrag zum Art. 10 Abs. 5 des V-MRL (die geänderten Passagen sind kursiv gesetzt)</u>
„Der Inhaber einer eingetragenen Marke ist auch berechtigt, Dritten zu untersagen, im Rahmen einer kommerziellen Tätigkeit Waren in das Zollgebiet des Mitgliedstaats zu verbringen, in dem die Marke eingetragen ist, ohne die Waren dort in den zollrechtlich freien Verkehr zu überführen, wenn die Waren, einschließlich ihrer Aufmachung, aus *einem* Drittstaat stammen und ohne Zustimmung eine Marke aufweisen, die mit der für derartige Waren *rechtsgültig* eingetragenen Marke identisch ist oder in ihren wesentlichen Aspekten nicht von dieser Marke zu unterscheiden ist. *Unbeschadet der Verpflichtungen der Zollbehörden, gemäß Artikel 1 der Verordnung (EU) Nr. 608/2013 angemessene Zollkontrollen durch-*

349 Der Wortlaut des Änderungsantrags zum Erwägungsgrund 18 des V-MVO ist praktisch identisch mit dem des Änderungsantrags zum Erwägungsgrund 22 des V-MRL. Der einzige Unterschied besteht darin, dass es statt der Elemente „Inhaber einer eingetragenen Marke“, „aus Drittstaaten stammende nachgeahmte Waren“, „mit der … eingetragenen Marke identisch“ und „Inhaber der Marke“ im Änderungsantrag zum Erwägungsgrund 18 des V-MVO „Inhaber einer Unionsmarke“, „aus Drittstaaten stammende Waren“, „mit der … eingetragenen Unionsmarke identisch“ und „Inhaber der Unionsmarke“ heißt.

> *zuführen, gilt diese Bestimmung nicht, wenn der Dritte nachweist, dass der endgültige Bestimmungsort der Waren ein Land außerhalb der Union ist und wenn der Inhaber der Unionsmarke nicht nachweisen kann, dass seine Marke auch in diesem endgültigen Bestimmungsland rechtsgültig eingetragen ist. In Fällen, in denen das endgültige Bestimmungsland noch nicht festgelegt ist, hat der Inhaber der Unionsmarke das Recht, alle Dritten davon abzuhalten, die Waren erneut aus der Union zu verbringen, es sei denn, der Dritte weist nach, dass der endgültige Bestimmungsort der Waren ein Land außerhalb der Union ist und dass der Inhaber der Unionsmarke nicht nachweisen kann, dass seine Marke auch in diesem endgültigen Bestimmungsland rechtsgültig eingetragen ist.*“[350].

Mit den genannten Änderungen schlug der Rechtsausschuss eine Abmilderung der Transitregelung für solche Fälle vor, in denen die betroffene Marke auch im Bestimmungsland rechtsgültig eingetragen ist. Der Änderungsantrag liegt somit auf einer Linie mit der vom MPI vorgeschlagenen Regelung[351]. Der wesentliche Unterschied besteht darin, dass das MPI in seiner Studie das Vorliegen einer *Rechtsverletzung* auch im Bestimmungsland als Voraussetzung nennt, während der Rechtsausschuss nur eine bestehende *Eintragung* der Marke auch im Bestimmungsland zur Bedingung macht. Die Wirkung ist jedoch ähnlich: Das Vorliegen einer Rechtsverletzung im Bestimmungsland schließt ja auch die Möglichkeit ei-

---

350 Der Wortlaut des Änderungsantrags zum Art. 9 Abs. 5 V-MVO ist praktisch identisch mit dem des Änderungsantrags zum Art. 10 Abs. 5 V-MRL. Der einzige Unterschied besteht darin, dass es statt der Elemente „einer eingetragenen Marke“, „Waren in das Zollgebiet des Mitgliedstaats zu verbringen, in dem die Marke eingetragen ist, ohne die Waren dort“ und „die mit der für derartige Waren rechtsgültig eingetragenen Marke identisch ist“ im Änderungsantrag zum Art. 9 Abs. 5 des V-MVO „einer eingetragenen Unionsmarke“, „Waren in das Zollgebiet der Union zu verbringen, ohne die Waren“ sowie „die im Wesentlichen mit der für derartige Waren rechtsgültig eingetragenen Unionsmarke identisch ist“ heißt. Des Weiteren ist anzumerken, dass das Redaktionsversehen in der deutschen Fassung des Art. 9 Abs. 5 V-MRL, auf das bereits in Fußnote 332 hingewiesen wurde, in der vom Rechtsausschuss vorgeschlagenen deutschen Version korrigiert wurde.

351 Vgl. oben Fußnote 326.

ner vorherigen Eintragung der Marke mit ein. In gleicher Weise führt umgekehrt auch die vorherige Eintragung der Marke im Bestimmungsland automatisch zu einer Rechtsverletzung, falls eine unbefugte Benutzung der Marke durch Dritte erfolgt. Über diesen Aspekt hinaus regte der Rechtsausschuss an, dass die Transitregelung keine Anwendung finden soll, wenn der Dritte nachweist, dass der endgültige Bestimmungsort der Waren ein Land außerhalb der Union ist. So wie die Vorschrift formuliert ist („*... gilt diese Bestimmung nicht, wenn der Dritte nachweist, dass der endgültige Bestimmungsort der Waren ein Land außerhalb der Union ist* und *wenn der Inhaber der Unionsmarke nicht nachweisen kann, dass seine Marke auch in diesem endgültigen Bestimmungsland rechtsgültig eingetragen ist ...*" – Hervorhebung durch den Verfasser), würde dieser Ausschluss aber nur dann greifen, wenn der Rechtsinhaber nicht nachweist, dass seine Marke auch im Bestimmungsland eingetragen ist. Andernfalls, d. h. wenn ein solcher Nachweis seitens des Rechtsinhabers vorliegt, könnten die Waren nämlich sehr wohl selbst dann im Transitland beschlagnahmt werden, wenn der Dritte nachweist, dass die Waren für ein Land außerhalb der Union bestimmt sind.

Abgesehen von den oben erwähnten Änderungsanträgen schlug der Rechtsausschuss auch die Aufnahme des Erwägungsgrunds 22 c in den V-MRL (bzw. des Erwägungsgrunds 18 c in den V-MVO) vor:

> Antrag zur Aufnahme von Erwägungsgrund 22 c in den V-MRL
> „Die Mitgliedstaaten sollten geeignete Maßnahmen ergreifen, um für eine reibungslose Durchfuhr von Generika zu sorgen. Der Inhaber einer Marke sollte daher nicht berechtigt sein, Dritten aufgrund empfundener oder tatsächlicher Ähnlichkeiten zwischen dem internationalen Freinamen (INN) des in dem Arzneimittel enthaltenen Wirkstoffs und einer eingetragenen Marke zu untersagen, im Rahmen einer kommerziellen Tätigkeit Waren in das Zollgebiet des Mitgliedstaats zu verbringen."[352]

352 Der Wortlaut des Erwägungsgrunds 18 c im V-MVO ist praktisch identisch mit dem des Erwägungsgrunds 22 c im V-MRL. Der einzige Unterschied besteht darin, dass es statt der Elemente „Inhaber einer Marke" und „Dritten aufgrund" im Text des Erwägungs-

Mit dem Antrag auf Aufnahme des oben zitierten Erwägungsgrunds wollte der Rechtsausschuss der Sorge entgegentreten, dass es allein aufgrund einer behaupteten Ähnlichkeit zwischen dem Markennamen eines Arzneimittels und dem für ein Generikum verwendeten INN zu Beschlagnahmen von Generika bei der Durchfuhr kommen könne[353]. Diese Sorge war, wie gesehen, wegen der großen Reichweite der Transitregelung von Art. 9 Abs. 5 V-MRL bzw. Art. 10 Abs. 5 V-MVO durchaus gerechtfertigt.

In seiner Plenarsitzung vom 25.2.2014 lehnte das EU-Parlament jedoch manche Teile der vom Rechtsausschuss unterbreiteten Vorschläge in erster Lesung ab[354]. Diesbezüglich sind insbesondere die vom Parlament beschlossenen Änderungen an dem vom Rechtsausschuss vorgeschlagenen Wortlaut für Erwägungsgrund 22 V-MRL (bzw. Erwägungsgrund 18 V-MVO) sowie für Art. 10 Abs. 5 V-MRL (bzw. Art. 9 Abs. 5 V-MVO) zu beachten[355]:

> Änderung an dem vom Rechtsausschuss vorgeschlagenen Wortlaut für Erwägungsgrund 22 V-MRL (Zusätze sind kursiv gesetzt, Streichungen durchgestrichen)
>
> „Um den Markenschutz zu stärken und wirksamer gegen Produktpiraterie vorzugehen, *und unbeschadet der WTO-Regeln, insbesondere Artikel V des GATT zur Freiheit der Durchfuhr,* sollte der Inhaber

grunds 18 c des V-MVO „Inhaber einer Unionsmarke" und „einem Dritten aufgrund" heißt.

353 Vgl. Fußnoten 344 und 345.

354 Legislative Entschließung des Europäischen Parlaments vom 25. Februar 2014 zu dem Vorschlag für eine Richtlinie des Europäischen Parlaments und des Rates zur Angleichung der Rechtsvorschriften der Mitgliedstaaten über die Marken (Neufassung) (COM(2013)0162 – C7-0088/2013 – 2013/0089(COD))", und Legislative Entschließung des Europäischen Parlaments vom 25. Februar 2014 zu dem Vorschlag für eine Verordnung des Europäischen Parlaments und des Rates zur Änderung der Verordnung (EG) Nr. 207/2009 des Rates über die Gemeinschaftsmarke (COM(2013)0161 – C7-0087/2013 – 2013/0088(COD)).

355 Die vom Parlament in erster Lesung vorgenommenen Änderungen an dem vom Rechtsausschuss vorgeschlagenen Wortlaut für Erwägungsgrund 22 und Art. 10 Abs. V-MRL sind identisch mit denen bezüglich des Erwägungsgrunds 18 und des Art. 9 Abs. V-MVO.

einer eingetragenen Marke Dritten verbieten können, aus Drittstaaten stammende Waren, auf denen ohne Zustimmung des Markeninhabers eine Marke angebracht ist, die im Wesentlichen mit der für derartige Waren eingetragenen Marke identisch ist, in das Zollgebiet der Mitgliedstaaten zu verbringen, auch wenn sie dort nicht in den zollrechtlich freien Verkehr übergeführt werden. ~~Diese Bestimmung sollte die Interessen des legitimen Handels mit Waren, die in ihren Bestimmungsländern legal auf den Markt gebracht werden können, nicht beeinträchtigen. Um die legalen Warenströme nicht zu behindern, sollte diese Bestimmung daher nur gelten, wenn der Dritte nachweist, dass der endgültige Bestimmungsort der Waren ein Land außerhalb der Union ist und wenn der Inhaber der Marke nicht nachweisen kann, dass seine Marke auch in diesem endgültigen Bestimmungsland rechtsgültig eingetragen ist. Ist das endgültige Bestimmungsland noch nicht festgelegt, sollte der Inhaber der Unionsmarke das Recht haben, alle Dritten davon abzuhalten, Waren erneut aus der Union zu verbringen, es sei denn, der Dritte weist nach, dass der endgültige Bestimmungsort der Waren ein Land außerhalb der Union ist und dass der Inhaber der Unionsmarke nicht nachweisen kann, dass seine Marke auch in diesem endgültigen Bestimmungsland rechtsgültig eingetragen ist. Das Recht der Union zur Förderung des Zugangs zu Medikamenten für Drittstaaten sowie die Einhaltung der WTO-Regeln, insbesondere von Artikel V des GATT zur Freiheit der Durchfuhr, bleiben hiervon unberührt.~~ *Das sollte unbeschadet der reibungslosen Durchfuhr von Generika im Einklang mit den internationalen Verpflichtungen der Europäischen Union gelten, die insbesondere in der auf der WTO-Ministerkonferenz in Doha am 14. November 2001 angenommenen „Erklärung über das TRIPS-Abkommen und die öffentliche Gesundheit" festgelegt sind.*".

Änderung an dem vom Rechtsausschuss vorgeschlagenen Wortlaut für Art. 10 Abs. 5 V-MRL (Zusätze sind kursiv gesetzt, Streichungen durchgestrichen)
„*Unbeschadet der WTO-Regeln, insbesondere Artikel V des GATT zur Freiheit der Durchfuhr*, ist der Inhaber einer eingetragenen Marke auch berechtigt, Dritten zu untersagen, im Rahmen einer kommerziellen Tätigkeit Waren in das Zollgebiet des Mitgliedstaats zu verbringen, in dem die Marke eingetragen ist, ohne die Waren dort in den zollrechtlich freien Verkehr zu überführen, wenn die Waren, einschließlich ihrer Aufmachung, aus Drittstaaten stammen und ohne Zustimmung eine Marke aufweisen, die mit der für derartige Waren eingetragenen Marke identisch ist oder in ihren wesentlichen Aspekten nicht von dieser Marke zu unterscheiden ist. Unbeschadet der Verpflichtungen der Zollbehörden, gemäß Artikel 1 der Verordnung (EU) Nr. 608/2013 angemessene Zollkontrollen durchzuführen, gilt diese Bestimmung nicht, wenn der Dritte nachweist, dass der endgültige Bestimmungsort der Waren ein Land außerhalb der Union ist und wenn der Inhaber der Unionsmarke nicht nachweisen kann, dass seine Marke auch in diesem endgültigen Bestimmungsland rechtsgültig eingetragen ist. In Fällen, in denen das endgültige Bestimmungsland noch nicht festgelegt ist, hat der Inhaber der Unionsmarke das Recht, alle Dritten davon abzuhalten, die Waren erneut aus der Union zu verbringen, es sei denn, der Dritte weist nach, dass der endgültige Bestimmungsort der Waren ein Land außerhalb der Union ist und dass der Inhaber der Unionsmarke nicht nachweisen kann, dass seine Marke auch in diesem endgültigen Bestimmungsland rechtsgültig eingetragen ist.“.

An diesen Änderungen zeigt sich, dass das EU-Parlament in erster Lesung den Umfang der Transitregelung von Art. 10 Abs. 5 V-MRL (bzw. von Art. 9 Abs. 5 V-MVO) wieder erweitert hat. Die neue Fassung kommt dem ursprünglichen Vorschlag der Europäischen Kommission sehr nahe. Der einzige Unterschied besteht darin, dass der Passus „... *unbeschadet der WTO-Regeln, insbesondere Artikel V des GATT zur Freiheit der Durchfuhr ...*" hinzugefügt wurde. In ähnlicher Weise änderte das EU-Parlament auch den vom Rechtsausschuss vorgeschlagenen Wortlaut für den Erwägungsgrund 22 V-MRL (bzw. für Erwägungsgrund 18 V-MVO), der gleichermaßen dem von der Europäischen Kommission vorgelegten Originaltext wieder angeglichen wurde. In diesem Fall bestand der Unterschied darin, dass der folgende Satz hinzugefügt wurde: „*Das sollte unbeschadet der reibungslosen Durchfuhr von Generika im Einklang mit den internationalen Verpflichtungen der Europäischen Union gelten, die insbesondere in der auf der WTO-Ministerkonferenz in Doha am 14. November 2001 angenommenen „Erklärung über das TRIPS-Abkommen und die öffentliche Gesundheit" festgelegt sind*". Der Grund, weshalb das Parlament die genannten Änderungen vornahm, anstatt den Empfehlungen des Rechtsausschusses zu folgen, wurde nicht bekanntgegeben. *Kur*356 vertritt die Ansicht, dass die Mehrheit des Parlaments sehr wohl von dem Argument überzeugt war, mit der Unterstützung des von der Europäischen Kommission vorgelegten Vorschlags einen signifikanten Beitrag zur Bekämpfung der Markenpiraterie zu leisten. Die Aufnahme von Hinweisen auf die WTO-Regeln, auf Art. V des GATT und auf die Doha-Erklärung – so *Kur* weiter – schien in diesem Zusammenhang aber der politische Preis gewesen zu sein, der angesichts eines möglichen Widerstands von Abgeordneten, die sich im Hinblick auf die Auseinandersetzungen mit der WTO besorgt zeigten, bezahlt werden musste[357]. In kritischem Ton fügt *Kur* hinzu, dass das erzielte Ergebnis einen faulen politischen Kompromiss darstelle, und dass es nicht zu den ureigenen Aufgaben des Gesetzgebers gehöre, nebulöse Vorschriften zu verabschieden[358]. In der Tat hätte die fehlende Klarheit bezüglich der praktischen Anwendung der Vorschrift nach den Änderungen durch das Parlament in erster Lesung zu einem Zustand völliger Verunsicherung geführt. Es wäre überhaupt nicht klar gewesen, wie die Zollbehörden bzw. die Gerichte des Transitlands in der Praxis mit dem Gegensatz zwischen dieser weit ausgelegten Transitregelung und dem darin enthaltenen Vorbehalt der WTO-Regeln, insbesondere von Art. V des GATT, hätten umgehen sollten.

356 *Kur*, Marq. Intell. Prop. L. Rev. 19 (2015), 15, 36.

357 Vgl. Fußnoten 333 und 343.

358 *Kur*, Marq. Intell. Prop. L. Rev. 19 (2015), 15, 36.

Wenige Monate später, am 23.07.2014, veröffentlichte der Rat der Europäischen Union eine Pressemitteilung[359], worin er bekannt gab, dass der Ausschuss der Ständigen Vertreter (AStV)[360] einen gemeinsamen Standpunkt des Rates für die Modernisierung des Markenrechts in der EU beschlossen habe; des Weiteren wurde mitgeteilt, dass der AStV dem Ratsvorsitz das Mandat erteilt habe, auf dieser Grundlage Verhandlungen mit dem Europäischen Parlament aufzunehmen, und zwar mit dem Ziel, möglichst schnell eine Einigung zu erzielen.

3 Standpunkt des Europäischen Rates

Am 10.11.2015 legte der Rat der Europäischen Union im Anschluss an seine Verhandlungen mit dem Parlament in erster Lesung seinen Standpunkt zur Richtlinie[361] und zur Verordnung[362] vor, wobei er teilweise den vom Parlament ebenfalls in erster Lesung vorgelegten Standpunkt abänderte. Die für das Thema Transit relevanten Änderungen waren Folgende: **(i)** Änderung des Wortlauts von Erwägungsgrund 22, jetzt Nummer 21 im Text der Richtlinie (bzw. 15 im Text der Verordnung); **(ii)** Änderung des Wortlauts von Erwägungsgrund 22a, um explizit Transitsituationen zu berücksichtigen, jetzt Nummer 22 (bzw. 16 im Text der Verordnung); **(iii)** Einfügung eines neuen Erwägungsgrunds, der die Nummer 23 erhielt (bzw. 17 im Text der Verordnung); **(iv)** Änderung des Wortlauts von Erwägungsgrund 22c, jetzt Nummer 25 (bzw. 19 im Text der Verordnung); und

---

359 Die Pressemitteilung des Rates des Europäischen Union ist einsehbar unter < https://www.consilium.europa.eu/media/25346/144127.pdf>.

360 Vgl. Art. 240 Abs. 1 AEUV. Zum AStV siehe *Kotzur*, in Geiger/Khan/Kotzur, AEUV Art. 240 Abs. 1, Rn. 1 ff.

361 Standpunkt des Rates in erster Lesung im Hinblick auf den Erlass der Richtlinie des Europäischen Parlaments und des Rates zur Angleichung der Rechtsvorschriften der Mitgliedstaaten über die Marken (Neufassung), vom 10.11.2015, 2013/0089 (COD), 10374/1/15 REV 1.

362 Standpunkt des Rates in erster Lesung im Hinblick auf den Erlass der Verordnung des Europäischen Parlaments und des Rates zur Änderung der Verordnung (EG) Nr. 207/2009 des Rates über die Gemeinschaftsmarke, vom 10.11.2015, 2013/0088 (COD), 10373/1/15 REV 1.

(v) Änderung des Wortlauts von Art. 10 Abs. 5, jetzt Art. 10 Abs. 4 (bzw. Art. 19 Abs. 4 im Text der Verordnung)[363]:

> Vom Rat in erster Lesung vorgeschlagener Wortlaut für den Erwägungsgrund 21 (Zusätze sind kursiv gesetzt, Streichungen durchgestrichen):
>
> „Um den Markenschutz zu stärken und wirksamer gegen Produktpiraterie vorzugehen, und ~~unbeschadet der WTO Regeln, insbesondere Artikel V des GATT zur Freiheit der Durchfuhr~~ *im Einklang mit den internationalen Verpflichtungen der Mitgliedstaaten gemäß dem Rahmen der Welthandelsorganisation (WTO), insbesondere Artikel V des Allgemeinen Zoll- und Handelsabkommens (GATT) über die Freiheit der Durchfuhr sowie, bezüglich Generika, der auf der WTO-Ministerkonferenz in Doha am 14. November 2001 angenommenen ‚Erklärung über das TRIPS-Übereinkommen und die öffentliche Gesundheit'* sollte der Inhaber einer Marke Dritten verbieten können, *im geschäftlichen Verkehr Waren* in den Mitgliedstaat, in dem die Marke eingetragen ist, zu verbringen, ohne diese in den zollrechtlich freien Verkehr zu überführen, wenn die Waren aus Drittstaaten stammen und ohne Zustimmung eine Marke aufweisen, die mit der für derartige Waren eingetragenen Marke identisch oder im Wesentlichen identisch ist. ~~Das sollte unbeschadet der reibungslosen Durchfuhr von Generika im Einklang mit den internationalen Verpflichtungen der Europäischen Union gelten, die insbesondere in der auf der WTO-Ministerkonferenz in Doha am 14. November 2001 angenommenen „Erklärung über das TRIPS-Abkommen und die öffentliche Gesundheit" festgelegt sind.~~".

363 Der Wortlaut der Änderungen in der Verordnung ist praktisch identisch mit dem der Änderungen in der Richtlinie. Die Unterschiede im Text der Verordnung betreffen, abgesehen von einigen stilistischen Details, im Wesentlichen die Bezeichnungen „Union", „Unionsmarke" und „Inhaber einer Unionsmarke", entsprechend den Unterschieden zwischen den von der Kommission vorgelegten Fassungen des V-MRL und des V-MVO sowie denen zwischen den vom Rechtsausschuss an diesen Texten beantragten Änderungen.

Vom Rat in erster Lesung vorgeschlagener Wortlaut für Erwägungsgrund 22 (Zusätze sind kursiv gesetzt, Streichungen durchgestrichen):

„~~Der Inhaber einer Marke sollte berechtigt sein, den Rechtsweg zu beschreiten; er sollte u. a. auch das Recht haben, die nationalen Zollbehörden aufzufordern, gegen Waren vorzugehen, die mutmaßlich gegen die Rechte des Inhabers verstoßen, wie beispielsweise durch Beschlagnahmung und Vernichtung im Einklang mit der Verordnung (EU) Nr. 608/2013 des Europäischen Parlaments und des Rates~~. *Hierzu sollte es für Markeninhaber erlaubt sein, die Einfuhr rechtsverletzender Waren und ihre Überführung in alle zollrechtlichen Situationen, einschließlich insbesondere Durchfuhr, Umladung, Lagerung, Freizonen, vorübergehende Verwahrung, aktive Veredelung oder vorübergehende Verwendung, zu verhindern, und zwar auch dann, wenn diese Waren nicht dazu bestimmt sind, in dem betreffenden Mitgliedstaat in Verkehr gebracht zu werden. Bei der Durchführung der Zollkontrollen sollten die Zollbehörden die in der Verordnung (EU) Nr. 608/2013 des Europäischen Parlaments und des Rates vorgesehenen Befugnisse und Verfahren, auch auf Ersuchen der Rechteinhaber, wahrnehmen.* Insbesondere sollten die Zollbehörden die einschlägigen Kontrollen anhand von Kriterien der Risikoanalyse durchführen.“.

Vom Rat in erster Lesung vorgeschlagener Wortlaut für Erwägungsgrund 23 (Aufnahme eines neuen Erwägungsgrunds):

„Einerseits muss die wirksame Durchsetzung der Markenrechte gewährleistet werden, und andererseits muss vermieden werden, dass der freie Handel mit rechtmäßigen Waren behindert wird; damit dies miteinander in Einklang gebracht werden kann, sollte der Anspruch des Markeninhabers erlöschen, wenn im Zuge des Verfahrens, das vor der für eine Sachentscheidung über eine Verletzung der eingetragenen Marke zuständigen Justiz- oder sonstigen Behörde eingeleitet wurde, der Anmelder oder der Besitzer der

Waren in der Lage ist nachzuweisen, dass der Inhaber der eingetragenen Marke nicht berechtigt ist, das Inverkehrbringen der Waren im Endbestimmungsland zu untersagen".

Vom Rat in erster Lesung vorgeschlagener Wortlaut für Erwägungsgrund 25 (Zusätze sind kursiv gesetzt):
„Geeignete Maßnahmen sollten ergriffen werden, um eine reibungslose Durchfuhr von Generika sicherzustellen. *In Bezug auf internationale Freinamen (INN) als weltweit anerkannte allgemeine Bezeichnungen für Wirkstoffe in pharmazeutischen Zubereitungen muss unbedingt den bestehenden Einschränkungen in Bezug auf die Wirkung von Markenrechten Rechnung getragen werden.* Daher sollte der Inhaber einer Marke nicht berechtigt sein, einem Dritten aufgrund von Ähnlichkeiten zwischen dem INN des in dem Arzneimittel enthaltenen Wirkstoffs und der Marke zu untersagen, Waren in einen Mitgliedstaat zu verbringen, in dem die Marke eingetragen ist, ohne die Waren dort in den zollrechtlich freien Verkehr zu überführen.".

Vom Rat in erster Lesung vorgeschlagener Wortlaut für Art. 10 Abs. 4 (Zusätze sind kursiv gesetzt, Streichungen durchgestrichen):
„~~Unbeschadet der WTO-Regeln, insbesondere Artikel V des GATT zur Freiheit der Durchfuhr,~~ *Unbeschadet der von Markeninhabern vor dem Zeitpunkt der Anmeldung oder dem Prioritätstag der eingetragenen Marke erworbenen Rechte* ist der Inhaber dieser eingetragenen Marke auch berechtigt, Dritten zu untersagen, *im geschäftlichen Verkehr* Waren in den Mitgliedstaat zu verbringen, in dem die Marke eingetragen ist, ohne die Waren dort in den zollrechtlich freien Verkehr zu überführen, wenn die Waren, einschließlich ihrer Verpackung, aus Drittstaaten stammen und ohne Zustimmung eine Marke aufweisen, die mit der für derartige Waren eingetragenen Marke identisch ist oder in ihren wesentlichen Aspekten nicht von dieser Marke zu unterscheiden ist.

> *Die Berechtigung des Markeninhabers gemäß Unterabsatz 1 erlischt, wenn während eines Verfahrens, das der Feststellung dient, ob eine eingetragene Marke verletzt wurde, und das gemäß der Verordnung (EU) Nr. 608/2013 eingeleitet wurde, der zollrechtliche Anmelder oder der Besitzer der Waren nachweist, dass der Inhaber der eingetragenen Marke nicht berechtigt ist, das Inverkehrbringen der Waren im endgültigen Bestimmungsland zu untersagen.*".

Die vom Rat der Europäischen Union vorgenommenen Änderungen zielten darauf ab, zwei gegenläufige Anforderungen miteinander in Einklang zu bringen: Einerseits galt es, durch Ausweitung des Markenschutzes den Kampf gegen die Markenpiraterie an den Grenzen effektiver zu gestalten, und andererseits mussten die von den Mitgliedsstaaten im Rahmen der WTO-Regeln eingegangenen Verpflichtungen, insbesondere jene, die in Art. V des GATT und in der *Erklärung über das TRIPS-Übereinkommen und die öffentliche Gesundheit*[364] festgelegt sind, eingehalten werden, um so den freien Handel mit rechtmäßigen Waren zu gewährleisten. Im Hinblick darauf beschränkte der Rat der Europäischer Union die Reichweite der vom Parlament in erster Lesung vorgeschlagenen Transitregelung, indem er festlegte, dass der Anspruch des Markeninhabers dann erlischt, wenn der zollrechtliche Anmelder bzw. der Besitzer der Waren im Anschluss an eine Beschlagnahme von Waren durch eine Zollbehörde während des gerichtlichen Verfahrens zur Feststellung einer Markenrechtsverletzung[365] nachweist, dass der Markeninhaber nicht berechtigt ist, das Inverkehrbringen der Waren im Bestimmungsland zu untersagen. Diese vom Europäischen Rat in erster Lesung vorgenommene Änderung entspricht der Empfehlung, die das MPI in seiner *Study on the Overall Functioning of the European Trade Mark System* vorgebracht hatte[366]. Wie bereits dargelegt, knüpfte der Vorschlag des MPI die Anwendung der Transitregelung an die Bedingung, dass eine Rechtsverletzung auch im Bestimmungsland vorliegen müsse. Indem der Europäische Rat festlegte, dass der Anspruch

364 *WTO, Declaration on the TRIPS Agreement and Public Health*, 20.11.2001, WT/MIN(01)/DEC/2.

365 Vgl. hierzu Fußnote 233.

366 Vgl. hierzu Fußnote 324.

des Markeninhabers erlischt, sofern er nicht berechtigt ist, das Inverkehrbringen der Transitwaren im Bestimmungsland zu untersagen, handelte er ganz im Geiste der Empfehlung des MPI, und zwar deshalb, weil *a contrario sensu* der Anspruch des Markeninhabers ja sehr wohl gewahrt bleibt, wenn er berechtigt ist, das Inverkehrbringen der Transitwaren im Bestimmungsland zu untersagen. Und natürlich wird der Markeninhaber nur dann berechtigt sein, besagtes Inverkehrbringen zu untersagen, wenn eine Verletzung auch nach dem Recht des Bestimmungslands vorliegt, wie dies vom MPI nahegelegt wurde. Anders gesagt: Die Formulierung der vom Europäischen Rat vorgelegten Regelung ist zwar eine andere, die Wirkung ist jedoch dieselbe. Anzumerken bleibt allerdings, dass der Europäische Rat über die Empfehlungen des MPI hinausging, indem er dem zollrechtlichen Anmelder bzw. dem Besitzer der Waren die Beweislast dafür aufbürdete, dass der Markeninhaber nicht berechtigt ist, das Inverkehrbringen der Transitwaren im Bestimmungsland zu untersagen. Abgesehen davon änderte der Europäische Rat den vom Rechtsausschuss vorgeschlagenen Wortlaut des Erwägungsgrunds 22c, der sich auf das Verhältnis zwischen dem Markennamen eines Arzneimittels und dem für ein Generikum verwendeten INN bezieht, dahingehend ab, dass die Einschränkungen bezüglich der Wirkung von Markenrechten bekräftigt wurden, sofern es die Durchfuhr von Generika betrifft. Auf diese Weise wollte man Bedenken entgegentreten, dass allein aufgrund einer bestehenden Ähnlichkeit zwischen dem Markennamen eines Arzneimittels und dem für ein Generikum verwendeten INN möglicherweise Generika beschlagnahmt werden könnten, die sich gerade im Transitverfahren befinden.

4 Die Verkündigung der neuen Regelung

Kurze Zeit später, am 24.11.2015, sandte die Europäische Kommission dem Parlament Mitteilungen zu, in denen der Standpunkt des Rates der Europäischen

Union bezüglich der Richtlinie[367] und der Verordnung[368] zusammengefasst wurde. Zum Thema Transit lautete diese Zusammenfassung wie folgt:

> „Die Kommission hatte vorgeschlagen, Inhabern einer Marke das Recht zu gewähren, die Durchfuhr von Waren durch einen Mitgliedstaat unter der einzigen Voraussetzung zu verbieten, dass auf den betreffenden Waren eine Marke angebracht ist, die im Wesentlichen mit der im betreffenden Mitgliedstaat eingetragenen Marke identisch ist. Das Parlament befürwortete den Vorschlag der Kommission. Der Rat nahm eine Kompromisslösung für die Bestimmung zu Waren im Durchfuhrverkehr an; demzufolge erlischt das Recht, die Verbringung in den Mitgliedstaat, in dem die Marke eingetragen ist, zu verhindern, wenn der zollrechtliche Anmelder oder der Besitzer der Waren vor dem zuständigen Gericht nachweist, dass der Inhaber der Marke nicht berechtigt ist, das Inverkehrbringen der Waren im endgültigen Bestimmungsland zu untersagen. Mit dieser Änderung wird das Kernziel des Vorschlags der Kommission beibehalten, wirksame und effiziente Methoden zur Bekämpfung des ständig wachsenden Stroms gefälschter Waren in die EU einzuführen, und zugleich ein angemessenes Gleichgewicht hergestellt zwischen der Erfordernis einer wirk-

367 Mitteilung der Kommission an das Europäische Parlament gemäß Art. 294 Abs. 6 des Vertrags über die Arbeitsweise der Europäischen Union betreffend den Standpunkt des Rates im Hinblick auf den Erlass einer Richtlinie des Europäischen Parlaments und des Rates zur Angleichung der Rechtsvorschriften der Mitgliedstaaten über die Marken (Neufassung), vom 24.11.2015, COM(2015) 588 final.

368 Mitteilung der Kommission an das Europäische Parlament gemäß Art. 294 Abs. 6 des Vertrags über die Arbeitsweise der Europäischen Union betreffen den Standpunkt des Rates bezüglich der Annahme der Verordnung des Europäischen Parlaments und des Rates zur Änderung der Verordnung (EG) Nr. 207/2009 des Rates vom 26. Februar 2009 über die Gemeinschaftsmarke, zur Änderung der Verordnung (EG) Nr. 2868/95 der Kommission zur Durchführung der Verordnung (EG) Nr. 40/94 des Rates über die Gemeinschaftsmarke und zur Aufhebung der Verordnung (EG) Nr. 2869/95 der Kommission über die an das Harmonisierungsamt für den Binnenmarkt (Marken, Muster und Modelle) zu entrichtenden Gebühren, vom 24.11.2015, COM(2015) 589 final.

> samen Durchsetzung der Markenrechte und der Notwendigkeit einer Absicherung dagegen, dass der freie Warenfluss in den Fällen nicht unnötig behindert wird, in denen die Markenrechte im Besitz verschiedener Parteien außerhalb der EU sind. Die vom Rat vorgeschlagene Lösung kann daher von der Kommission befürwortet werden."[369].

Somit zeigte sich die Europäische Kommission am Ende beider Dokumente mit den vom Rat der Europäischen Union vorgelegten Änderungen einverstanden und ebnete somit den Weg für die Zustimmung durch das Parlament. Wenig später, am 15.12.2015, nahm das Parlament in zweiter Lesung, ohne weitere Änderungen vorzunehmen, den Standpunkt des Rates in erster Lesung zur Richtlinie und zur Verordnung an[370]. Am 16.12.2015 erfolgte die Unterzeichnung sowohl durch den Präsidenten des Parlaments als auch durch den des Rates, woraufhin die Richtlinie (Richtlinie 2015/2436) und die Verordnung (Verordnung 2015/2424) am 23.12.2015 respektive am 24.12.2015 im Amtsblatt verkündet wurden.

---

369 Dies ist die Zusammenfassung des Standpunkts des Rates zum Thema Transit in der Richtlinie, wie sie sich aus Seite 4 der entsprechenden Mitteilung der Kommission ergibt. Die Zusammenfassung des Standpunkts des Rates zum Thema Transit in der Verordnung findet sich auf Seite 5 der entsprechenden Mitteilung der Kommission. Der Wortlaut beider Texte ist im Wesentlichen identisch.

370 Legislative Entschließung des Europäischen Parlaments vom 15. Dezember 2015 zu dem Standpunkt des Rates in erster Lesung im Hinblick auf den Erlass der Richtlinie des Europäischen Parlaments und des Rates zur Angleichung der Rechtsvorschriften der Mitgliedstaaten über Marken (Neufassung) (10374/1/2015 – C8-0352/2015 – 2013/0089(COD), und Legislative Entschließung des Europäischen Parlaments vom 15. Dezember 2015 zu dem Standpunkt des Rates in erster Lesung im Hinblick auf den Erlass der Verordnung des Europäischen Parlaments und des Rates zur Änderung der Verordnung (EG) Nr. 207/2009 des Rates über die Gemeinschaftsmarke und der Verordnung (EG) Nr. 2868/95 der Kommission zur Durchführung der Verordnung (EG) Nr. 40/94 des Rates über die Gemeinschaftsmarke und zur Aufhebung der Verordnung (EG) Nr. 2869/95 der Kommission über die an das Harmonisierungsamt für den Binnenmarkt (Marken, Muster und Modelle) zu entrichtenden Gebühren (10373/1/2015 – C8- 0351/2015 – 2013/0088(COD).

Art. 10 Abs. 4 der Richtlinie 2015/2436, welche die neue Transitregelung enthält, wurde nach dem Markenrechtsmodernisierungsgesetz (MaMoG)[371] in einem neu in das MarkenG eingefügten § 14a umgesetzt. Die neue Vorschrift lautet wie folgt:

> § 14a Waren unter zollamtlicher Überwachung
>
> „(1) Der Inhaber einer Marke oder einer geschäftlichen Bezeichnung ist berechtigt, Dritten zu untersagen, im geschäftlichen Verkehr Waren in das Gebiet der Bundesrepublik Deutschland zu verbringen, ohne die Waren dort in den zollrechtlich freien Verkehr zu überführen, wenn die Waren, einschließlich ihrer Verpackung, aus Drittstaaten stammen und ohne Zustimmung eine Marke oder eine geschäftliche Bezeichnung aufweisen, die mit der für derartige Waren eingetragenen Marke oder geschäftlichen Bezeichnung identisch ist oder in ihren wesentlichen Aspekten nicht von dieser Marke oder dieser geschäftlichen Bezeichnung zu unterscheiden ist.
>
> (2) Die Berechtigung des Inhabers der Marke oder der geschäftlichen Bezeichnung nach Absatz 1 erlischt, wenn während eines Verfahrens, das der Feststellung dient, ob eine eingetragene Marke oder eine geschäftliche Bezeichnung verletzt wurde, und das gemäß der Verordnung (EU) Nr. 608/2013 des Europäischen Parlaments und des Rates vom 12. Juni 2013 zur Durchsetzung der Rechte geistigen Eigentums durch die Zollbehörden und zur Aufhebung der Verordnung (EG) Nr. 1383/2003 des Rates (ABl. L 181 vom 29.6.2013, S. 15) eingeleitet wurde, der zollrechtliche Anmelder oder der Besitzer der Waren nachweist, dass der Inhaber der eingetragenen Marke oder der geschäftlichen Bezeichnung nicht berechtigt ist, das Inverkehrbringen der Waren im endgültigen Bestimmungsland zu untersagen."

---

371 Gesetz zur Umsetzung der Richtlinie (EU) 2015/2436 des Europäischen Parlaments und des Rates vom 16. Dezember 2015 zur Angleichung der Rechtsvorschriften der Mitgliedstaaten über die Marken vom 11. Dezember 2018.

C Mögliche Konflikte aufgrund der neuen Transit-Regelung

Die neue Regelung zum Thema Transit setzten der hitzig geführten Debatte um die Frage, ob die Zollbehörden des Transitlands auf Waren, die sich im Transit befinden, zugreifen können, wenn diese im Transitland bestehende Schutzrechte Dritter verletzten, einen Schlusspunkt. Jedoch warf auch diese neue Regelung brisante Fragen auf, insbesondere das internationale Recht betreffend, die im folgenden Abschnitt erörtert werden.

I Transitfreiheit bzw. Art. V Abs. 2 GATT

Im Hinblick auf das internationale Recht bezog sich die durch die neue Transitregelung hervorgerufene Kontroverse hauptsächlich auf das in Art. V Abs. 2 GATT vorgesehene Prinzip des freien Warenverkehrs bzw. Warentransits. Insbesondere wurde darüber diskutiert, ob die neue Transitregelung mit besagtem Grundsatz bzw. mit Art. V Abs. 2 GATT konform ist. Der genannte Artikel des GATT enthält sieben Absätze, von denen die ersten vier für die hier erörterte Problematik von Belang sind.

Der erste Absatz beinhaltet eine ausführliche Definition des Begriffs „Transitverkehr“[372] (*traffic in transit*) und lautet wie folgt:

> Art. V Abs. 1
> „Waren (einschließlich Gepäck), Wasserfahrzeuge und andere Beförderungsmittel gelten als auf der Durchfuhr durch das Gebiet einer Vertragspartei befindlich, wenn die Durchfuhr durch dieses Gebiet – mit oder ohne Umladung, Einlagerung, Umpackung oder Änderung der Beförderungsart – nur ein Teil des Gesamtbeförderungsweges ist, dessen Anfang und Ende außerhalb der Grenzen der Vertragspartei liegen, durch deren Gebiet die Durchfuhr statt-

372 Die offizielle deutsche Fassung des GATT-Texts nutzt den Ausdruck „Durchfuhrverkehr“.

> findet. Ein solcher Verkehr wird in diesem Artikel als "Durchfuhrverkehr" bezeichnet."
>
> Art. V Abs. 1 (Englische Originalversion des Vertragstexts 373)
> "Goods (including baggage), and also vessels and other means of transport, shall be deemed to be in transit across the territory of a contracting party when the passage across such territory, with or without trans-shipment, warehousing, breaking bulk, or change in the mode of transport, is only a portion of a complete journey beginning and terminating beyond the frontier of the contracting party across whose territory the traffic passes. Traffic of this nature is termed in this article "traffic in transit."

Der zweite Absatz von Art. V geht auf die Transitfreiheit ein, wobei im ersten Satz die Hauptpflicht festgelegt wird:

> Art. V Abs. 2
> „Für den Verkehr durch das Gebiet jeder Vertragspartei nach oder aus dem Gebiet der anderen Vertragsparteien besteht Durchfuhrfreiheit bei Benutzung der für den internationalen Durchfuhrverkehr am besten geeigneten Verkehrswege. Es darf kein Unterschied gemacht werden aufgrund der Flagge der Wasserfahrzeuge, des Ursprungs-, Herkunfts-, Eingangs-, Austritts- oder Bestimmungsortes oder aufgrund von Umständen, die das Eigentum an den Waren, Wasserfahrzeugen oder anderen Beförderungsmitteln betreffen."

---

373 Die in diesem Kapitel behandelten Artikel des GATT- und des TRIPs-Abkommens werden wegen ihrer Bedeutung für diese Arbeit auch in der englischen Originalfassung zitiert, und zwar vor allem deshalb, weil sich die *Panels* und die *Appelate Bodies* der WTO bei ihrer Auslegung der GATT-Bestimmungen stets auf die englische Version bezogen haben; hinzukommt, dass bei den Übersetzungen mancher Artikel gewisse Abweichungen gegenüber dem Originaltext zu beobachten sind.

> <u>Art. V Abs. 2 (Englische Originalversion des Vertragstexts)</u>
> "There shall be freedom of transit through the territory of each contracting party, via the routes most convenient for international transit, for traffic in transit to or from the territory of other contracting parties. No distinction shall be made which is based on the flag of vessels, the place of origin, departure, entry, exit or destination, or on any circumstances relating to the ownership of goods, of vessels or of other means of transport."

Das Panel der WTO hat, so geschehen im Fall *Colombia – Indicative Prices and Restrictions on Ports of Entry374*, erstmals und am ausführlichsten Auslegung von Art. V GATT vorgenommen. In seinem Bericht enthielt sich das Panel eines ausführlicheren Kommentars bezüglich Abs. 1, da es der Ansicht war, dass die Definition des Transitverkehrs ausreichend und klar sei. Bezüglich Abs. 2 betonte das Panel zunächst, dass der erste Satz eine Pflicht für die Mitgliedsstaaten begründe: diejenige nämlich, innerhalb ihres Staatsgebiets Transitfreiheit zu gewährleisten. Ferner stellte das Panel klar, dass eine genaue Betrachtung von Abs. 1 in Verbindung mit Abs. 2 nur den Schluss zulässt, dass sich die Transitfreiheit auf alle Produkte im Transitverkehr erstreckt[375]. Des Weiteren führte das Panel aus, dass die erwähnte Pflicht zur Gewährung von Transitfreiheit durch den zweiten Satz von Abs. 2 näher umrissen, ja erweitert werde, da dort ein Verbot diskriminierender Faktoren bezüglich der Art der jeweiligen Produkte und ihres Transports verankert ist[376]. Im weiteren Verlauf seines Berichts stellte das Panel, immer noch auf Abs. 2 bezogen, allerdings klar, dass sich die Pflicht zur Gewährung der Transitfreiheit auf die für die Durchfuhr am besten geeigneten Routen beschränkt. Dies bedeutet, dass sich die besagte Pflicht nicht zwingend auf alle vorhandenen Verkehrswege innerhalb eines Mitgliedstaats zu erstrecken braucht, sondern nur für

---

374 *Colombia – Indicative Prices and Restrictions on Ports of Entry, Report of the Panel* WT/DS366/R.

375 *Colombia – Indicative Prices and Restrictions on Ports of Entry, Report of the Panel* WT/DS366/R., Abs. 7.396.

376 *Colombia – Indicative Prices and Restrictions on Ports of Entry, Report of the Panel* WT/DS366/R., Abs. 7.397.

die Verkehrswege gewährleistet werden muss, die für den Transit durch den Mitgliedsstaat vom Eingang bis zum Ausgang der Waren am geeignetsten sind[377]. In diesem Zusammenhang wies das Panel darauf hin, dass der Eingang in einen Mitgliedsstaat von Waren im internationalen Transitverkehr, die aus irgendeinem anderen Mitgliedsstaat stammen und für das Staatsgebiet eines dritten Landes bestimmt sind, erlaubt werden muss. Hingegen sei es nicht nötig, dass der Mitgliedsstaat Transitfreiheit für alle vorhandenen Verkehrswege auf seinem Staatsgebiet gewährleistet[378]. Das Panel fügte hinzu, dass sämtlichen Produkten aller Vertragsparteien gleiche Bedingungen während des internationalen Transits zugesichert werden müssten[379].

Somit könnten die beiden oben zitierten Absätze, als Ganzes gesehen, in Verbindung mit den diesbezüglichen Erläuterungen des Panels der WTO im Fall *Colombia – Indicative Prices and Restrictions on Ports of Entry* auf den ersten Blick den Schluss nahelegen, dass die neue Transitregelung bzw. die Möglichkeit einer Grenzbeschlagnahme von Transitwaren im Widerspruch zur Pflicht der Vertragsparteien, allen Produkten im Transitverkehr innerhalb ihres Staatsgebiets Transitfreiheit zu gewähren, und somit zu Art. V Abs. 2 GATT stehe.

Angesichts dieses augenscheinlichen Widerspruchs drängt sich der Gedanke auf, in anderen Bestimmungen des GATT-Abkommens nach einer dort eventuell vorhandenen Vorschrift zu suchen, welche eine Ausnahme von der in Abs. 2 vorgesehenen Pflicht beinhaltet, wodurch sich dann doch die Konformität der neuen Transitregelung mit Art. V Abs. 2 GATT begründen ließe.

---

377 *Colombia – Indicative Prices and Restrictions on Ports of Entry, Report of the Panel* WT/DS366/R., paragraph 7.400; *Russia – Measures Concerning Traffic in Transit*, Report of the Panel WT/DS512/R., Abs. 7.168 und 7.172.

378 *Colombia – Indicative Prices and Restrictions on Ports of Entry, Report of the Panel* WT/DS366/R., Abs. 7.401.

379 *Colombia – Indicative Prices and Restrictions on Ports of Entry, Report of the Panel* WT/DS366/R., Abs. 7.402.

1 Ausnahmeregelung nach Abs. 3 von Art. V

Abs. 3 von Art. V GATT legt Folgendes fest:

> Art. V Abs. 3
> "Jede Vertragspartei kann verlangen, dass der Durchfuhrverkehr durch ihr Gebiet beim zuständigen Zollamt angemeldet wird; der Durchfuhrverkehr aus oder nach dem Gebiet einer anderen Vertragspartei darf aber, außer bei Verletzung der Zollvorschriften, nicht unnötig verzögert oder beschränkt werden; er ist von Zöllen, anderen Durchfuhrabgaben und Durchfuhrbelastungen zu befreien, mit Ausnahme der Beförderungskosten oder sonstigen Belastungen, die dem aus der Durchfuhr entstehenden Verwaltungsaufwand und den Kosten der erbrachten Dienstleistungen entsprechen".
>
> Art. V Abs. 3 (Englische Originalversion des Vertragstexts)
> "Any contracting party may require that traffic in transit through its territory be entered at the proper custom house, but, except in cases of failure to comply with applicable customs laws and regulations, such traffic coming from or going to the territory of other contracting parties shall not be subject to any unnecessary delays or restrictions and shall be exempt from customs duties and from all transit duties or other charges imposed in respect of transit, except charges for transportation or those commensurate with administrative expenses entailed by transit or with the cost of services rendered.".

Abs. 3 legt demnach als allgemeine Regel die Pflicht der Vertragspartei fest, den Transitverkehr nicht unnötig zu verzögern oder zu beschränken. Gleichzeitig sieht besagter Abs. 3 aber auch eine Ausnahme von dieser allgemeinen Regel vor. Gemäß der genannten Bestimmung findet die allgemeine Regel nämlich dann keine Anwendung mehr, wenn Zollvorschriften verletzt werden („in cases of failure to comply with applicable customs laws and regulations“). In solchen Situationen wäre eine Verzögerung oder Beschränkung des Transitverkehrs somit gerechtfertigt, und eine Vorschrift, auf deren Grundlage es zu besagter Verzögerung oder Beschränkung käme, würde in diesem Fall demnach keine Verletzung des GATT-Abkommens darstellen.

Abs. 4 legt seinerseits fest, dass alle Belastungen und Vorschriften, denen die Vertragsparteien den Transitverkehr unterwerfen, angemessen sein müssen.

> Art. V Abs. 4
> "Alle Belastungen und Vorschriften, denen die Vertragsparteien die Durchfuhr nach oder aus dem Gebiet anderer Vertragsparteien unterwerfen, müssen unter Berücksichtigung der Verkehrsbedingungen angemessen sein".
>
> Art. V Abs. 4 (Englische Originalversion des Vertragstexts)
> "All charges and regulations imposed by contracting parties on traffic in transit to or from the territories of other contracting parties shall be reasonable, having regard to the conditions of the traffic.".

In diesem Zusammenhang führte *Grosse Ruse-Kahn*[380] aus, dass die Abs. 3 und 4 als nähere Bestimmungen zu Abs. 2 wirksam sein könnten, auf die sich die EU berufen könnte, um zumindest eine zeitweilige Zurückhaltung von Transitwaren zu rechtfertigen, wenn dies dem Zweck einer Prüfung dient, ob diese gegen die Rechte Dritter verstoßen. Bei seiner Analyse besagter Absätze in Bezug auf die Grenzbeschlagnahmeverordnung (GBV 2013) verwies *Grosse Ruse-Kahn* insbesondere auf die Möglichkeit, solche zeitweilige Zurückhaltungen dadurch zu rechtfertigen, dass sie (i) erforderlich sind, um die Einhaltung der Zollvorschriften sicherzustellen, dass (ii) die hierdurch bedingte Verzögerung eben diesem Zwecke dient, und dass sie (iii) im Sinne einer angemessenen Abwicklung des Warentransits erfolgen. Andererseits machte *Grosse Ruse-Kahn* aber auch darauf aufmerksam, dass man sich durchaus fragen kann, ob die Abs. 3 und 4 wirklich als

380 *Grosse Ruse-Khan*, BMM Bulletin 39 (2013), 142 ff.

nähere Bestimmungen zu Abs. 2 dienen oder als eigenständige Pflichten zu verstehen sind. Statt auf diese Diskussion näher einzugehen, betonte *Grosse Ruse-Kahn* einen seiner Ansicht nach wesentlichen Punkt zur Klärung der Frage, ob sich die zeitweiligen Zurückhaltungen durch die Abs. 3 und 4 rechtfertigen lassen: Vor allem müsse zunächst geprüft werden, ob die Grenzbeschlagnahmeverordnung unter die Kategorie der Zollvorschriften subsumiert werden könne oder nicht. In diesem Zusammenhang wies *Grosse Ruse-Kahn* auf zwei mögliche Auffassungen hin, die einander entgegengesetzt sind: Einerseits – so führte er aus – könnte die EU argumentieren, dass die GBV 2013 in die Zuständigkeit der DG TAXUD[381] (Generaldirektion Steuern und Zollunion) falle und dass sie sich laut Definition ihres vorgesehenen Anwendungsbereichs auf Aspekte des Zollrechts beziehe; andererseits – so *Grosse Ruse-Kahn* weiter – könne aber auch argumentiert werden, dass in der GBV Pflichten verankert sind, die der EU gemäß Artt. 51 bis 60 des TRIPs-Abkommens auferlegt wurden, und dass sie lediglich Durchsetzungsmechanismen beim Zoll vorsah, die es den Schutzrechtinhabern ermöglichen sollten, an den Grenzen in wirksamer Form gegen die Markenpiraterie vorzugehen. Abschließend meinte *Grosse Ruse-Khan*, dass man sich die Frage stellen könne, ob die näheren Bestimmungen von Abs. 3 und 4 – wenn sie denn wirklich auf Abs. 2 angewandt werden – in dem Sinne aufzufassen seien, dass sie Einschränkungen beinhalten, die sich durch den Schutz und die Durchsetzung geistiger Eigentumsrechte begründen lassen[382]. Er räumte jedoch ein, dass eine eingehende Erörterung dieser Fragen den Rahmen seines Artikels sprengen würde[383]. Für die vor-

---

381 DG TAXUD ist die Abkürzung für *The Directorate-General for Taxation and Customs Union*. Die Ziele des DG TAXUD können eingesehen werden unter: https://ec.europa.eu/taxation_customs/sites/taxation/files/resources/documents/common/about/welcome/mission_statement_en.pdf.

382 Als sich *Grosse Ruse-Khan* in seinem 2016 veröffentlichten Buch erneut mit diesem Thema befasste, vertrat er die Ansicht, dass ihm die Auffassung nicht überzeugend scheine, wonach die näheren Bestimmungen der Abs. 3 und 4 von Art. V GATT in dem Sinne zu verstehen seien, dass sie Einschränkungen beinhlaten, die sich durch den Schutz und die Durchsetzung geistiger Eigentumsrechte begründen lassen. Vgl. *Grosse Ruse-Khan*, The Protection of Intellectual Property in International Law, 2016, S. 297.

383 *Grosse Ruse-Khan*, BMM Bulletin 39 (2013), 142, 148.

liegende Arbeit ist vor allem eine Analyse der neuen Transitregelung relevant, die durch die MarkenRL und die MarkenVO eingeführt wurde.

2 Ausnahmeregelung nach Abs. (d) von Art. XX

Grundsätzlich gilt, dass eventuelle Unstimmigkeiten mit dem GATT-Abkommen aus der Sicht von Art. XX analysiert werden müssen. Besagte Vorschrift besteht aus einer einleitenden Klausel (*Chapeau*), gefolgt von einer Liste von Maßnahmen, die sich auf die Buchstaben (a) bis (j) verteilen und von den Vertragsparteien geltend gemacht werden können, um eine Nichterfüllung der im GATT-Abkommen vorgesehenen Pflichten zu rechtfertigen. Diese Liste von Maßnahmen – oder von Ausnahmeregelungen bezüglich der im GATT-Abkommen festgelegten Pflichten – hat erschöpfenden Charakter[384]. Wie der *Appellate Body* der WTO im Fall *United States – Gasoline* klarstellte[385], muss eine Bestimmung, um im Rahmen von Art. XX geltend gemacht werden zu können, nicht nur einer der in den erwähnten Absätzen aufgeführten Ausnahmeregelungen entsprechen, sondern darüber hinaus auch den im *Chapeau* festgelegten Voraussetzungen Rechnung tragen. Die Prüfung hat also in zwei Schritten zu erfolgen. Für die vorliegende Arbeit ist vor allem die Ausnahmeregelung von Belang, die in Abs. (d) verankert ist.

a) Der Abs. (d)

Zu Zwecken der Analyse dieser Bestimmung sei im Folgenden der Wortlaut des Absatzes (d) wiedergegeben.

384 *United States – Import Prohibition of Certain Shrimp and Shrimp Products, Report of the Appellate Body* WT/DS58/AB/R, Abs. 157.

385 *United States – Gasoline, Report of the Appellate Body* WT/DS2/AB/R, S. 22.

Abs. (d)
„Maßnahmen, die zur Einhaltung von Gesetzen oder sonstigen Vorschriften erforderlich sind, welche nicht gegen dieses Abkommen verstoßen, einschließlich der Bestimmungen über die Durchführung der Zollvorschriften, über Ausübung der nach Artikel II Absatz 4 und Artikel XVII gehandhabten Monopole, über den Schutz von Patenten, Warenzeichen und Urheberrechten sowie über die Verhinderung irreführender Praktiken."

Abs. (d) (Englische Originalversion des Vertragstexts)
"necessary to secure compliance with laws or regulations which are not inconsistent with the provisions of this Agreement, including those relating to customs enforcement, the enforcement of monopolies operated under paragraph 4 of Article II and Article XVII, the protection of patents, trade marks and copyrights, and the prevention of deceptive practices."

Bei seiner Auslegung der in Abs. (d) von Art. XX vorgesehenen Ausnahmeregelung anlässlich der Prüfung des Falls *Korea – Measures Affecting Imports of Fresh, Chilled And Frozen Beef*[386] stellte der *Appellate Body* der WTO speziell zum ersten Teil dieser Bestimmung („*Maßnahmen, die zur Einhaltung von Gesetzen oder sonstigen Vorschriften erforderlich sind, welche nicht gegen dieses Abkommen verstoßen …" / „necessary to secure compliance with laws or regulations which are not inconsistent with the provisions of this Agreement*") klar, dass zwei Kriterien erfüllt sein müssten, damit eine Vorschrift unter die besagte Ausnahmeregelung fällt: Die Maßnahme muss erstens so beschaffen sein, dass die Konformität mit Gesetzen oder Vorschriften gewährleistet ist, welche nicht im Widerspruch zu irgendeiner Bestimmung des GATT-Abkommens stehen; zweitens muss die Maßnahme erforderlich sein, um besagte Konformität sicherzustellen. Der Vertragspartei, die sich auf die Anwendung von Abs. (d) des Art. XX beruft, um das Bestehen

386 *Korea – Various Measures on Beef, Report of the Appellate Body* WT/DS161/AB/R and WT/DS169/AB/R, Abs. 157.

einer entsprechenden Vorschrift zu rechtfertigen, obliegt es, den Nachweis dafür zu erbringen, dass die beiden genannten Kriterien erfüllt sind. Bezüglich des ersten Kriteriums stellte der *Appellate Body* der WTO bei seiner Analyse des Begriffs „Gesetze oder sonstige Vorschriften" im Fall *Mexico – Taxes on Soft Drinks*[387] klar, dass als solche alle gesetzlichen Bestimmungen zu gelten haben, die Bestandteil des Rechtssystems der Vertragspartei sind und folglich die von ihrer legislativen oder exekutiven Gewalt erlassenen Vorschriften darstellen. Wie das *Panel* der WTO im Fall *United States – Measures Relating to Shrimp from Thailand388* weiter dazu ausführte, obliegt es demnach der Vertragspartei, die sich bezüglich einer bestimmten Maßnahme auf die Anwendung der in Abs. (d) vorgesehenen Ausnahmeregelung beruft, diejenige Vorschrift ihres Rechtssystems zu identifizieren, mit der die Konformität der fraglichen Maßnahme sichergestellt werden soll, sowie des Weiteren zu prüfen, ob diese Vorschrift ihres Rechtssystems nicht gegen das GATT-Abkommen verstößt. Der nächste Schritt besteht dann darin, den Nachweis dafür zu erbringen, dass die Maßnahme so beschaffen ist, dass die Einhaltung des in der betreffenden Vorschrift ihres Rechtssystems vorgesehenen Zwecks sichergestellt ist. Bezüglich des zweiten Kriteriums muss nachgewiesen werden, dass die fragliche Maßnahme erforderlich ist, um die Einhaltung der Vorschrift des geltend gemachten Rechtssystems zu gewährleisten. Im bereits genannten Fall *Korea – Various Measures on Beef389* stellte der *Appellate Body* der WTO bei näherer Würdigung des Begriffs „erforderlich" im Kontext von Abs. (d) des Art. XX klar, dass dessen Reichweite nicht allein darauf beschränkt sei, was „unverzichtbar", „absolut notwendig" oder „unvermeidbar" ist. Maßnahmen, die unverzichtbar, absolut notwendig oder unvermeidbar sind, um die Einhaltung bestimmter Vorschriften zu gewährleisten, erfüllen zweifellos die Voraussetzungen der genannten Bestimmung. Jedoch können auch andere Maßnahmen unter die Ausnahmeregelungen der fraglichen Bestimmung fallen. Laut dem *Appellate Body*

387 *Mexico – Tax Measures on Soft Drinks and Other Beverages,* Report of the Appellate Body WT/DS308/AB/R, Abs. 69.

388 *United States – Measures Relating to Shrimp from Thailand, Report of the Panel* WT/DS343/R, Abs. 7.174.

389 *Korea – Various Measures on Beef, Report of the Appellate Body,* WT/DS161/AB/R and WT/DS169/AB/R, Abs. 161.

der WTO umfasst der Begriff „erforderlich“ eine ganze Bandbreite verschiedener Erforderlichkeitsstufen: Ist „erforderlich“ am oberen Ende der Skala im Sinne von „unverzichtbar“ zu verstehen, so kommt dem Begriff am unteren Ende lediglich die Bedeutung „dazu beitragend“ zu. Der *Appellate Body* der WTO führt dazu aus, dass man unter einer „erforderlichen“ Maßnahme aber eher eine solche zu verstehen hat, die „unverzichtbar“ ist, als eine, die zu etwas nur „einen Beitrag leistet“. In diesem Zusammenhang erläutert der *Appellate Body* der WTO[390], dass es notwendig sei, eine Reihe von Faktoren abzuwägen, um festzustellen, ob eine Maßnahme, die zwar nicht „unverzichtbar“ ist, trotzdem „erforderlich“ sein kann. So muss zum Beispiel die relative Wichtigkeit der gemeinsamen Interessen und Werte in Betracht gezogen werden, die durch die Vorschrift des durchzusetzenden Rechtssystems der jeweiligen Vertragspartei geschützt werden sollen. Je mehr Gewicht den gemeinsamen Interessen und Werten zukommt, umso leichter wird man geneigt sein, eine als Durchsetzungsinstrument konzipierte Maßnahme als „erforderlich“ einzustufen. Darüber hinaus muss geprüft werden, inwieweit die Maßnahme dazu beiträgt, den verfolgten Zweck zu erreichen, nämlich die Einhaltung der betreffenden Vorschrift des Rechtssystems sicherzustellen. Je höher dieser Beitrag zu bewerten ist, umso eher wird man die Maßnahme als „erforderlich“ betrachten. Ein anderer Aspekt betrifft die Frage, inwieweit von der Maßnahme eine restriktive Wirkung für die Einfuhr von Produkten ausgeht. Hat eine Maßnahme nur geringfügige Auswirkungen auf die Einfuhr von Produkten, so wird man sie leichter als „erforderlich“ einstufen als eine Maßnahme, von der eine erhebliche Behinderung ausgeht. Andererseits kann gemäß dem *Panel* der WTO[391] eine Maßnahme nicht als „erforderlich“ betrachtet werden, wenn es zu ihr eine Alternative gibt, die nicht gegen das GATT-Abkommen verstößt und deren Anwendung von der Vertragspartei vernünftigerweise erwartet werden kann. Für den Fall, dass nach Maßgabe der Vernunft keine mit dem GATT-Abkommen vereinbare Maßnahme zur Verfügung steht – so der *Appellate Body* der WTO weiter –, muss die Vertragspartei unter allen eventuell verfügbaren Maßnahmen auf

---

390 *Korea – Various Measures on Beef, Report of the Appellate Body,* WT/DS161/AB/R and WT/DS169/AB/R, Abs. 162, 163 und 164.

391 *United States – Section 337 of the Tariff Act of 1930, Report of the Panel,* BISD 36S/345, Abs. 5.26.

diejenige zurückgreifen, die das geringste Maß an Unstimmigkeit mit besagtem Abkommen aufweist. Es sei darauf hingewiesen, dass es der Vertragspartei obliegt, die bei der WTO Beschwerde einreicht, mögliche Alternativen zu einer beanstandeten Maßnahme zu identifizieren[392].

Was den zweiten Teil des Textes der in Abs. (d) vorgesehenen Ausnahmeregelung betrifft ("... *einschließlich der Bestimmungen über die Durchführung der Zollvorschriften, über Ausübung der nach Artikel II Absatz 4 und Artikel XVII gehandhabten Monopole, über den Schutz von Patenten, Warenzeichen und Urheberrechten sowie über die Verhinderung irreführender Praktiken ...* "), so ist festzustellen, dass es sich bei diesen Bestimmungen bezüglich der Durchsetzung beim Zoll sowie des Markenschutzes um Beispiele für Maßnahmen handelt, die als erforderlich eingestuft werden können, um die Konformität mit Gesetzen oder sonstigen Vorschriften sicherzustellen, welche nicht gegen das GATT-Abkommen verstoßen, und mit denen sich folglich eine Nichterfüllung der dort vorgesehenen Pflichten begründen lässt. Hierzu müssen diese Maßnahmen, wie wir gesehen haben, die beiden oben genannten Kriterien erfüllen, die sich aus dem ersten Teil der in Abs. (d) vorgesehenen Ausnahmeregelung ergeben.

Doch das ist noch nicht alles: Abgesehen davon, dass diese beiden Kriterien vorliegen müssen, hat die fragliche Maßnahme, wie erwähnt, auch die Voraussetzungen zu erfüllen, die in der einleitenden Klausel von Art. XX (*Chapeau*) genannt sind.

b) Das Chapeau von Art. XX

Wie oben geschehen, sei auch hier zu Analysezwecken der volle Wortlaut des *Chapeaus* wiedergegeben.

> Chapeau von Art. XX
> „Unter dem Vorbehalt, dass die folgenden Maßnahmen nicht so angewendet werden, dass sie zu einer willkürlichen und ungerechtfertigten Diskriminierung zwischen Ländern, in denen gleiche

392 *Brazil – Retreaded Tyre, Report of the Appellate Body,* WT/DS332/AB/R, Abs. 156.

> Verhältnisse bestehen, oder zu einer verschleierten Beschränkung des internationalen Handel führen, darf keine Bestimmung dieses Abkommens so ausgelegt werden, dass sie eine Vertragspartei daran hindert, folgende Maßnahmen zu beschließen oder durchzuführen:"
>
> Chapeau von Art. XX (Englische Originalversion)
> "Subject to the requirement that such measures are not applied in a manner which would constitute a means of arbitrary or unjustifiable discrimination between countries where the same conditions prevail, or a disguised restriction on international trade, nothing in this Agreement shall be construed to prevent the adoption or enforcement by any contracting party of measures:"

Dies ist der zweite Prüfschritt. Im Fall *United States – Gasoline*[393] stellte der *Appellate Body* der WTO klar, dass der *Chapeau* darauf abziele, einem Missbrauch bei der Anwendung der in Art. XX genannten Ausnahmeregeln vorzubeugen. Der *Chapeau* – so der *Appellate Body* der WTO weiter – ist von dem Grundsatz geleitet, dass die Ausnahmeregeln von Art. XX, auch wenn sie rechtlich geltend gemacht werden können, nicht in einer Weise angewendet werden dürfen, die den gesetzlichen Pflichten der Vertragsparteien im Rahmen des GATT-Abkommens entgegensteht. Im selben Sinne wies der *Appellate Body* der WTO im Fall *Brazil – Retreaded Tyres394* darauf hin, dass der *Chapeau* vor allem einem Zweck diene: Es solle sichergestellt werden, dass das Recht der Vertragsparteien, von den Ausnahmeregeln Gebrauch zu machen, nach dem Grundsatz von Treu und Glauben ausgeübt werde, um so die im Rahmen von Art. XX als legitim betrachteten Interessen zu schützen, nicht aber als ein Mittel, um die Pflichten einer Vertragspartei gegenüber anderen zu umgehen. Im Speziellen verfügt der *Chapeau,* dass die jeweilige Maßnahme nicht in einer Weise angewendet werden darf, die zu einer willkürlichen und ungerechtfertigten Diskriminierung zwischen Ländern, in

393 *United States – Gasoline, Report of the Appellate Body* WT/DS2/AB/R, S. 22.
394 *Brazil – Retreaded Tyre, Report of the Appellate Body,* WT/DS332/AB/R, Abs. 215.

denen gleiche Verhältnisse bestehen, oder zu einer verschleierten Beschränkung des internationalen Handels führt. Wie der *Appellate Body* der WTO im Fall *US – Shrimp (Art. 21.5 – Malasyia)*[395] erläuterte, legt der *Chapeau* drei Bedingungen fest, die bei der zu prüfenden Maßnahme allesamt eingehalten werden müssen: (i) Die Maßnahme darf nicht zu einer willkürlichen Diskriminierung zwischen Ländern führen, in denen gleiche Verhältnisse bestehen; (ii) die Maßnahme darf nicht zu einer ungerechtfertigten Diskriminierung zwischen Ländern führen, in denen gleiche Verhältnisse bestehen; (iii) die Maßnahme darf nicht zu einer verschleierten Beschränkung des internationalen Handels führen. Gemäß den Ausführungen des *Appellate Body* der WTO im Fall *United States – Gasoline396* müssen die Begriffe „willkürliche Diskriminierung", „ungerechtfertigte Diskriminierung" und „verschleierte Beschränkung" als Einheit aufgefasst werden, da sie sich in ihrem Sinn wechselseitig ergänzen. Dieser Logik folgend, stellt der *Appellate Body* der WTO klar, dass der Begriff „verschleierte Beschränkung" auch die verschleierte Diskriminierung des internationalen Handels umfasst, und dass sich seine Bedeutung keineswegs nur auf eine verdeckte oder unangekündigte Beschränkung bzw. Diskriminierung des internationalen Handels beschränkt, sondern auch auf Beschränkungen in Gestalt willkürlicher oder ungerechtfertigter Diskriminierungen erstreckt. In diesem Zusammenhang fügt der *Appellate Body* der WTO hinzu, dass man von derselben Betrachtungsweise bei der Bewertung der Frage auszugehen habe, ob die zu prüfende Maßnahme zu einer „willkürlichen oder ungerechtfertigten Diskriminierung" bzw. zu einer „verschleierten Beschränkung" des internationalen Handels führt. Der wesentliche Punkt – so schlussfolgert der *Appellate Body* der WTO – bestehe im Zweck der Vorschrift, nämlich einen Missbrauch oder eine unzulässige Anwendung der in Art. XX vorgesehenen Ausnahmeregeln zu den materiellen Vorschriften zu vermeiden. Es sei betont, dass die Nichtdiskriminierung den Kerngedanken des *Chapeaus* darstellt[397].

395 *US – Shrimp (Art. 21.5 – Malasyia), Report of the Appellate Body,* WT/DS58/AB/RW, Abs. 118.

396 *United States – Gasoline, Report of the Appellate Body* WT/DS2/AB/R, S. 25.

397 *Mavroidis* weist darauf hin, dass der *Chapeau* von Art. XX dem Typus einer nicht diskriminierenden Klausel entspricht, *in*: *Mavroidis*, Trade in Goods, 2007, S. 356.

Will man also die neue Transitregelung im Kontext des GATT-Abkommens analysieren, so muss zunächst geprüft werden, ob die fragliche Vorschrift durch die in Art. V Abs. 3 GATT vorgesehene Ausnahmeregelung vom Prinzip der Transitfreiheit gedeckt ist. Wird dies bejaht, so würde die neue Transitregelung keinen Verstoß gegen die im GATT-Abkommen und speziell in Abs. 2 von Art. V festgelegten Pflichten darstellen. Wird dies hingegen verneint, so würde sie sehr wohl einen Verstoß gegen das Prinzip der Handelsfreiheit bzw. gegen Abs. 2 von Art. V darstellen. In diesem Fall, wenn also ein Verstoß gegen besagtes Prinzip bzw. besagte Bestimmung angenommen wird, bestünde der nächste Schritt darin, zu prüfen, ob sich die neue Transitregelung durch die in Abs. (d) von Art. XX vorgesehene Situation rechtfertigen lässt. Hierbei müsste nachgewiesen werden, dass die neue Transitregelung zum einen so konzipiert ist, dass durch sie die Einhaltung von Gesetzen oder sonstigen Vorschriften, die nicht gegen das GATT-Abkommen verstoßen, sichergestellt wird, und dass sie zum anderen erforderlich ist, um eben diese Konformität zu gewährleisten. Des Weiteren müsste nachgewiesen werden, dass die neue Transitregelung den im *Chapeau* von Art. XX genannten Bedingungen gerecht wird, d. h. dass ihre Anwendung weder zu einer willkürlichen bzw. ungerechtfertigten Diskriminierung zwischen Ländern, in denen gleiche Verhältnisse bestehen, noch zu einer verschleierten Beschränkung des internationalen Handels führt.

3 Die Meinungen in der Literatur

Im Schrifttum haben sich nur wenige Gelehrte mit diesem Thema, d. h. mit der möglichen Vereinbarkeit der neuen Transitregelung mit dem Prinzip der Transitfreiheit bzw. mit Art. V Abs. 2 GATT befasst.

Grosse Ruse-Khan[398] sprach sich beispielsweise gegen eine Ausweitung des Markenrechts in dem Sinne aus, dass es sich auch auf den bloßen Warentransit er-

398 *Grosse Ruse-Khan*, BMM Bulletin 39 (2013), 142, 147 ff. In besagtem Artikel, der 2013 veröffentlicht wurde, war die von *Grosse Ruse-Khan* eingenommene Position eine Reaktion auf die von der Europäischen Kommission vorgelegten Vorschläge einer Richtlinie zur Angleichung der Rechtsvorschriften der Mitgliedstaaten über die Marken (Neufassung) sowie einer Änderung der Verordnung (EG) Nr. 207/2009 über die

streckt. Diesbezüglich vertritt *Grosse Ruse-Khan* die Auffassung, dass eine Klassifizierung des bloßen Transits als Verstoß dem Leitgedanken widersprechen würde, wonach für den internationalen Warenverkehr unbeschränkter Zugang zu den geeignetsten Verkehrswegen gewährt werden müsse, wie dies das Panel der WTO im Fall *Colombia – Ports of Entry*399 formuliert hat. *Grosse Ruse-Khan* fügt hinzu, dass keiner der Rechtfertigungsgründe, die sich auf Art. V Abs. 3 und 4 GATT stützen würden, geltend gemacht werden könne, um eine solche Ausweitung des Markenrechts zu rechtfertigen, zumal diese Ausweitung nicht so konzipiert sei, dass sie die Einhaltung der Zollvorschriften gewährleiste, und im Hinblick auf dieses Ziel auch nicht notwendig sei. Abgesehen davon scheine es sich hierbei auch nicht um eine angemessene Regelung des Warentransits zu handeln, da keine Rechtfertigung für einen Eingriff in den Transit vorliegt, solange keine Abweichung von den geeignetsten Verkehrswegen droht. Im selben Zusammenhang weist *Grosse Ruse-Kahn* darauf hin, dass das TRIPs-Übereinkommen keine Maßnahmen gegen den Warentransit fordert, und schon gar nicht so weitreichende, die es dem Rechtsinhaber erlauben würden, den bloßen Transit zu unterbinden, ohne dass eine Abweichung von den ursprünglich vorgesehenen Verkehrswegen droht.

Grosse Ruse-Khan vertritt somit die Auffassung, dass die neue Transitregelung kaum geeignet sind, um die Einhaltung des TRIPs-Übereinkommens sicherzu-

---

Gemeinschaftsmarke. Die genannten Vorschläge enthielten nicht den Vorbehalt, dass der Anspruch des Markeninhabers erlischt, wenn der zollrechtlicher Anmelder bzw. der Besitzer der Waren im Verlaufe eines gerichtlichen Verfahrens zur Feststellung der Markenrechtsverletzung infolge einer Beschlagnahme von Waren durch die Zollbehörde nachweist, dass der Markeninhaber nicht berechtigt ist, das Inverkehrbringen der Waren im Bestimmungsland zu untersagen. Der fragliche Vorbehalt, der dann durch den Rat der Europäischen Union eingefügt wurde, ist nun in der Endfassung der Richtlinie 2015/2436 (zweiter Abs. von Art. 10 Abs. 4) und der Verordnung 2015/2424 (zweiter Abs. von Art. 9 Abs. 4) enthalten. Später, nach Verabschiedung der Richtlinie 2015/2436 und der Verordnung 2015/2424, befasste sich *Grosse Ruse-Khan* in seinem 2016 veröffentlichten Werk erneut mit dem Thema, wobei er trotz der Einführung des besagten Vorbehalts in die Transitregelung an seiner bereits 2013 vertretenen Meinung festhielt. Vgl. *Grosse Ruse-Khan*, The Protection of Intellectual Property in International Law 2016, S. 291 ff.

399 *Grosse Ruse-Khan*, BMM Bulletin 39 (2013), 142, 147.

stellen. Ganz im Gegenteil: Er argumentiert, dass Art. 1 Abs. 1[400] dieses Übereinkommens nur dann einen umfassenderen, über die TRIPs-Standards hinausgehenden Schutz des geistigen Eigentums erlaube, wenn dieser weitreichendere Schutz nicht gegen die Bestimmungen eben dieses Übereinkommens verstoße. Jede Ausweitung des Markenrechts auf den bloßen Transit von Waren – so der Autor weiter – würde aber auf die Errichtung einer Schranke für den rechtmäßigen Handel hinauslaufen, womit Art. 41 Abs. 1[401] TRIPs verletzt werde. Was diesen Punkt betrifft, vertritt *Grosse Ruse-Khan* die Ansicht, dass Art. V GATT in

---

400 Art. 1 Abs. 1 TRIPs: „Die Mitglieder wenden die Bestimmungen dieses Übereinkommens an. Die Mitglieder dürfen in ihr Recht einen umfassenderen Schutz als den durch dieses Übereinkommen geforderten aufnehmen, vorausgesetzt, dieser Schutz läuft diesem Übereinkommen nicht zuwider, sie sind dazu aber nicht verpflichtet. Es steht den Mitgliedern frei, die für die Umsetzung dieses Übereinkommen in ihrem eigenen Rechtssystem und in ihrer Rechtspraxis geeignete Methode festzulegen." Englische Originalversion dieses Artikels: „Members shall give effect to the provisions of this Agreement. Members may, but shall not be obliged to, implement in their law more extensive protection than is required by this Agreement, provided that such protection does not contravene the provisions of this Agreement. Members shall be free to determine the appropriate method of implementing the provisions of this Agreement within their own legal system and practice."

401 Art. 41 Abs. 1 TRIPs: „Die Mitglieder stellen sicher, dass die in diesem Teil aufgeführten Durchsetzungsverfahren in ihrem Recht vorgesehen werden, um ein wirksames Vorgehen gegen jede Verletzung von unter dieses Übereinkommen fallenden Rechten des geistigen Eigentums einschließlich Eilverfahren zur Verhinderung von Verletzungshandlungen und Rechtsbehelfe zur Abschreckung von weiteren Verletzungshandlungen zu ermöglichen. Diese Verfahren sind so anzuwenden, dass die Errichtung von Schranken für den rechtmäßigen Handel vermieden wird und die Gewähr gegen ihren Missbrauch gegeben ist." Englische Originalversion dieses Artikels: „Members shall ensure that enforcement procedures as specified in this Part are available under their law so as to permit effective action against any act of infringement of intellectual property rights covered by this Agreement, including expeditious remedies to prevent infringements and remedies which constitute a deterrent to further infringements. These procedures shall be applied in such a manner as to avoid the creation of barriers to legitimate trade and to provide for safeguards against their abuse."

Verbindung mit Artt. 7[402] und 8[403] TRIPs eine solche Auslegung von Art. 41 Abs. 1 stützen würde. Auf diese Weise gelangt *Gross Ruse-Khan* zu dem Schluss, dass eine Ausweitung des Markenrechts in dem Sinne, bereits den bloßen Transit von Waren als Verstoß zu klassifizieren, ohne dass irgendein Anhaltspunkt dafür vorliegt, dass die Waren in den Geschäftsverkehr des Transitlandes umgeleitet werden, mit Art. V Abs. 2 GATT unvereinbar ist und somit eine Verletzung des Prinzips der Transitfreiheit darstellt.

Eine solche Ausweitung des Markenrechts lässt sich laut *Grosse Ruse-Khan* nicht durch die in Art. XX Abs. (d) GATT vorgesehene Ausnahmeregel rechtfertigen, da sie nicht notwendig ist, um die Einhaltung des TRIPs-Übereinkommens zu gewährleisten[404]. Andererseits ist *Grosse Ruse-Khan* aber sehr wohl der Ansicht, dass Maßnahmen an der Grenze erforderlich sein können, um zu prüfen, ob sich die jeweiligen Produkte wirklich nur im Transit befinden oder ob das Ziel in Wahrheit nicht darin besteht, sie in den Binnenmarkt des Transitlands umzuleiten, wo sie gegen das Recht auf Kontrolle der Einfuhr, des Verkaufs und der Vermarktung verstoßen würden. Da besagte Rechte laut *Grosse Ruse-Khan* einer

402 Art. 7 TRIPs: „Der Schutz und die Durchsetzung von Rechten des geistigen Eigentums sollen zur Förderung der technischen Innovation sowie zur Weitergabe und Verbreitung von Technologie beitragen, dem beiderseitigen Vorteil der Erzeuger und Nutzer technischen Wissens dienen, in einer dem gesellschaftlichen und wirtschaftlichen Wohl zuträglichen Weise erfolgen und einen Ausgleich zwischen Rechten und Pflichten herstellen." Englische Originalversion dieses Artikels: „The protection and enforcement of intellectual property rights should contribute to the promotion of technological innovation and to the transfer and dissemination of technology, to the mutual advantage of producers and users of technological knowledge and in a manner conducive to social and economic welfare, and to a balance of rights and obligations. "

403 Art. 8 TRIPs: „Die Mitglieder dürfen bei der Abfassung oder Änderung ihrer Gesetze und sonstigen Vorschriften die Maßnahmen ergreifen, die zum Schutz der öffentlichen Gesundheit und Ernährung sowie zur Förderung des öffentlichen Interesses in den für ihre sozio-ökonomische und technische Entwicklung lebenswichtigen Sektoren notwendig sind; jedoch müssen diese Maßnahmen mit diesem Übereinkommen vereinbar sein". Englische Originalversion dieses Artikels: "Members may, in formulating or amending their laws and regulations, adopt measures necessary to protect public health and nutrition, and to promote the public interest in sectors of vital importance to their socio-economic and technological development, provided that such measures are consistent with the provisions of this Agreement."

404 *Grosse Ruse-Khan*, BMM Bulletin 39 (2013), 142, 147.

Form von Schutz entsprechen, die in den TRIPs-Bestimmungen verankert und mit dem GATT-Abkommen vereinbar ist, würden Grenzbeschlagnahmen ein wichtiges Instrument darstellen, um die Einhaltung dieses Schutzes zu gewährleisten. Jedoch betont dieser Autor, dass Grenzbeschlagnahmen auch in solchen Fällen nur dann erforderlich wären, wenn ein begründeter Anfangsverdacht für die Umleitung von Waren vom ursprünglich vorgesehenen Verkehrsweg besteht. Und selbst dann dürften zeitweilige Zurückhaltungen von Waren, um die Gefahr einer drohenden Umleitung von Waren zu prüfen, nicht länger als absolut notwendig dauern, damit sichergestellt bleibt, dass die am wenigsten handelsbeschränkende Maßnahme angewandt wird. Somit kommt *Grosse Ruse-Khan* – ganz auf einer Linie mit der Entscheidung des EuGH im Fall *Philips/Nokia*[405] – zu dem Ergebnis, dass das internationale Recht die Anwendung von Grenzbeschlagnahmen gegen Waren im Transitverkehr nicht verbietet, sobald ein begründeter Verdacht besteht, dass besagte Waren in den Geschäftsverkehr des Landes umgeleitet werden, in dem sie sich im Transit befinden, und auf diese Weise Markenrechte verletzen könnten, die in eben diesem Land bestehen. Demnach wäre unter solchen Umständen eine Beschlagnahme gemäß Art. XX Abs. (d) GATT gerechtfertigt. *Grosse Ruse-Khan* kommt zu dem Schluss, dass das internationale Recht imstande ist, die Interessen und die Ziele des Schutzes und der Durchsetzung geistiger Eigentumsrechte zu wahren, gleichzeitig aber einer Überdehnung dieser Rechte entgegenwirkt, was nicht im Sinne der Interessen und Ziele des internationalen Handelssystems wäre[406].

Auch *Senftleben*[407] wandte sich gegen die Ausweitung von Markenrechten. Dieser Autor zeigte sich vor dem Hintergrund der EuGH-Entscheidung im Fall *Philips/Nokia* sowie der internationalen Kritik angesichts der Beschlagnahme generischer Medikamente durch die niederländischen Zollbehörden[408] über

---

405 Die EuGH-Entscheidung im Fall *Philips/Nokia* wurde bereits in Kapitel 3 A. V. 7 analysiert.

406 *Grosse Ruse-Khan*, BMM Bulletin 39 (2013), 142, 149.

407 *Senftleben*, IIC 2016, 941, 946 ff. Es sei darauf hingewiesen, dass *Senftleben* seine Position erst nach Verabschiedung der neuen Transitregelung durch die Richtlinie 2015/2436 und die Verordnung 2015/2424 dargelegt hat.

408 Diese Angelegenheit wurde bereits oben in Kapitel B. II kurz angerissen.

die Tatsache überrascht, dass die Änderung des europäischen Markenrechts zur Schaffung eines neuen Gesetzesrahmens geführt hat, der es dem Markeninhaber erlaubt, gegen Waren im Transitverkehr vorzugehen[409]. *Senftleben* schließt von vornherein die Möglichkeit aus, dass sich dies durch Art. V Abs. 3 GATT rechtfertigen lasse, da besagte Bestimmung ausdrücklich festlegt, dass unnötige Beschränkungen oder Verzögerungen bei der Durchfuhr nicht hinnehmbar sind und eine Verletzung der internationalen Transitfreiheit darstellen. Seines Erachtens würde das Verfahren im Anschluss an eine Beschlagnahme von Produkten im Transitverkehr aber zwangläufig zu unnötigen Beschränkungen oder Verzögerungen führen, da es dann dem Besitzer der Waren obliege, den Nachweis dafür zu erbringen, dass im Bestimmungsland keine Rechte verletzt werden. In gleicher Weise schließt *Senftleben* auch die Möglichkeit aus, dass man die neue Transitregelung als angemessen bezeichnen könne, wie es in Art. V Abs. 4 GATT gefordert wird, da das geänderte Markenrecht in seinen Augen einen unverhältnismäßigen Versuch darstellt, eine ungerechtfertigte globale Überwachung („*World policing*") ins Leben zu rufen. Nach Ansicht *Senftlebens* wäre dies schon deshalb nicht zu rechtfertigen, weil sich die Bemühungen, den Verkehr mit gefälschten Waren zu unterbinden, primär auf Markenrechte stützen, die innerhalb der Europäischen Union bestehen[410]. Kommt es für *Senftleben* somit nicht in Frage, sich auf Art. V Abs. 3 und 4 GATT zu berufen, so vertritt er des Weiteren die Auffassung, dass sich die neue Transitregelung auch nicht durch die in Art. XX Abs. (d) GATT vorgesehene Ausnahmeregelung rechtfertigen lässt. In diesem Zusammenhang hebt der genannte Autor zunächst hervor, dass Art. XX Abs. (d) GATT das Ergreifen bzw. die Durchsetzung von Maßnahmen ermöglichen würde, „die zur Einhaltung von Gesetzen oder sonstigen Vorschriften erforderlich sind, welche nicht gegen dieses Abkommen verstoßen, einschließlich der Bestimmungen [...] über den Schutz von Patenten, Marken und Urheberrechten sowie über die Verhinderung irreführender Praktiken". Da das TRIPs-Übereinkommen die Anlage 1C des Marrakesch-Abkommens darstellt, mit dem die Gründung der WTO und folglich auch die Verabschiedung des GATT-Vertrags 1994 beschlossen wurde, kön-

---

409 *Senftleben*, IIC 2016, 941, 946.
410 *Senftleben*, IIC 2016, 941, 952.

ne das Bemühen darum, den Markenschutz in der Europäischen Union sicherzustellen, damit nicht als unvereinbar betrachtet werden. *Senftleben* fügt hinzu, dass insbesondere Art. 41 Abs. 1 TRIPs für dieses Argument spräche, indem es den Vertragsstaaten die folgende Pflicht auferlegt: „Die Mitglieder stellen sicher, dass die in diesem Teil aufgeführten Durchsetzungsverfahren in ihrem Recht vorgesehen werden, um ein wirksames Vorgehen gegen jede Verletzung von unter dieses Einkommen fallenden Rechten des geistigen Eigentums einschließlich Eilverfahren zur Verhinderung von Verletzungshandlungen und Rechtsbehelfe zur Abschreckung von weiteren Verletzungshandlungen zu ermöglichen". Allerdings betont *Senftleben*, dass sich die Reichweite von Art. 41 Abs. 1 TRIPs ausdrücklich auf die „in diesem Teil aufgeführten Durchsetzungsverfahren" beschränkt, wobei sich der Ausdruck „in diesem Teil" auf Teil III des TRIPs-Übereinkommens bezieht, in dem es um die „Durchsetzung der Rechte des geistigen Eigentums" geht. Besagter Teil III – so *Senftleben* weiter – enthalte Bestimmungen wie beispielsweise Art. 51[411], die ausdrücklich Maßnahmen gegen nachgeahmte Waren vorsehen. Jedoch gehen besagte Bestimmungen, wie der Autor hervorhebt, in keiner Weise

411 Art. 51 TRIPs: „Die Mitglieder sehen gemäß den nachstehenden Bestimmungen Verfahren vor, die es dem Rechtsinhaber, der den begründeten Verdacht hat, dass es zur Einfuhr von nachgeahmten Markenwaren oder unerlaubt hergestellten urheberrechtlich geschützten Waren kommen kann, ermöglichen, bei den zuständigen Gerichten oder Verwaltungsbehörden schriftlich zu beantragen, dass die Zollbehörden die Freigabe dieser Waren in den freien Verkehr aussetzen. Die Mitglieder können vorsehen, dass ein solcher Antrag auch in Bezug auf Waren gestellt werden kann, bei denen es um andere Verletzungen von Rechten des geistigen Eigentums geht, sofern die Erfordernisse dieses Abschnitts beachtet werden. Die Mitglieder können ferner entsprechende Verfahren betreffend die Aussetzung der Freigabe rechtsverletzender Waren, die für die Ausfuhr aus ihren Hoheitsgebieten bestimmt sind, vorsehen." Die englische Originalversion dieses Artikels lautet wie folgt: "Members shall, in conformity with the provisions set out below, adopt procedures to enable a right holder, who has valid grounds for suspecting that the importation of counterfeit trademark or pirated copyright goods may take place, to lodge an application in writing with competent authorities, administrative or judicial, for the suspension by the customs authorities of the release into free circulation of such goods. Members may enable such an application to be made in respect of goods which involve other infringements of intellectual property rights, provided that the requirements of this Section are met. Members may also provide for corresponding procedures concerning the suspension by the customs authorities of the release of infringing goods destined for exportation from their territories."

auf Transitwaren ein. Abgesehen davon beziehe sich Art. 51 auf die Gefahr einer „Freigabe rechtsverletzender Waren in den freien Verkehr", die auf dem Gebiet der Europäischen Union im Falle von Transitwaren ja gar nicht drohe. *Senftleben* fügt hinzu, dass Art. 51 TRIPs den Vertragsstaaten zwar auch die Möglichkeit einräumt, Maßnahmen gegen nachgeahmte Waren zu ergreifen, die „für die Ausfuhr aus ihren Hoheitsgebieten bestimmt sind", dass aber Transitwaren ohnehin nicht „für die Ausfuhr bestimmt" seien. Des Weiteren hebt *Senftleben* in Bezug auf Art. 51 TRIPs hervor, dass die Fußnote 13[412], mit der diese Bestimmung versehen ist, in aller Klarheit besagt, dass die Vertragsstaaten nicht dazu verpflichtet sind, die in Art. 51 vorgesehenen Verfahren auf Transitwaren anzuwenden[413]. Er fügt hinzu, dass es den Vertragsstaaten gemäß Art. 1 Abs. 1 TRIPs freisteht, einen umfassenderen Schutz als den von diesem Übereinkommen geforderten zu verfügen, sofern dieser Schutz den Bestimmungen eben dieses Übereinkommens nicht zuwiderläuft. Somit hätte die Europäische Union – so der Autor weiter – auf der Grundlage besagter Vorschrift theoretisch freie Hand, einen spezifischen Schutz gegen Transitwaren einzuführen, auch wenn sich dieser Schutz nicht direkt aus dem TRIPs-Übereinkommen ergibt. Diese Freiheit dürfe aber, wie *Senftleben* erläutert, nicht in einer Weise missbraucht werden, die dessen Ziele gefährden würde, so beispielsweise das der Vermeidung von Schranken für den rechtmäßigen Handel, das in Art. 41 verankert ist. In diesem Zusammenhang weist der Autor darauf hin, dass Waren, die aus der Sicht der EU als rechtsverletzend erscheinen, in den Augen anderer Markenrechtssysteme durchaus rechtmäßig sein können. In solchen Fällen aber stünde es der EU nicht frei, anderen Ländern ihre eigenen Bewertungsmaßstäbe bezüglich rechtsverletzender Waren aufzuoktroyieren[414]. Ausgehend von diesen Betrachtungen spricht sich *Senftleben* für eine zurückhaltende Auslegung bezüglich der Anwendung der in Art. 9 Abs. 4 EUTMR und

412 „Es besteht Einvernehmen, dass keine Verpflichtung besteht, solche Verfahren auf die Einfuhr von Waren, die in einem anderen Land vom Rechtsinhaber oder mit seiner Zustimmung in den Verkehr gebracht wurden, oder auf Waren im Transit anzuwenden." Die englische Originalversion dieser Fußnote lautet wie folgt: "It is understood that there shall be no obligation to apply such procedures to imports of goods put on the market in another country by or with the consent of the right holder, or to goods in transit."

413 *Senftleben*, IIC 2016, 941, 953.

414 *Senftleben*, IIC 2016, 941, 954.

Art. 10 Abs. 4 TMD vorgesehenen neuen Transitregelung aus. Diesem Autor zufolge muss eine Beschlagnahme von Waren im Transitverfahren, wenn sie sich im Hinblick auf das internationale Recht gemäß der Ausnahmeregelung von Art. XX Abs. (d) GATT rechtfertigen lassen soll, unbedingt erforderlich sein, um die Einhaltung nationaler Markenschutzgesetze sicherzustellen. Hiervon könne aber keine Rede sein, wenn die fragliche Ware für ein Land außerhalb der Europäischen Union bestimmt ist, da es in diesem Fall zu keinem Konflikt mit dem europäischen Markenrecht kommen könne. Laut *Senftleben* wäre eine Beschlagnahme von Waren im Transitverfahren nur dann als erforderlich zu betrachten, wenn es substanzielle Hinweise für die Wahrscheinlichkeit gibt, dass besagte Waren in den internen Geschäftsverkehr der Europäischen Union umgeleitet werden könnten. Somit gelangt *Senftleben* – ganz auf einer Linie mit *Grosse Ruse-Khan* – zu dem Ergebnis, dass der in der Europäischen Union nach der EuGH-Entscheidung im Fall *Philips/Nokia* erzielte *Status quo* erhalten werden müsse. Anders ausgedrückt, darf nach *Senftlebens* Ansicht die in Art. 9 (4) EUTMR und Art. 10 (4) TMD vorgesehene neue Transitregelung nicht über den Schutzumfang hinausgehen, der mit der genannten EuGH-Entscheidung erreicht wurde[415].

Auch *Di Cataldo* deutet an, dass sich die neue Transitregelung nicht durch die Ausnahmeregel von Art. XX Abs. (d) GATT rechtfertigen lasse. Ohne seine Position näher zu erläutern, verweist dieser Autor lediglich darauf, dass man die Beschlagnahme von Transitwaren schwerlich als erforderlich betrachten könne, sofern keine signifikante Gefahr einer Umleitung dieser Waren in den inneren Geschäftsverkehr des Transitlands besteht. Laut *Di Cataldo* gehen die TRIPs-Bestimmungen in eben diese Richtung, wobei er insbesondere hervorhebt, dass gemäß Art. 41 (1) dieses Übereinkommens die Verfahren zur Durchsetzung des geistigen Eigentums in einer Weise angewendet werden müssten, bei der die Errichtung von Schranken für den rechtmäßigen Handel vermieden wird. *Di Cataldo* fügt hinzu, dass sich die spezifischen Regeln zur Grenzbeschlagnahme, die in den Artt. 51 bis 60 TRIPs vorgesehen sind, nicht ausdrücklich auf die Beschlagnahme von Transitwaren beziehen. Und selbst wenn Art. 1 Abs. 1 TRIPs die Einführung eines umfassenderen Schutzes erlaube, als er von dem Übereinkom-

415 *Senftleben*, IIC 2016, 941, 955.

men gefordert wird, so dürfe dieser erweiterte Schutz doch keinesfalls gegen die TRIPs-Bestimmungen selbst verstoßen[416].

Vrins417 wiederum vertritt die Auffassung, dass sich die neue Transitregelung nicht durch Art. V Abs. 3 und 4 GATT rechtfertigen lässt, da das Ziel dieser Regelung nicht darin bestehe, die Einhaltung von Zollvorschriften sicherzustellen. Andererseits ist Vrins[418] aber der Auffassung, dass Grenzbeschlagnahmen durchaus erforderlich sein können, sei es um zu prüfen, ob sich die fraglichen Waren tatsächlich nur im Transit befinden oder ob das Ziel in Wahrheit nicht darin besteht, sie in den inneren Geschäftsverkehr des Transitlandes umzuleiten, wo sie gegen geistige Eigentumsrechte verstoßen würden, sei es um zu prüfen, ob die Einfuhr der Waren im Bestimmungsland solche Rechte verletzen würde. In jedem Fall aber käme die Ausnahmeregelung von Art. XX Abs. (d) GATT zur Anwendung.

Wie man sieht, herrscht unter den Rechtsgelehrten trotz gewisser Unterschiede in der Begründung und in der Intensität, mit der sie ihre Positionen vertreten, eine recht einheitliche Meinung vor: Im Ergebnis gelangen sie alle zu dem Schluss, dass sich (i) die neue Transitregelung nicht durch Art. V Abs. 3 GATT stützen lässt und eine Verletzung des in Art. V Abs. 2 GATT festgelegten Prinzips der Transitfreiheit darstellt, und dass sich (ii) eben diese Verletzung nicht durch die in Art. XX Abs. (d) GATT vorgesehene Ausnahmeregelung rechtfertigen lasse.

416 *Di Cataldo*, IIC 2018, 436, 445. Wie schon *Senftleben*, so legte auch *Di Cataldo* seine Position erst nach der Einführung der neuen Transitregelung durch die Richtlinie 2015/2436 und durch die Verordnung 2015/2424 dar.

417 *Vrins*, Customs Enforcement of Intellectual Property Rights, 2018, S. 375. Wie *Senftleben* und *Di Cataldo*, so legte auch *Vrins* seine Position erst nach der Einführung der neue Transitregelung durch die Richtlinie 2015/2436 und durch die Verordnung 2015/2424 dar.

418 *Vrins*, Customs Enforcement of Intellectual Property Rights, 2018, S. 377.

II Beweislastverteilung

Auch die durch die neue Transitregelung eingeführte Verteilung der Beweislast gab Anlass zu Kontroversen. In Art. 10 Abs. 4 der Richtlinie 2015/2436 bzw. Art. 9 Abs. 4 der Verordnung 2015/2424 wurde Folgendes festgelegt[419]:

> „Unbeschadet der von Markeninhabern vor dem Zeitpunkt der Anmeldung oder dem Prioritätstag der eingetragenen Marke erworbenen Rechte ist der Inhaber dieser eingetragenen Marke auch berechtigt, Dritten zu untersagen, im geschäftlichen Verkehr Waren in den Mitgliedstaat zu verbringen, in dem die Marke eingetragen ist, ohne die Waren dort in den zollrechtlich freien Verkehr zu überführen, wenn die Waren, einschließlich ihrer Verpackung, aus Drittstaaten stammen und ohne Zustimmung eine Marke aufweisen, die mit der für derartige Waren eingetragenen Marke identisch ist oder in ihren wesentlichen Aspekten nicht von dieser Marke zu unterscheiden ist.
> Die Berechtigung des Markeninhabers gemäß Unterabsatz 1 erlischt, wenn während eines Verfahrens, das der Feststellung dient, ob eine eingetragene Marke verletzt wurde, und das gemäß der Verordnung (EU) Nr. 608/2013 eingeleitet wurde, der zollrechtliche Anmelder oder der Besitzer der Waren nachweist, dass der Inhaber der eingetragenen Marke nicht berechtigt ist, das Inverkehrbringen der Waren im endgültigen Bestimmungsland zu untersagen (hervorgehoben durch den Verfasser)."

Laut *Senftleben* spiegelt sich in der fraglichen Vorschrift eine Neigung zugunsten des Inhabers von Markenrechten in der Europäischen Union wider, da sie von der Vermutung ausgeht, dass eine Marke, die in einem Land der Europäischen Union Schutz genießt, auch in anderen Teilen der Welt Schutz genießen müs-

419 Die Unterschiede im Wortlaut der Verordnung bestehen abgesehen von einigen stilistischen Details im Wesentlichen darin, dass dort die Begriffe „Union", „Unionsmarke" und „Inhaber einer Unionsmarke" verwendet werden.

se. Aufgrund dieser Vermutung habe der Besitzer der beschlagnahmten Waren den Nachweis dafür zu erbringen, dass ein solches Schutzrecht im Bestimmungsland nicht besteht. Da sich Transitwaren aber nur zur Durchfuhr in der Europäischen Union befinden sowie angesichts des Umstands, dass eine eventuelle Verletzung somit lediglich im Bestimmungsland erfolgen könne, gelangt *Senftleben* zu der Auffassung, dass die Beweislast bezüglich des Vorliegens einer solchen Rechtsverletzung im Bestimmungsland dem Inhaber der Marke auferlegt werden müsse[420]. Speziell den Wortlaut der neuen Transitregelung betreffend, wäre nach *Senftlebens* Ansicht eine abgemilderte Beweislast, die den Besitzer der Waren etwa dazu verpflichten würde, nachzuweisen, dass die jeweils betroffene Marke im Bestimmungsland gar nicht eingetragen ist, bereits ausreichend, um das angestrebte Ziel zu erreichen. *Senftleben* zufolge lässt die Vorschrift so, wie sie jetzt abgefasst ist, Spielraum für eine viel weitreichendere Auslegung der dem Besitzer der Waren auferlegten Beweislast. Demnach könne der Nachweis eines fehlenden Anspruchs im Bestimmungsland – so der Autor weiter – aufwändige juristische Analysen erfordern, bei denen unter Umständen auch Fragen geklärt werden müssten, die sich beispielsweise auf den Schutz einer Marke vor einer Verwechslungsgefahr oder vor Verwässerung sowie auf mögliche Verletzungen nicht eingetragener Marken wie z. B. der notorisch bekannten Marken gemäß Art. 6 bis PVÜ beziehen können.[421]

Im Gegensatz zu *Senftleben* hält es *Di Cataldo* für falsch, die fragliche Vorschrift so zu interpretieren, als würde sie allein aufgrund bestehender Markenrechte in der Europäischen Union von der Vermutung ausgehen, dass diese auch für das Bestimmungsland gelten müssten. Laut diesem Autor gäbe es für eine solche gesetzliche Vermutung im vorliegenden Fall keine rationale Grundlage, und zwar allein schon deshalb, weil es durch nichts zu rechtfertigen wäre, von der Existenz eines Markenrechts in einem bestimmten Land auf das Bestehen eines Rechts an derselben Marke in einem anderen Land zu schließen. Die beiden jeweils betroffenen Länder – so fügt er hinzu – können geografisch weit voneinander entfernt liegen und sich sowohl wirtschaftlich als auch kulturell stark voneinander unter-

420 *Senftleben*, IIC 2016, 941, 948.
421 *Senftleben*, IIC 2016, 941, 949.

scheiden[422]. Folglich spricht sich *Di Cataldo* dafür aus, den „Grundsatz der Beweisnähe“[423] anzuwenden, demzufolge diejenige Partei die Beweislast zu tragen hat, die nach den Regeln der Wahrscheinlichkeit leichteren Zugang zum Sachverhalt hat, da zu vermuten ist, dass diese Partei bessere Voraussetzungen hat, um den geforderten Beweis zügig zu erbringen[424]. In diesem Zusammenhang hält *Di Cataldo* es für durchaus möglich, die Vorschrift in dem Sinn zu interpretieren, dass die Beweislast bezüglich des tatsächlichen Bestehens eines Markenrechts im Transitland sowie einer Verletzung eben dieses Rechts im Bestimmungsland der Ware dem Inhaber der Marke auferlegt werden müsse, da dieser die Eintragungsurkunden der Marke im jeweiligen Transit- und Bestimmungsland immer leicht zur Hand hat und sie somit ohne größere Schwierigkeiten vorlegen kann. Abgesehen davon – so *Di Cataldo* weiter – verfügt der Inhaber der Marke stets Kenntnis über die in den Markenrechtssystemen beider betroffener Länder vorgesehenen Regelungen. Der Besitzer der Transitwaren wäre laut *Di Cataldo* hingegen nicht so leicht imstande, sofern er hierfür keine unter Umständen ganz erheblichen Kosten aufwendet, den Beweis für das Nichtvorhandensein eines Markenrechts oder einer Verletzung desselben im Bestimmungsland zu erbringen. *Di Cataldo* weist in diesem Zusammenhang darauf hin, dass der Besitzer der Waren nicht immer zugleich die Partei ist, die für die Vermarktung der Produkte im Bestimmungsland zuständig ist: Oft werde er im Bestimmungsland gar nicht selbst tätig, sondern sei lediglich ein Mittler des internationalen Handels. Somit gelangt *Di Cataldo* zu der Schlussfolgerung, dass das Gleichgewicht zwischen den beteiligten Parteien empfindlich gestört werden könnte, wenn man die vorgeschlagene Vorschrift so interpretieren würde, als habe der Besitzer der Waren den Beweis dafür zu erbringen, dass diese frei in den geschäftlichen Verkehr des Bestimmungslands gebracht werden dürfen[425].

---

422 *Di Cataldo*, IIC 2018, 436, 446.

423 Dieser Grundsatz wurde bereits vom BGH anerkannt, so etwa in seiner Entscheidung aus dem Jahr 2004 im Fall *Paprika* (BGH, Urteil vom 30.06.2014 – VIII ZR 321/03). Vgl. NJW 2004, 788.

424 Für weitere Erläuterungen zu diesem Grundsatz siehe *Volpin*, The ball is in your court: Evidential burden of proof and the proof-proximity principle in EU Antitrust Law, Common Market Law Review 51 (2014), 1159, 1173 ff.

425 *Di Cataldo*, IIC 2018, 436, 447 f.

Trotz ihrer unterschiedlichen Argumentationsgebäude sind sowohl *Senftleben* als auch *Di Cataldo* der Auffassung, dass dem Inhaber der Marke die Beweislast bezüglich einer Rechtsverletzung im Bestimmungsland der Ware auferlegt werden müsse.

D Stellungnahme

An dieser Stelle unserer Arbeit möchten wir dieses Thema aus einer anderen Perspektive beleuchten und folglich eine andere Lösung anbieten.

I Pragmatische Gründe für eine neue Auffassung

Zunächst erscheint es erforderlich, die pragmatischen Gründe darzulegen, welche die hier eingenommene Interpretationslinie stützen.

Der erste Grund betrifft die schädlichen Auswirkungen, die durch die Markenpiraterie und die damit einhergehenden rechtswidrigen Praktiken hervorgerufen werden, wie dies in Kapitel I. A näher ausgeführt wurde. Laut einer Prognose wird der Umsatz des weltweiten Handels mit Pirateriewaren im Jahr 2022 einen Wert von 991 Milliarden US-Dollar erreichen[426]. Und die Folgen dieses milliardenschweren Geschäfts bekommen sowohl die Markeninhaber als auch die Verbraucher und die Volkswirtschaft als Ganzes zu spüren.

Wie in Kapitel 1 dargelegt wurde, sind die Schäden, die den Markeninhabern entstehen, unterschiedlicher Art, gehören hierzu doch unter anderem Umsatzverluste, Beeinträchtigungen des Images einer Marke und die Kosten, die für Maßnahmen aufgewendet werden, um gegen die Markenpiraterie vorzugehen. Das Inverkehrbringen von erheblich günstigeren Waren führt ganz unmittelbar zu einem Umsatzverlust seitens des Markeninhabers. Darüber hinaus muss dieser aufgrund der geringeren Qualität der nachgeahmten Waren negative Auswirkungen auf das Image seiner Marke befürchten, vor allem wenn der Verbraucher die Piraterieprodukte für Originale hält. Durch den Verlust an Exklusivität bzw. die Gefahr der Verwässerung erleidet das Markenimage einen direkten Schaden.

426 *Frontier Economics, Ltd.*, *The Economic Impacts of Counterfeiting and Piracy*, 2016, S. 14 f.

Hoch sind des Weiteren die Kosten, die der Markeninhaber aufbringen muss, um mittels administrativer Maßnahmen und gerichtlicher Schritte sowohl zivil- als auch strafrechtlicher Art ein wirksames Vorgehen gegen den Handel mit Pirateriewaren sicherzustellen.

Der Verbraucher erleidet seinerseits einen Vermögensschaden durch den Erwerb von Produkten, die keiner strengen Qualitätskontrolle unterzogen wurden und daher nicht die erhoffte Gegenleistung bieten, ja aufgrund von Funktionsstörungen sogar weitere Sachschäden verursachen können. Darüber hinaus besteht bei nachgeahmten Produkten für den Verbraucher die Gefahr ernsthafter gesundheitlicher Schäden, die im Extremfall bis zum Tod führen können. Diese Gefahr betrifft Produkte ganz verschiedener Branchen: In der Automobilindustrie beispielsweise können nachgeahmte Ersatzteile schwere Verkehrsunfälle zur Folge haben; in der Lebensmittel- und Getränkeindustrie können Produkte, die Giftstoffe enthalten, zu ernsthaften gesundheitlichen Beschwerden führen; Gleiches gilt auch für die Branche der Kosmetika und Hygieneartikel; ebenso gehen bei Spielzeug erhebliche Gefahren von gefälschten Produkten aus, kann doch beispielsweise schon ein loses Teil genügen, um von einem Kind verschluckt zu werden; in der Pharmaindustrie kann die Einnahme nachgeahmter Medikamente ernsthafte gesundheitliche Schäden oder sogar den Tod zur Folge haben, während in der Elektroindustrie Brände oder Explosionen durch gefälschte Produkte hervorgerufen werden können; was schließlich die Baubranche betrifft, so können nachgeahmte Baumaterialien zu desaströsen Folgen für den Verbraucher und das öffentliche Leben im Allgemeinen führen, wenn sie beispielsweise für die Errichtung von Ölplattformen, Pipelines, Raffinerien und Kraftwerken verwendet werden.

Auch der Schaden für die Volkswirtschaft ist erheblich. Die Staatseinnahmen schrumpfen zum einen deshalb, weil die Piraterie in der Regel mit Schwarzarbeit einhergeht, aber auch weil die von ihr betroffenen Unternehmen Gewinneinbußen erleiden. Hinzu kommt, dass die Piraterie ein schlechtes Investitionsklima in solchen Ländern zur Folge hat, in denen sie von staatlicher Seite kaum bekämpft wird bzw. in denen das Rechtssystem kein wirksames Vorgehen gegen sie erlaubt, was schließlich dazu führt, dass ausländische Unternehmen von Investitionen abgehalten werden. Für das Jahr 2022 wird beispielsweise prognostiziert, dass der globale Rückgang ausländischer Investitionen 231 Milliarden US-Dollar erreichen wird[427]. Ein weiterer dramatischer Negativeffekt betrifft die Auswirkungen auf den Arbeitsmarkt: So wird prognostiziert, dass 2022 mit einem Verlust von 4,2 bis 5,4 Millionen Arbeitsplätzen weltweit zu rechnen sein wird. Und dieser Verlust an Arbeitsplätzen hat wiederum einen Anstieg der Staatsausgaben für die sozialen Sicherungssysteme zur Folge.

All diese schädlichen Auswirkungen machen deutlich, wie gravierend das Problem der Markenpiraterie auf globaler Ebene ist. Doch das ist noch nicht alles. Wie bereits in Kapitel I. A. dargelegt wurde, gibt es laut INTERPOL eindeutige Belege für die engen Verflechtungen zwischen der Piraterie und der international organisierten Kriminalität. Insbesondere verweist die INTERPOL darauf, dass die durch den Handel mit Pirateriewaren erzielten Gewinne oft dazu verwendet werden, andere kriminelle Machenschaften wie Drogen- und Menschenhandel, Korruption, Bestechung, Geldwäsche, Cyberkriminalität, Umweltverbrechen und Terrorismus zu finanzieren. Die INTERPOL bringt das Problem wie folgt auf den Punkt: „Der Handel mit gefälschten und nachgeahmten Produkten beeinträchtigt die globale Wirtschaft und gefährdet weltweit die öffentliche Gesundheit. Sämtliche Regionen der Erde und sämtliche Industriezweige sind davon betroffen“[428]. Vor diesem Hintergrund lancierte das *United Nations Office on Drugs and Crime*, wie in Kapitel I. A. erwähnt wurde, im Jahr 2013 eine weltweite Kampagne, um die Öffentlichkeit dafür zu sensibilisieren, dass der Erwerb gefälschter bzw. nachgeahmter Produkte möglicherweise zur Finanzierung krimineller Vereinigungen beiträgt und eine Gefährdung der Gesundheit und der Sicherheit der Verbraucher heraufbeschwören kann[429]. Im Rahmen besagter Kampagne wurde insbesondere auch auf die Umweltschäden hingewiesen, die durch die Markenpiraterie verursacht werden, sowie auf die erbärmlichen Arbeitsbedin-

---

427 *Frontier Economics, Ltd., The Economic Impacts of Counterfeiting and Piracy*, 2016, S. 50.

428 Im Original: “Illicit trade damages the global economy and harms public health worldwide. All regions of the world and all industry sectors are affected.” Vgl. hierzu den Bericht *Illicit goods – the issues* auf der offiziellen Website der Interpol, abrufbar unter https://www.interpol.int/Crimes/Illicit-goods/Illicit-goods-the-issues.

429 Für weitere Informationen siehe die offizielle Website der Kampagne: https://www.unodc.org/counterfeit/.

gungen derjenigen, die zur Herstellung gefälschter und nachgeahmter Produkte herangezogen werden[430]. Da sie sich jeder Vorschrift entzieht, kann die Herstellung nachgeahmter Waren verheerende ökologische Folgen haben, beispielsweise durch die rücksichtslose Entsorgung giftiger Farbstoffe sowie von Elektroschrott oder Chemikalien, die für gewöhnlich nicht sachgemäß erfolgt. Auch auf die Luftverschmutzung, die durch zumeist höchst bedenkliche Herstellungsverfahren unter Missachtung der für die jeweilige Branche geltenden Regeln verursacht wird, wurde in der Kampagne gesondert hingewiesen. Aufgrund der heimlich betriebenen Produktion gestaltet es sich in derartigen Fällen oft als schwierig, wenn nicht gar unmöglich, die für die Umweltschäden verantwortlichen Personen zu identifizieren. Besonders alarmierend sind, wie in der Kampagne des Weiteren hervorgehoben wird, die Arbeitsbedingungen, unter denen die Produktion gefälschter und nachgeahmter Waren erfolgt, befinden sich die Arbeitskräfte, bei denen es sich oft um Kinder handelt, doch zumeist in einer Position des absoluten Ausgeliefertseins: Abgesehen davon, dass sie schlecht bezahlt werden, kümmert sich auch niemand um Fragen der Sicherheit oder um irgendwelche Arbeitsrechte. Über all die genannten Negativerscheinungen hinaus bleibt abschließend ganz allgemein festzustellen, dass die Markenpiraterie diametral gegen jegliche Rechtsordnung und das öffentliche Gemeinwohl verstößt. So lautet denn auch die Schlussfolgerung, die in der Kampagne des *United Nations Office on Drugs and Crime* formuliert wurde, wie folgt: „The illicit trafficking of counterfeit goods is a crime which touches virtually everyone in one way or another."

Der zweite Grund hat mit dem langen Zeitraum zu tun, in dem die Verhandlungen über den Abschluss des TRIPs-Übereinkommens geführt wurden. Wie in Kapitel 2. C. dargelegt wurde, geht dieses auf die Uruguay-Runde zurück, also jene Verhandlungsrunde, die im Jahr 1986 im Rahmen des GATT initiiert wurde und die auch zur Vereinbarung über die Errichtung der WTO führte. Die Uruguay-Runde tagte insgesamt acht Jahren lang und endete 1994 mit der Zeichnung der entsprechenden Verträge. Die Verhandlungen über den Abschluss des TRIPs-Übereinkommens wurden somit bereits vor über 30 Jahren begonnen. Die dama-

430 *UNODC, The Illicit Trafficking of Counterfeit Goods and Transnational Organized Crime*, 2013, S. 4.

ligen Verhältnisse aber unterschieden sich in jeder Hinsicht deutlich von unserer heutigen Welt: Belief sich das globale Handelsvolumen im Jahr 1986 noch auf einen Betrag von rund 2 Billionen US-Dollar[431], so erreichte es 2018, also gut 30 Jahre später, bereits einen Wert von ca. 19 Billionen US-Dollar[432]. Diese Zahlen sind ein klarer Beleg dafür, dass der internationale Warenverkehr im Zuge der Globalisierung und der zunehmend enger vernetzten Weltwirtschaft einen Schwindel erregenden Anstieg erlebt hat. Und die Zuwachsrate des internationalen Handels mit gefälschten bzw. nachgeahmten Waren stand dem in nichts nach: Betrug der entsprechende Wert im Jahr 1990 Schätzungen zufolge noch rund 100 Milliarden US-Dollar[433], so wurde er 2013, etwas mehr als 20 Jahre später, bereits mit 461 Milliarden US-Dollar beziffert; für das Jahr 2022 wird sogar mit einem Anstieg auf 991 Milliarden US-Dollar gerechnet[434]. Diese rasante Entwicklung vollzog sich trotz aller globalen Anstrengungen zur Bekämpfung der Markenpiraterie. Zwischen 2011 und 2013 ergab sich aus den Statistiken, die für 184 verschiedene Länder verfügbar waren, dass die Zollbehörden Verstöße gegen geistige Eigentumsrechte in 76 der 96 Produktkategorien identifizieren konnten, die in der von der *World Customs Organization* erstellten Klassifikation des *Harmonized Systems* (HS)[435] geführt werden, sprich in 79 % der dort vorgesehenen Kategorien. Im darauffolgenden Dreijahreszeitraum, also von 2014 bis 2016, wurden solche Verstöße bereits in 88 von 96 Kategorien festgestellt, sprich in 90 % aller in dieser Klassifikation geführten Produktkategorien[436]. Somit wird klar, dass in den 80er Jahren, als die Verhandlungen über den Abschluss des TRIPs-Übereinkommens ihren Anfang nahmen, das Problem des Transits von Pirateriewaren noch längst nicht jenes Ausmaß erreicht hatte, mit dem es uns in heutiger Zeit begegnet.

---

431 Vgl. hierzu die entsprechenden Statistiken bezüglich des Welthandelsvolumens auf der Website der WTO, abrufbar unter: <https://data.worldbank.org/indicator/TX.VAL.MRCH.CD.WT?end=2018&start=1986>.

432 *WTO, World Trade Statistical Review*, 2019, S. 8.

433 *OECD, The Economic Impact of Counterfeit*, 1998, S. 24.

434 Vgl. hierzu Fußnote 426.

435 Bezüglich des *Harmonized System* siehe den entsprechenden Abschnitt der Website der *World Customs Organization*: <http://www.wcoomd.org/en/topics/nomenclature/overview/what-is-the-harmonized-system.aspx>.

436 *OECD/EUIPO, Trends in Trade in Counterfeit and Pirated Goods, Illicit Trade*, 2019, S. 29.

Die oben skizzierten pragmatischen Gründe machen deutlich, wie dringend es ist, eine Beschlagnahme von Pirateriewaren auch im Transitverkehr zu ermöglichen, um auf diese Weise ein breit angelegtes und effizientes Vorgehen gegen den internationalen Handel mit Pirateriewaren in der heutigen Zeit zu gewährleisten. Gleichzeitig würde damit auch das Umsichgreifen seiner schädlichen Auswirkungen und der Anreiz zu weiteren rechtswidrigen bzw. kriminellen Praktiken, die damit einhergehen, vermieden werden.

II Rechtliche Gründe für eine neue Auffassung

Angesichts der pragmatischen Gründe, die im vorigen Abschnitt dargelegt wurden, müssen die Rechtsgrundlagen bzw. -vorschriften zu diesem Thema – insbesondere die im GATT- und im TRIPs-Abkommen vorgesehenen Bestimmungen – in einem weitreichenden Sinn analysiert und ausgelegt werden. Dies führt uns zu den rechtlichen Gründen, welche die hier eingenommene Position stützen, nämlich: (**i**) Die neue Transitregelung kann in dem Sinn verstanden werden, dass sie unter die in Art. V Abs. 3 GATT genannten „Zollvorschriften" („customs laws and regulations") fällt und somit eine Anwendung der ebendort vorgesehenen Ausnahmeregelung als gerechtfertigt erscheinen lässt, wodurch eine eventuelle Verletzung von Art. V Abs. 2 GATT verneint werden kann; (**ii**) auch wenn man sich diesem ersten Grund nicht anschließen mag, so kann die neue Transitregelung doch als eine der Maßnahmen betrachtet werden, „die zur Einhaltung von Gesetzen oder sonstigen Vorschriften erforderlich sind, welche nicht gegen dieses Abkommen verstoßen, einschließlich der Bestimmungen über […] den Schutz von […] Warenzeichen … ", so dass Art. XX Abs. (d) GATT anwendbar und eine Verletzung von Art. V Abs. 2 GATT folglich gerechtfertigt wäre.

1 Anwendbarkeit der in Art. V Abs. 3 GATT vorgesehenen Ausnahmeregelung

Wie in Abschnitt C. I. dieses Kapitels bei der Erörterung eines möglichen Konflikts zwischen der neuen Transitregelung und Art. V Abs. 2 GATT dargelegt wurde, muss zunächst geprüft werden, ob erstere nicht unter die in Art. V Abs. 3

GATT vorgesehene Ausnahmeregelung fällt. Falls dies bejaht wird, so würde die neue Transitregelung keinen Verstoß gegen Art. V Abs. 2 GATT darstellen.

Im Umkehrschluss besagt Art. V Abs. 3, dass der Transitverkehr in Fällen einer „Verletzung der Zollvorschriften“ sehr wohl verzögert oder beschränkt werden darf. Im Folgenden sei an den Wortlaut besagter Bestimmung erinnert:

> „Jede Vertragspartei kann verlangen, dass der Durchfuhrverkehr durch ihr Gebiet beim zuständigen Zollamt angemeldet wird; der Durchfuhrverkehr aus oder nach dem Gebiet einer anderen Vertragspartei darf aber, außer bei Verletzung der Zollvorschriften, nicht unnötig verzögert oder beschränkt werden; er ist von Zöllen, anderen Durchfuhrabgaben und Durchfuhrbelastungen zu befreien, mit Ausnahme der Beförderungskosten oder sonstigen Belastungen, die dem aus der Durchfuhr entstehenden Verwaltungsaufwand und den Kosten der erbrachten Dienstleistungen entsprechen.“ (hervorgehoben durch den Verfasser).

Betrachtet man die neue Transitregelung folglich so, dass sie unter den Begriff der „Zollvorschriften“ fällt, so wäre eine eventuelle Verzögerung oder Beschränkung des Transitverkehrs durchaus gerechtfertigt, wodurch ein Konflikt mit Art. V Abs. 2 GATT ausgeschlossen wäre.

Wie in Abschnitt C. I. dieses Kapitels bereits erwähnt, ist *Grosse Ruse-Khan* der Auffassung, dass sich eine Ausweitung der Markenrechte nicht auf Art. V Abs. 3 GATT stützen kann, da eine solche Ausweitung nicht dafür konzipiert sei, die Einhaltung der Zollvorschriften zu gewährleisten, und folglich im Hinblick auf diesen Zweck auch nicht erforderlich sei. Dieser Position kann man sich nicht anschließen. *Grosse Ruse-Khan* vermischt die Voraussetzungen von Art. V Abs. 3 mit denen von Art. XX Abs. (d) GATT, die sich auf unabhängige und unverwechselbare Vorschriften beziehen. Dem gleichen Fehler verfällt, wie gesehen, auch *Vrins*. Die in Art. XX Abs. (d) enthaltene Bestimmung wird herangezogen, um eine Verletzung irgendeiner der durch das GATT auferlegten Pflichten zu rechtfertigen. Damit sich ein Vertragsstaat aber auf sie berufen kann, muss die von ihm ergriffene Maßnahme, die zu besagter Verletzung führte, „zur Einhaltung von

Gesetzen oder sonstigen Vorschriften […], welche nicht gegen dieses Abkommen verstoßen", erforderlich sein. Damit wird klar, dass die fragliche Vorschrift zwei wichtige Aspekte beinhaltet: Erstens ist eine vorherige Verletzung einer der Pflichten des GATT Voraussetzung für ihre Anwendung, und zweitens zielt sie genau auf die Maßnahme seitens eines Vertragsstaats ab, die zu dieser Verletzung führte. Demgegenüber wird die Anwendung der Bestimmung von Art. V Abs. 3 nicht von einer vorherigen Verletzung einer der Pflichten des GATT abhängig gemacht. Abgesehen davon richtet sie sich auch nicht auf eine durch einen Vertragsstaat ergriffene Maßnahme. Der besagten Bestimmung zufolge kann der Transitverkehr in Fällen einer „Verletzung der Zollvorschriften" durchaus Gegenstand einer Verzögerung oder Beschränkung sein. Anders ausgedrückt: Verstoßen Waren bei ihrer Durchfuhr gegen die einschlägigen zollrechtlichen Bestimmungen, so kann der Transitverkehr verzögert oder beschränkt werden. Art. V Abs. 3 sieht somit eine Ausnahme vor, welche die Verzögerung oder Beschränkung des Transitverkehrs zulässt. In solch einem Fall kann aber nicht von einer Verletzung des GATT die Rede sein. Hinzu kommt, dass sich die Bestimmung von Art. V Abs. 3 im Gegensatz zu derjenigen von Art. XX Abs. (d) nicht auf eine von einem Vertragsstaat ergriffene Maßnahme richtet, sondern auf Waren im Transitverkehr, die aus irgendeinem Grund gegen die Zollvorschriften verstoßen. Wie man sieht, liegt im ersten Fall eine Verletzung einer der Pflichten des GATT vor, wobei sich diese Verletzung aber durch die Bestimmung von Art. XX Abs. (d) rechtfertigen lässt. Im zweiten Fall liegt hingegen keinerlei Verletzung des GATT vor, da die Bestimmung von Art. V Abs. 3 eine Ausnahmeregelung darstellt, welche die Verzögerung oder Beschränkung des Transitverkehrs zulässt. Folglich kann unseres Erachtens keinesfalls behauptet werden, dass sich die Bestimmung von Art. V Abs. 3 nicht auf die neue Transitregelung anwenden lasse, weil die Voraussetzungen von Art. XX Abs. (d) nicht erfüllt seien. Wie ebenfalls in Abschnitt C. I. dieses Kapitels dargelegt wurde, lehnte auch *Senftleben* die Auffassung ab, dass man sich für eine Ausweitung der Markenrechte auf Art. V Abs. 3 stützen könne, da in besagter Vorschrift ja festgelegt sei, dass unnötige Verzögerungen oder Beschränkungen unzulässig seien und auf eine Verletzung der zugesicherten internationalen Transitfreiheit hinauslaufen würden. Auch dieser Position kann man sich aber nicht anschließen. Wie bereits dargelegt wurde, beinhaltet die Bestimmung von

Art. V Abs. 3 nämlich eine Ausnahmeregelung, welche die Verzögerung oder Beschränkung des Transitverkehrs sehr wohl zulässt. Wenn sich die neue Transitregelung somit der genannten Ausnahmeregelung zuordnen lässt, dann kann von einer Verletzung der Transitfreiheit nicht die Rede sein.

Die hier vertretene Position ist derjenigen von *Grosse Ruse-Khan, Senftleben* und *Vrins* entgegengesetzt. Die Bedeutung der im vorigen Abschnitt dargelegten pragmatischen Gründe rechtfertigt nämlich eine weitreichende Auslegung des Begriffs „Zollvorschriften" ("customs laws and regulations"), was uns zu der Auffassung führt, dass sich die neue Transitregelung unter eben diesen Begriff subsumieren lässt. Über den engen Zusammenhang zwischen der neuen Transitregelung und dem Markenrecht gibt es keinen Zweifel, wurden erstere doch im Rahmen der EU-Markenrechtsreform ausgearbeitet und durch die neue Markenrichtlinie bzw. Markenverordnung eingeführt. Mit ihnen wurde ein materiellrechtlicher Unterlassungsanspruch zugunsten des Markeninhabers verankert. Ihre Wirkung geht jedoch über den Bereich des Markenrechts hinaus. Dies zeigt sich schon am Wortlaut der Vorschrift in aller Klarheit, wo auf die Möglichkeit des Markeninhabers verwiesen wird, es nach Erfüllung der darin genannten Voraussetzungen Dritten zu untersagen, Waren in einen Mitgliedstaat zu verbringen, auch wenn besagte Waren dort nicht in den zollrechtlich freien Verkehr überführt werden. Das bedeutet, dass auf der Grundlage der neuen Transitregelung der Transitverkehr unterbrochen und Waren zurückgehalten werden können. Ein direkter Eingriff im Zuge des Zollverfahrens (in diesem Fall des Versand- oder Zolllagerverfahrens) ist dabei offenkundig. So wie die Vorschrift abgefasst ist, könnte sie durchaus Bestandteil eines Zollgesetzbuchs in einem Kapitel sein, das beispielsweise von den Voraussetzungen handelt, die eine Ware erfüllen muss, damit ein Zollverfahren fortgeführt werden kann[437]. Das eigentliche Grenzbeschlagnahmeverfahren wiederum ist durch die GBV 2013 geregelt, bei der es um die Durchsetzung der Rechte geistigen Eigentums durch die Zollbehörden geht[438]. Wie bereits erwähnt, enthält die GBV 2013 ausschließlich Verfahrensvorschriften für die Zollbehörden, nicht jedoch Anspruchsgrundlagen. Das Tätigwerden

437 Genau dies ist im brasilianischen Recht der Fall, wie im nächsten Kapitel zu sehen sein wird.

438 Über die VO (EG) Nr. 608/2013 siehe Kapitel 3. III. 2.

der Zollbehörden gegenüber Transitwaren kann nur auf der Grundlage der neuen Transitregelung als einer materiellrechtlichen Bestimmung erfolgen. Somit wurde es durch die neue Transitregelung ermöglicht, echte Transitwaren dem EU-Grenzbeschlagnahmeverfahren zu unterwerfen.

So gesehen lässt sich der Zusammenhang zwischen der neuen Transitregelung und dem Zollrecht schwerlich leugnen. Dies sollte genügen, um sie unter den Begriff der „Zollvorschriften" subsumieren zu können. Die Befürwortung dieser Interpretationslinie ergibt sich daraus, dass die in Art. V Abs. 3 GATT vorgesehene Ausnahmeregelung anzuwenden ist und eine eventuelle Verletzung von Art. V Abs. 2 GATT folglich verneint werden muss. Abgesehen davon, unterliegt es angesichts des ersten pragmatischen Grunds keinem Zweifel, dass die neue Transitregelung gemäß Art. V Abs. 4 GATT angemessen ist, um den beabsichtigten Zweck zu erfüllen.

2 Anwendbarkeit von Art. XX Abs. (d) GATT

Würde man die Ansicht vertreten, dass sich die in Art. V Abs. 3 GATT vorgesehene Ausnahmeregel nicht auf die neue Transitregelung anwenden lässt, was hier nur hypothetisch und zu Argumentationszwecken angenommen werden soll, so würde diese einen Verstoß gegen das Prinzip der Transitfreiheit bzw. gegen Art. V Abs. 2 GATT darstellen. In diesem Fall müsste geprüft werden, ob sich das Bestehen der neuen Transitregelung bzw. die Verletzung von Art. V Abs. 2 durch die Bestimmung von Art. XX Abs. (d) GATT rechtfertigen lässt[439]. Wie oben dargelegt wurde, hat diese Prüfung in zwei Schritten zu erfolgen. Im ersten Schritt muss der Frage nachgegangen werden, ob die Transitregelung unter die Bestimmung von Art. XX Abs. (d) fällt, sprich ob sie so konzipiert ist, dass durch sie die Einhaltung von Gesetzen oder sonstigen Vorschriften (im vorliegenden Fall der TRIPs-Bestimmungen) gewährleistet wird, welche nicht gegen das GATT-Abkommen verstoßen, und ob sie im Hinblick auf dieses Ziel auch erforderlich ist. Im zweiten Schritt bleibt dann zu prüfen, ob die neue Transitregelung den im *Chapeau* von

439 Für den Wortlaut sowohl des *Chapeaus* als auch des Absatzes (d) von Art. XX GATT verweisen wir auf den Abschnitt C. I. weiter oben in diesem Kapitel.

Art. XX genannten Voraussetzungen entspricht, ob ihre Anwendung also nicht „zu einer willkürlichen und ungerechtfertigten Diskriminierung zwischen Ländern, in denen gleiche Verhältnisse bestehen, oder zu einer verschleierten Beschränkung des internationalen Handel führt".

Wie in Abschnitt C. I. dieses Kapitels dargelegt wurde, vertritt *Grosse Ruse-Khan* die Auffassung, dass die Ausweitung des Markenrechts einen Verstoß gegen Art. V Abs. 2 GATT darstellen würde, der sich nicht durch die in Art. XX Abs. (d) GATT vorgesehene Ausnahmeregelung rechtfertigen lässt. *Grosse Ruse-Khan* weist darauf hin, dass das TRIPs-Übereinkommen keine Maßnahmen gegen den Transit von Waren verlangt, und schon gar nicht so weitreichende, die es dem Rechtsinhaber gestatten würden, den bloßen Transit zu unterbinden, ohne dass die Gefahr eines Abweichens vom ursprünglich vorgesehenen Verkehrsweg besteht. Folglich könne laut diesem Autor eine solche Ausweitung des Markenrechts nicht als erforderlich betrachtet werden, um die Einhaltung des TRIPs-Übereinkommens zu gewährleisten. Bei der Begründung seiner Position stützt sich *Grosse use-Khan* also auf den wörtlichen Sinn der TRIPs-Bestimmungen. Er fügt hinzu, dass die Ausweitung des Markenrechts als eine Schranke für den rechtmäßigen Handel betrachtet werden müsse, was gegen Art. 41 Abs. 1 TRIPs verstoßen würde. In einem Werk, das im Jahr 2016, also nach Verabschiedung der Richtlinie 2015/2436 und der Verordnung 2015/2424 veröffentlicht wurde, bekräftigte *Grossse Ruse-Khan* erneut seine Position, indem er dort weiter ausführte, dass sich an diesem Befund einer Schranke für den rechtmäßigen Handel auch durch den in der neuen Transitregelung vorgesehenen Vorbehalt nichts ändern würde, wonach der Anspruch des Markeninhabers erlischt, wenn der zollrechtliche Anmelder oder der Besitzer der Waren nachweist, dass der Inhaber der eingetragenen Marke nicht berechtigt ist, das Inverkehrbringen der Waren im endgültigen Bestimmungsland zu untersagen[440]. Dies liege daran, dass besagter Vorbehalt nicht genüge, um erhebliche Verzögerungen bei der Freigabe der Transitwaren zu vermeiden, die somit bis zur Lösung des jeweiligen Falls zurückgehalten würden. Dem ist entgegenzuhalten, dass im Falle einer Rechtsverletzung im Transit- und

---

440 Vgl. *Grosse Ruse-Khan*, The Protection of Intellectual Property in International Law 2016, S. 310.

im Bestimmungsland, die zu einer permanenten Zurückhaltung bzw. zur Zerstörung der betreffenden Waren führt, nicht von einer Schranke für den rechtmäßigen Handel die Rede sein kann. Falls sich umgekehrt nachweisen lässt, dass keine Rechtsverletzung im Bestimmungsland vorliegt, so wäre die zeitweilige Zurückhaltung aber schon angesichts der pragmatischen Gründe, die in Abschnitt D. I. dieses Kapitels dargelegt wurden, vollauf gerechtfertigt. Hinzu kommt, wie weiter unten in Abschnitt D. III. noch zu sehen sein wird, dass der Nachweis einer Rechtsverletzung im Bestimmungsland keine größeren Schwierigkeiten bereiten dürfte.

In gleicher Weise wie *Grosse Ruse-Khan* ist auch *Senftleben* der Auffassung, dass sich die neue Transitregelung nicht durch die in Art. XX Abs. (d) GATT vorgesehene Ausnahmeregelung rechtfertigen lässt. *Senftleben* argumentiert, dass die Reichweite von Art. 41 Abs. 1 TRIPs ausdrücklich auf die in Teil III des TRIPs-Übereinkommens vorgesehenen Verfahren zur „Durchsetzung der Rechte des geistigen Eigentums" beschränkt ist, und dass die in besagtem Teil enthaltenen Artikel, in denen von Maßnahmen gegen gefälschte und nachgeahmte Waren die Rede ist (wie etwa Art. 51), nichts über Transitwaren sagen. Wie *Grosse Ruse-Khan*, so fasst auch *Senftleben* die Bestimmungen in wörtlichem Sinne auf. Des Weiteren hebt er hervor, dass die Fußnote 13 zu Art. 51 TRIPs nicht so zu verstehen sei, dass die Vertragsstaaten dazu verpflichtet wären, die in eben diesem Artikel vorgesehenen Verfahren auf Waren im Transit anzuwenden. Umgekehrt gilt jedoch auch, dass besagte Fußnote die Vertragsstaaten nicht daran hindert, über die Vorgaben des TRIPs-Übereinkommens hinauszugehen und in ihrem nationalen Recht die Möglichkeit einer Beschlagnahme gefälschter und nachgeahmter Waren im Transit vorzusehen[441]. *Senftleben* behauptet ferner, dass die neue Transitregelung als Schranken für den rechtmäßigen Handel gemäß Art. 41 Abs. 1 TRIPs zu betrachten sei, wobei er aber wie *Grosse Ruse-Khan* außer Acht lässt, dass die Transitware nur dann permanent zurückgehalten bzw. zerstört wird, wenn eine Rechtsverletzung im Transit- und im Bestimmungsland vorliegt. Auch *Di Cataldo* stützt sich auf Art. 41 Abs. 1 TRIPs sowie auf den Umstand, dass in den Bestimmungen zur Grenzbeschlagnahme in keinerlei Weise auf Transitsitua-

441 Im selben Sinne *Heath*, IIC 2010, 881, 901.

tionen Bezug genommen wird, um daraus abzuleiten, dass sich die neue Transitregelung nicht durch Art. XX Abs. (d) GATT rechtfertigen lässt.

Den Positionen von *Grosse Ruse-Khan, Senftleben* und *Di Cataldo* kann man nicht zustimmen. Auch wenn man den ersten rechtlichen Grund (Anwendbarkeit der in Art. V Abs. 3 GATT vorgesehenen Ausnahmeregelung) nicht gelten lassen will, der eine Verletzung von Art. V Abs. 2 GATT ausschließen würde, was hier nur hypothetisch angenommen wird, so muss die neue Transitregelung zumindest als erforderlich betrachtet werden, um die Einhaltung des TRIPs-Übereinkommens zu gewährleisten, womit sie unter die Bestimmung von Art. XX Abs. (d) GATT fällt. Folglich wäre eine Verletzung von Art. V Abs. 2 GATT gerechtfertigt.

In diesem Zusammenhang sprechen abgesehen von den pragmatischen Gründen vor allem zwei Aspekte für die hier vertretene Interpretationslinie. Der erste Aspekt betrifft die Ziele des TRIPs-Übereinkommens, insbesondere das der Bekämpfung der Markenpiraterie. Schon im ersten Satz der Präambel wird dort ja auf die Notwendigkeit hingewiesen, „einen *wirksamen* und *angemessenen* Schutz der Rechte des geistigen Eigentums zu fördern" (Hervorhebung im Originaltext)[442]. Des Weiteren wird im Text der Präambel hervorgehoben, dass die Vertragsstaaten im Hinblick auf das Erreichen dieses Ziels unter anderem die Notwendigkeit „neuer Regeln" anerkennen, und zwar insbesondere „im Hinblick auf [...] c) die Bereitstellung *wirksamer* und *angemessener* Mittel für die Durchsetzung handelsbezogener Rechte des geistigen Eigentums ..." (Hervorhebung im Originaltext)[443]. Außerdem wird betont, dass die Vertragsstaaten die Notwendigkeit eines multilateralen Rahmens von Grundsätzen und Regeln bezüglich des internationalen Handels mit gefälschten Waren anerkennen[444]. In Art. 7 wiederum, der eigens einer Definition der Ziele des TRIPs-Übereinkommens gewid-

442 Englischer Originaltext: "(...) taking into account the need to promote effective and adequate protection of intellectual property rights ...".

443 Englischer Originaltext: „Recognizing, to this end, the need for new rules and disciplines concerning: (...) (c) the provision of effective and appropriate means for the enforcement of trade-related intellectual property rights ...".

444 Englischer Originaltext: „Recognizing the need for a multilateral framework of principles, rules and disciplines dealing with international trade in counterfeit goods ".

met ist, heißt es folgendermaßen: „Der Schutz und die Durchsetzung von Rechten des geistigen Eigentums sollen zur Förderung der technischen Innovation sowie zur Weitergabe und Verbreitung von Technologie beitragen, dem beiderseitigen Vorteil der Erzeuger und Nutzer technischen Wissens dienen, in einer dem gesellschaftlichen und wirtschaftlichen Wohl zuträglichen Weise erfolgen und einen Ausgleich zwischen Rechten und Pflichten herstellen."[445]. Weiter unten im Vertragstext, im Abschnitt über die allgemeinen Pflichten, legt Art. 41 ferner fest, dass die Vertragsstaaten sicherstellen müssen, dass Durchsetzungsmaßnahmen „in ihrem Recht vorgesehen werden, um ein *wirksames* Vorgehen gegen jede Verletzung von [...] Rechten des geistigen Eigentums [...] zu ermöglichen" (Hervorhebung im Originaltext)[446]. In unserer heutigen Welt, in der die Schwindel erregenden Zuwachsraten des internationalen Warenverkehrs bedauerlicherweise auch ein nicht minder dynamisches Aufblühen des weltweiten Handels mit gefälschten Produkten nach sich ziehen, hängt die in der Präambel des TRIPs-Übereinkommens verlangte Förderung eines *wirksamen* und *angemessenen* Schutzes der Rechte des geistigen Eigentums in erheblichem Maße davon ab, ob ein breit angelegtes Vorgehen gegen die Markenpiraterie an den Grenzen ermöglicht wird. Zu solch einem breit angelegten Vorgehen gehört notwendigerweise auch das Mittel der Beschlagnahme gefälschter Waren, die sich im Transitverfahren befinden, und nicht nur solcher, die für den Import oder Export bestimmt sind. In gleicher Weise sollte auch die „Bereitstellung *wirksamer* und *angemessener* Mittel für die Durchsetzung handelsbezogener Rechte des geistigen Eigentums", die in der Präambel des TRIPs-Übereinkommens ebenfalls gefordert wird, die Möglichkeit einer Beschlagnahme gefälschter Waren im Transitverkehr umfassen. Wie im Zusammenhang mit dem zweiten pragmatischen Grund dargelegt wurde, hatte in den 1980er Jahren, als die Verhandlungen über den Abschluss des TRIPs-

---

445 Englischer Originaltext: „The protection and enforcement of intellectual property rights should contribute to the promotion of technological innovation and to the transfer and dissemination of technology, to the mutual advantage of producers and users of technological knowledge and in a manner conducive to social and economic welfare, and to a balance of rights and obligations."

446 Englischer Originaltext: „Members shall ensure that enforcement procedures as specified in this Part are available under their law so as to permit effective action against any act of infringement of intellectual property rights covered by this Agreement."

Übereinkommens ihren Anfang nahmen, die Problematik des Transitverkehrs gefälschter Waren noch längst nicht das Ausmaß unserer heutigen Zeit erreicht. Besagtes Abkommen sah in Art. 51, wo es um Grenzmaßnahmen geht, eine Beschlagnahme gefälschter und nachgeahmter Waren lediglich im Kontext der Ein- und Ausfuhr vor. Auch wenn sie nicht ausdrücklich erwähnt wurde, so wurde die Möglichkeit der Beschlagnahme von Waren im Transitverkehr darin zumindest nicht ausgeschlossen. Das Übereinkommen überließ es gemäß Art. 1 nämlich dem Ermessen der Vertragsstaaten, über die Mindestschutzstandards hinauszugehen und in ihrem nationalen Recht einen umfangreicheren Schutz als den dort vereinbarten zu verankern.

Bestünde unter den heutigen Gegebenheiten nicht die Möglichkeit einer Beschlagnahme gefälschter und nachgeahmter Waren im Transitverkehr, so würde das Ziel des TRIPs-Übereinkommens, einen wirksamen Schutz der Rechte des geistigen Eigentums zu fördern, nicht erreicht werden. Ohne die Möglichkeit eines breit angelegten Vorgehens an den Grenzen, wozu auch Maßnahmen gegen Waren im Transitverkehr gehören, kann die Markenpiraterie nicht in angemessener Weise bekämpft werden, womit auch die vom TRIPs-Übereinkommen angestrebte wirksame Durchsetzung der Rechte des geistigen Eigentums hinfällig wäre. Von solch einem Szenario würde ein sehr negativer Impuls im Hinblick auf das Erreichen all der in Art. 7 des Abkommens im Einzelnen aufgeführten Ziele ausgehen, sprich auf die „Förderung der technischen Innovation", die „Weitergabe und Verbreitung von Technologie", den „beiderseitigen Vorteil der Erzeuger und Nutzer technischen Wissens" sowie das „gesellschaftliche und wirtschaftliche Wohl".

Der zweite Aspekt besteht darin, dass es von entscheidender Bedeutung ist, eine Rechtsvorschrift auf die konkrete Realität zu beziehen, in der sich die Fälle ereignen, über die schließlich entschieden werden muss. Wie bei der Darlegung des zweiten pragmatischen Grunds erwähnt, wurden die Verhandlungen, die zum Abschluss des TRIPs-Übereinkommens führten, zu Beginn der 1980-er Jahre aufgenommen. Das Thema des Transits gefälschter und nachgeahmter Waren spielte damals bei Weitem noch nicht dieselbe Rolle wie in unserer heutigen Zeit. So kam es, dass in besagtem Abkommen keine Möglichkeit einer Beschlagnahme gefälschter und nachgeahmter Waren im Transitverkehr vorgesehen wurde, die den

Vertragsstaaten als Mindestschutzstandard auferlegt worden wäre. Andererseits wurde den Vertragsstaaten diese Möglichkeit aber auch nicht verwehrt, überließ man es doch ihrem Ermessen, über die Mindestschutzstandards hinauszugehen und sie somit in ihrem nationalen Recht zu verankern. Wie schon beim ersten Aspekt erläutert wurde, besteht das Ziel des TRIPs-Übereinkommens darin, einen wirksamen Schutz der Rechte des geistigen Eigentums und ein nicht minder wirksames Vorgehen gegen Verletzungen dieser Rechte, auch an den Grenzen, zu fördern. So wie sich die Wirklichkeit in heutiger Zeit konkret darstellt, d. h. unter den Gegebenheiten einer rasanten Zunahme des internationalen Warenverkehrs, die auch mit einem galoppierenden Anstieg des weltweiten Handels mit gefälschten und nachgeahmten Produkten einhergeht, kann dieses Ziel – wie beim ersten Aspekt erläutert wurde – nur mittels eines breit angelegten Vorgehens gegen die Markenpiraterie an den Grenzen erreicht werden, wozu notwendigerweise auch die Möglichkeit der Beschlagnahme gefälschter und nachgeahmter Waren im Transitverkehr gehört. Wie *Barroso* klarstellte, sind Rechtsvorschriften keineswegs abstrakte Konstruktionen, die in einen Gesetzestext gegossen wurden, sondern das Ergebnis eines Wechselspiels zwischen eben diesem Text und der Wirklichkeit. Bei der Auslegung einer Vorschrift – so *Barroso* weiter – ist es folglich stets vonnöten, ihren Sinngehalt an die aktuellen Gegebenheiten anzupassen, um das bestmögliche Ergebnis für die Gesellschaft zu erzielen[447]. Hinzuzufügen bleibt, dass dieselbe Überlegung auch für das GATT-Abkommen gilt, dessen aktualisierte Fassung, wie wir in Kapitel 2. B. gesehen haben, ebenfalls während der Uruguay-Runde ausgehandelt wurde. Das Prinzip der Transitfreiheit, das dort in Art. V Abs. 2 verankert ist, ist nicht absolut anzuwenden. Das bedeutet, dass seiner Durchsetzung nicht in unbegrenztem Umfang stattgegeben wird. So sieht beispielsweise Art. XX GATT Ausnahmefälle für seine Einhaltung vor. Hält man sich die konkrete Wirklichkeit unserer Zeit vor Augen, so gibt es wohl keinen Zweifel daran, dass der Grundgedanke des Prinzips der Transitfreiheit nicht darin bestehen kann, die Durchfuhr und somit auch den Handel mit gefälschten und nachgeahmten Waren zu erleichtern, wodurch all dessen schädlichen Auswirkungen,

447 Vgl. hierzu die Stellungnahme von Luís Roberto Barroso, Richter am brasilianischen *Supremo Tribunal Federal* (vergleichbar dem Bundesverfassungsgericht), bei dem am 17.02.16 verkündeten Urteil im *Habeas-Corpus-Verfahren* Nr. 126.292, S. 23 f.

wie sie bei der Darlegung des ersten pragmatischen Grunds genannt wurden, Vorschub geleistet werden würde.

Die beiden oben erläuterten Aspekte führen folglich zu dem Schluss, dass die Möglichkeit der Beschlagnahme von gefälschten und nachgeahmten Waren im Transitverkehr auf einer Linie mit den Zielen des TRIPs-Übereinkommens liegt, und dass die neue Transitregelung notwendig ist, um dessen Einhaltung sicherzustellen. Was die zuletzt in Abs. (d) von Art. XX des GATT genannte Voraussetzung betrifft, so besteht kein Zweifel daran, dass das TRIPs-Übereinkommen nicht gegen die Bestimmungen des GATT verstößt. Dieses geht ja auf die Uruguay-Runde zurück, die im Rahmen des GATT stattfand und auch zur Vereinbarung über die Errichtung der WTO führte, dem sowohl das TRIPs- als auch das GATT-Übereinkommen als Anlagen eingegliedert wurden.

Nach dem ersten Prüfschritt (in Bezug auf Abs. (d) von Art. XX des GATT) muss im zweiten Schritt geprüft werden, ob die neue Transitregelung auch den im *Chapeau* von Art. XX genannten Voraussetzungen entspricht, d. h. ob ihre Anwendung nicht zu einer willkürlichen oder ungerechtfertigten Diskriminierung zwischen Ländern, in denen gleiche Verhältnisse bestehen, sowie zu einer verschleierten Beschränkung des internationalen Handels führt. Da die neue Transitregelung aber die Beschlagnahme sämtlicher gefälschter und nachgeahmter Waren im Transitland unabhängig von ihrer Herkunft vorsieht, kann kein Zweifel daran bestehen, dass ihre Anwendung keine willkürliche oder ungerechtfertigte Diskriminierung darstellt. Ebenso wenig kann es einem Zweifel unterliegen, dass die neue Transitregelung nicht zu einer verschleierten Beschränkung des internationalen Handels führt, da sie ein breit angelegtes und wirksames Vorgehen gegen ein rechtswidriges Tun, sprich gegen die Markenpiraterie, ermöglicht.

Die hier alternativ vertretene Position ist somit die, dass sich die neue Transitregelung unter die in Art. XX Abs. (d) GATT genannte Bestimmung subsumieren lässt, womit eine Verletzung des Prinzips der Transitfreiheit bzw. von Art. V Abs. 2 GATT gerechtfertigt wäre.

III Beweislastverteilung

Was die in der neuen Transitregelung vorgesehene Beweislastverteilung betrifft, so vertreten – wie wir gesehen haben – sowohl *Senftleben* als auch *Di Cataldo* die Ansicht, dass der Markeninhaber den Nachweis für eine Rechtsverletzung im Bestimmungsland erbringen müsse, während man vom zollrechtlichen Anmelder oder vom Besitzer der Waren nicht erwarten könne, das Fehlen einer solchen Verletzung nachzuweisen. Dieser Auffassung kann man nicht zustimmen, und zwar allein schon deshalb nicht, weil die Anwendung der neuen Transitregelung auf Fälle von Markenpiraterie beschränkt bleibt. Die Notwendigkeit eines Beweises, bei dem Fragen wie etwa die nach dem Schutz der Marke gegen Verwechslungsgefahr aufgrund der bloßen Ähnlichkeit von Zeichen oder gegen Verwässerung analysiert werden müssten, wie *Senftleben* meint, kommt überhaupt nicht in Betracht. Des Weiteren ist zu beachten, dass in Situationen, in denen der Empfänger der Waren bösgläubig handelt und diese tatsächlich gefälschte bzw. nachgeahmte Produkte sind, kaum mit einem wie auch immer gearteten Widerspruch in einem nach ihrer Zurückhaltung eingeleiteten Verfahren zu rechnen sein wird, wodurch sich der jeweilige Fall in aller Regel rasch erledigen lässt. Wird der Anspruch auf die Waren hingegen aufrechterhalten, so dürfte es kaum größere Schwierigkeiten bereiten, den Nachweis dafür zu erbringen, dass die fragliche Marke im Bestimmungsland nicht eingetragen ist. Zumeist genügt es, sich rasch beim lokalen Markenamt zu erkundigen, was oft online erfolgen kann und kostenlos ist, um die entsprechende Auskunft zu erhalten. Von hohen Kosten, wie *Di Cataldo* behauptet, kann folglich keine Rede sein. *Di Cataldo* stützt sich zur Untermauerung seiner Position auch auf die angebliche Schwäche des Inhabers von im Transit befindlichen Waren. Dem ist entgegenzuhalten, dass gerade diesem im Falle einer Zurückhaltung besagter Waren, sofern ihre Freigabe angestrebt wird, bei einem anschließenden Verfahren die Unterstützung sowohl seitens des vorgesehenen Empfängers im endgültigen Bestimmungsland als auch seitens des Absenders im Ursprungsland sicher sein dürfte, da beide naturgemäß größtes Interesse am Abschluss der Transaktion haben werden. Ist vor Gericht erst einmal der Beweis erbracht, dass eine Marke im endgültigen Bestimmungsland nicht eingetragen ist, und dass der Markeninhaber folglich nicht berechtigt wäre, das Inverkehrbringen der Waren ebendort zu untersagen, wie Art. 10 Abs. 4 der Richtlinie 2015/2436 bzw. Art. 9 Abs. 4 der Verordnung 2015/2424 dies verlangen, so obliegt es ihm, dem Markeninhaber, nachzuweisen, dass besagtes Verbot trotz dieses Umstands aus anderen Gründen aufrechtzuhalten ist. Handelt es sich bei den betreffenden Produkten tatsächlich um gefälschte bzw. nachgeahmte Waren und ist das Bestimmungsland ein Unterzeichnerstaat des TRIPs-Übereinkommens und der PVÜ, so dürfte es keine Schwierigkeiten bereiten, diesen Nachweis zu erbringen.

In Anbetracht der heutigen Wirklichkeit und der beiden dargelegten pragmatischen Gründe erscheint es nicht nur vernünftig, sondern sogar erforderlich, die Beweislast dergestalt umzukehren, dass es dem zollrechtlichen Anmelder oder dem Besitzer der Waren obliegt, das Fehlen einer Rechtsverletzung im Bestimmungsland nachzuweisen, wie dies in der neuen Transitregelung festgelegt ist. Man darf gespannt sein auf die nächsten Berichte zur Durchsetzung der Rechte des geistigen Eigentums durch die Zollbehörden („Reports on the EU customs enforcement of intellectual property rights"), die jährlich von der Europäischen Kommission veröffentlicht werden, um in Erfahrung zu bringen, wie hoch der Prozentsatz der Fälle ist, in denen Waren, die auf der Grundlage der neuen Transitregelung zeitweilig zurückgehalten wurden, nach dem Einschreiten des zollrechtlichen Anmelders oder des Besitzers dieser Waren schließlich wieder freigegeben wurden.

4. Kapitel: Überblick über die Rechtslage in Brasilien

In diesem Kapitel geben wir einen kurzen Überblick über die Rechtslage bezüglich des Transits von Pirateriewaren in Brasilien. Das Ziel ist es, in groben Zügen zu schildern, wie dieses Thema in der Rechtsordnung eines Landes behandelt wird, das in hohem Maße unter der Piraterie zu leiden hat, und das nicht nur das wichtigste Transitland Lateinamerikas, sondern darüber hinaus auch ein bedeutender Handelspartner Deutschlands ist.

Wie man sehen wird, enthalten die Bestimmungen, die das brasilianische Markenrecht regeln, keinerlei direkten Bezug zum Transit, wie dies ja auch in Deutschland bzw. in der Europäischen Union bis zum Inkrafttreten der Markenrichtlinie von 2016 der Fall war. Trotz dieses Umstands wurde dieses Thema in der brasilianischen Rechtswissenschaft bisher noch überhaupt nicht problematisiert. Und was die Rechtsprechung betrifft, so wurde bei den wenigen Entscheidungen dazu – anders als bei den in Deutschland bzw. in der EU geführten Diskussionen – nicht näher auf die Frage eingegangen, ob der Transit von Pirateriewaren eine rechtsverletzende Benutzungshandlung darstellt, die eine Beschlagnahme im Transitland rechtfertigen würde. Abgesehen davon offenbaren die fraglichen Gerichtsentscheidungen widersprüchliche Positionen zum Thema Transit, was schon für sich allein erhebliche Rechtsunsicherheit für die betroffenen Parteien zur Folge hat.

Dieselben Aspekte, die diesbezüglich in Deutschland bzw. in Europa vor dem Inkrafttreten der Markenrichtlinie von 2016 zu hitzigen Debatten geführt hatten, könnten somit auch in Brasilien Gegenstand ähnlich scharfer Auseinandersetzungen werden. Um diese Kontroverse zu vermeiden und dadurch eine Vereinheitlichung der von den Gerichten zu diesem Thema vertretenen Positionen zu erreichen, wird zum Abschluss dieses Kapitels gemäß der Interpretationslinie, die in der vorliegenden Arbeit verfolgt wurde, ein Vorschlag *de lege ferenda* unterbreitet.

A Das Gesetz zum gewerblichen Rechtsschutz

Die Bestimmungen, die das brasilianische Markenrecht regeln, sind im Gesetz zum gewerblichen Rechtsschutz (*Lei da Propriedade Industrial – LPI*[448]) zusammengefasst, welches auch Vorschriften über das Patent-, Design- und Gebrauchsmuster- sowie über das Lauterkeitsrecht enthält.

I Das exklusive Benutzungsrecht im gesamten nationalen Staatsgebiet

In Brasilien gilt das Eintragungsprinzip[449], demzufolge das Eigentumsrecht an einer Marke durch die Eintragung beim Marken- und Patentamt erworben wird[450]. Art. 129 LPI bringt dies in aller Deutlichkeit zum Ausdruck: „Das Eigentumsrecht an der Marke wird erworben durch die rechtskräftige Eintragung entsprechend den Bestimmungen dieses Gesetzes, wodurch dem Inhaber sein exklusives Benutzungsrecht im gesamten nationalen Staatsgebiet zugesichert wird …“. Die Eintragung begründet somit Rechte wie etwa das der exklusiven Benutzung der Marke im gesamten Staatsgebiet und auch das, Dritte daran zu hindern, eine identische oder ähnliche Marke zu benutzen, um damit identische oder ähnliche Produkte bzw. Dienstleistungen zu kennzeichnen[451]. Weiterhin steht dem Mar-

---

448 Gesetz Nr. 9.279 vom 14. Mai 1996.

449 In Brasilien wird diese Art der Entstehung des Markenschutzes als *Sistema Atributivo* („Vergabesystem“ bzw. „attributives System“) bezeichnet.

450 *Dannemann, Siemsen, Bigler & Ipanema Moreira*, Comentários à Lei da Propriedade Industrial, 2013, S. 298; *Domingues*, Comentários à Lei da Propriedade Industrial, 2009, S. 469; *Barbosa*, Proteção das Marcas, 2008, S. 255; *Loureiro*, A Lei da Propriedade Industrial Comentada, 1999, S. 271. Unter besonderen Umständen kann der Markeninhaber ausnahmsweise aber auch ohne Eintragung beim brasilianischen Marken- und Patentamt Markenschutz erlangen, wie dies z. B. bei den notorisch bekannten Marken der Fall ist. Daher vertreten manche Gelehrte die Auffassung, dass Brasilien ein gemischtes System eingeführt habe, das sich überwiegend an den Prinzipien des Vergabesystems orientiere. Vgl. hierzu *Moro*, Direito de Marcas, 2003, S. 54; *Schmidt*, Marcas: Aquisição, Exercício e Extinção de Direitos, 2019, S. 35 ff.

451 *Cerqueira*, Tratado da Propriedade Industrial, 2010, S. 120.

keninhaber nach Art. 130 Abs. 3[452] *LPI* das Recht zu, für die Unversehrtheit und das Ansehen ihrer Marken zu sorgen. Angesichts der Schwere solcher Verstöße und ihrer Folgen sah der brasilianische Gesetzgeber ein doppeltes Vorgehen gegen Verletzungen eingetragener Marken vor, indem er sie sowohl strafrechtlich als auch zivilrechtlich sanktionierte[453].

Die Straftaten gegen registrierte Marken sind in Art. 189 Abs. 1 und 2[454] sowie in Art. 190 Abs. 1 und 2[455] LPI geregelt. Für die vorliegende Arbeit ist vor allem das *Chapeau* von Art. 190 von Belang, der Import- und Exporthandlungen als strafrechtlich relevante Delikte klassifiziert, sofern die in den Abs. 1 und 2 genannten Voraussetzungen erfüllt sind. Jedoch nimmt die fragliche Vorschrift in keinerlei Weise Bezug auf Transithandlungen. Die für Verletzungen eingetragener Marken vorgesehenen Strafen sind relativ mild, was bei Juristen immer wieder Kritik hervorgerufen hat[456]: Die in Art. 189 Abs. 1 und 2 genannten Tatbestände werden mit Freiheitsstrafen zwischen drei Monaten und einem Jahr oder mit einer Geldstrafe geahndet, die von Art. 190 Abs. 1 und 2 mit Freiheitsstrafen zwischen einem und drei Monaten oder einer Geldstrafe[457]. In diesem Zusammenhang ist auf einen dem Nationalkongress (*Congresso Nacional*) vorgelegten

452 Art. 130: „Dem Markeninhaber oder Anmelder steht weiter das Recht zu: (…) III – für ihre Unversehrtheit und ihr Ansehen zu sorgen."

453 *Cerqueira*, Tratado da Propriedade Industrial, 2010, S. 187.

454 Art. 189: „Eine Straftat gegen eine registrierte Marke begeht, wer: I – ohne Genehmigung des Inhabers eine registrierte Marke vollständig oder teilweise wiedergibt oder auf eine Art nachahmt, welche zur Täuschung führen kann; oder II – die für auf dem Markt befindliche Waren eingetragene Marke eines anderen abändert."

455 Art. 190: „Eine Straftat gegen eine registrierte Marke begeht, wer ein Produkt importiert, exportiert, verkauft, zum Verkauf anbietet oder ausstellt, verbirgt oder auf Lager hält: I – welches gekennzeichnet ist durch die unerlaubte vollständige oder teilweise Wiedergabe oder Nachahmung der Marke eines anderen; oder II – ein Produkt seines Industrie- oder Handelsbereiches, das sich in einem Gefäß, einem Behälter oder in einer Verpackung befindet, welche die rechtmäßige Marke eines anderen angeben."

456 *Dannemann, Siemsen, Bigler & Ipanema Moreira*, Comentários à Lei da Propriedade Industrial, 2013, S. 433.

457 Zu den Artt. 189 Abs. 1 und 2 sowie 190 Abs. 1 und 2 siehe *Dannemann, Siemsen, Bigler & Ipanema Moreira*, Comentários à Lei da Propriedade Industrial, 2013, S. 427 ff.; *Domingues*, Comentários à Lei da Propriedade Industrial, 2009, S. 593 ff.; *Pierangeli*, Crimes contra a Propriedade Industrial, S. 2003, S. 216 ff.

Gesetzesentwurf hinzuweisen, mit dem das brasilianische Strafgesetzbuch (*Código Penal – CP*) reformiert werden soll und der unter anderem eine Verschärfung der für Verletzungen eingetragener Marken verhängten Strafen vorsieht[458]. Wird dieser Gesetzesentwurf angenommen, so werden Straftaten gegen eingetragene Marken künftig im Strafgesetzbuch geregelt, wobei die entsprechenden Tatbestände mit Freiheitsstrafen zwischen einem und vier Jahren geahndet werden. Die Strafklage (*ação penal*) selbst sowie die mit ihr einher gehenden Maßnahmen[459] werden durch die Bestimmungen der brasilianischen Strafprozessordnung (*Código de Processo Penal – CPP*[460]) unter Berücksichtigung der abweichenden Vorschriften des LPI (Art. 200 LPI[461]) geregelt.

Die zivilrechtlichen Folgen[462] bei der Verletzung von Markenrechten wiederum werden im LPI als *lex specialis* geregelt. Ersatzweise finden die Vorschriften der Zivilprozessordnung (*Código de Processo Civil – CPC*[463]) als *lex generalis* Anwendung. Art. 207[464] LPI legt in diesem Zusammenhang fest, dass der Markeninhaber die im Rahmen der CPC vorgesehenen Zivilklagen erheben kann. Hierbei kommt beispielsweise ein Unterlassungsanspruch[465] gemäß des Art. 497[466] CPC

---

458 Gesetzesentwurf des Bundessenats (*Senado Federal*) Nr. 236 aus dem Jahr 2012 (PLS Nr. 236/2012), eingebracht vom damaligen Senator José Sarney.

459 Für einen Überblick über die strafrechtliche Durchsetzung von Immaterialgüterrechten in Brasilien in deutscher Sprache siehe *Franz*, Die Durchsetzung von Immaterialgüterrechten in Argentinien, Brasilien und Mexiko, 2005, S. 215 ff.

460 Decreto-Lei No 3.689 vom 3. Oktober 1941.

461 Art. 200: „Die Strafklage und die vorbereitenden Maßnahmen der Beschlagnahme bei Straftaten gegen gewerbliches Eigentum erfolgen nach den Bestimmungen der Strafprozessordnung mit den in den Artikeln dieses Kapitels vorgesehenen Abweichungen."

462 Eine eingehende Darstellung der zivilrechtlichen Folgen in deutscher Sprache geben *Baiocchi*, Der Schutz bekannter Marken unter besonderer Berücksichtigung der zivilrechtlichen Sanktionen, 2012, S. 371 ff.; *Souza*, Durchsetzung und Wirksamkeit der Rechte des Geistigen Eigentums in Brasilien, 2008, S. 125 ff.

463 Gesetz Nr. 13.105 vom 16. März 2015.

464 Art. 207: „Unabhängig von der Strafklage kann der Geschädigte die im Rahmen der Zivilprozessordnung vorgesehenen Zivilklagen erheben."

465 Zum Thema siehe *Schmidt*, Marcas: Aquisição, Exercício e Extinção de Direitos, 2016, S. 287 ff.

466 Art. 497: „Bei einer Klage, die auf ein bestimmtes Tun oder auf die Unterlassung dieses Tuns abzielt, kann der Richter, sofern das Ersuchen statthaft ist, einen spezifischen

in Betracht. Darüber hinaus kann der Markeninhaber Schadensersatz nach Art. 209[467] und 210[468] LPI verlangen[469]. Bezüglich der Höhe des Schadensersatzanspruchs gibt es in Brasilien die Möglichkeit der dreifachen Schadensberechnung. So kann der Markeninhaber entweder Ersatz für den tatsächlich erlittenen Schaden, die Gewinne des Verletzers oder eine fiktive Lizenzgebühr verlangen[470]. Bei der Verletzung von Markenrechten stehen dem Inhaber somit verschiedene Möglichkeiten sowohl zivil- als auch strafrechtlicher Art zur Verfügung, um dagegen vorzugehen.

Allerdings ist darauf hinzuweisen, dass sich der Rechtsschutz auf die Benutzung des Zeichens als Marke beschränkt. Dies bedeutet, dass die „markenmäßige Benutzung" des Zeichens Voraussetzung einer Markenverletzung ist. Jedoch handelt es sich hierbei um eine ungeschriebene Voraussetzung, da sie im LPI nicht ausdrücklich genannt wird[471]. Auch der Begriff der Benutzung wird im LPI

Schutz gewähren oder Vorkehrungen beschließen, durch die im praktischen Ergebnis die Herbeiführung eines äquivalenten Schutzes gewährleistet wird." Über diesen Art. 497 siehe *Nery Junior/Nery*, Código de Processo Civil Comentado, 2019, Art. 497, S. 1208 ff.

467 Art. 209: „Dem Geschädigten wird das Recht auf Schadensersatz eingeräumt als Ausgleich für die Verluste, die verursacht wurden durch Verletzung gewerblicher Schutzrechte und Handlungen unlauteren Wettbewerbs, die nicht in diesem Gesetz vorgesehen sind, welche darauf abzielen, den guten Ruf oder fremde Geschäftstätigkeiten zu schädigen oder Verwirrung zu stiften zwischen Handels- oder Industrie-Unternehmen oder Dienstleistungsbetrieben oder zwischen Produkten und Dienstleistungen, die angeboten werden."

468 Art. 210 „Der entgangene Gewinn wird bestimmt nach Kriterien, die für den Geschädigten am günstigsten sind: I – nach den Vorteilen, die dem Geschädigten entgangen sind, wenn die Verletzung nicht erfolgt wäre; II – nach den Vorteilen, die dem Verletzer zugefallen sind oder III – nach der Vergütung, die der Verletzer dem Geschädigten hätte zahlen müssen für die Erteilung einer Benutzungslizenz, die ihm eine gesetzliche Ausübung des Vertragsgegenstandes erlaubt hätte."

469 Vgl. zu den jeweiligen Vorschriften *Dannemann, Siemsen, Bigler & Ipanema Moreira*, Comentários à Lei da Propriedade Industrial, 2013, S. 490 ff.; *Domingues*, Comentários à Lei da Propriedade Industrial, 2009, S. 649 ff.

470 Eingehend zum Thema Schadensersatz bei Markenrechtsverletzungen siehe *Baiocchi*, Der Schutz bekannter Marken unter besonderer Berücksichtigung der zivilrechtlichen Sanktionen, 2012, S. 413 ff.

471 *Barbosa*, A Propriedade Intelectual no Século XXI, 2009, S. 97 ff.

nicht näher definiert. Hingegen nennt Art. 132 LPI, der von den Markenrechtsbeschränkungen handelt, in Abs. 4 einige der Benutzungshandlungen, die nicht als Markenverletzungen zu betrachten sind. Gemäß besagter Vorschrift kann der Markeninhaber nicht „die Anführung der Marke in Reden, wissenschaftlichen oder literarischen Werken oder anderen Veröffentlichungen verhindern, sofern das ohne kommerziellen Zusammenhang oder ohne Schädigung seiner Kennzeichnungseigenschaft geschieht". Somit werden die oben aufgeführten Benutzungshandlungen, bei denen von einer „markenmäßigen Benutzung" nicht die Rede sein kann, auf der Grundlage des Prinzips der freien Meinungsäußerung vom Markenschutz ausgenommen[472].

In Brasilien wurde bislang weder in der Lehre noch in der Rechtsprechung die Frage erörtert, ob Transitsituationen eine rechtsrelevante bzw. rechtsverletzende Benutzungshandlung darstellen oder nicht. Angesichts dessen, dass dieses Thema im LPI keinerlei Erwähnung findet, ist es aber leicht denkbar, dass die Kontroverse darüber auch Brasilien erreichen wird. In diesem Fall würden dieselben Aspekte, über die in Deutschland bzw. in Europa so heftig debattiert wurde, auch bei einem eventuellen Meinungsstreit in Brasilien eine wichtige Rolle spielen[473].

II Grenzmaßnahme nach Art. 198 LPI

Das LPI enthält nur eine einzige Bestimmung, die sich auf Grenzmaßnahmen bezieht. Es handelt sich dabei um Art. 198, wo festgelegt ist, dass die Zollbehörden bei einer Prüfung von Amts wegen oder auf Antrag eines Interessierten[474] Produk-

472 *Barbosa*, A Propriedade Intelectual no Século XXI, 2009, S. 112.

473 Vgl. hierzu Kapitel 3. A. I. 2.

474 Als *Interessierter* ist der Inhaber des verletzten Rechts, sein Lizenznehmer oder Vertreiber zu betrachten. Vgl. hierzu *Fekete*, in: FS Silveira, 2009, S. 355. Art. 10 (2) der PVÜ verwendet im amtlichen deutschen Text den Ausdruck „beteiligte Partei" und legt in diesem Zusammenhang fest: „Als beteiligte Partei, mag sie eine natürliche oder juristische Person sein, ist jedenfalls jeder Erzeuger, Hersteller oder Händler anzuerkennen, der sich mit der Erzeugung oder Herstellung des Erzeugnisses befasst oder mit ihm handelt und in dem fälschlich als Herkunftsort bezeichneten Ort oder in der Gegend, in der dieser Ort liegt, oder in dem fälschlich bezeichneten Land oder in dem Land, in dem die falsche Herkunftsangabe verwendet wird, seine Niederlassung hat."

te mit gefälschten, abgeänderten oder nachgeahmten Marken bzw. solche, welche eine falsche Herkunftsangabe enthalten, beschlagnahmen können. Wenn in besagter Vorschrift der Ausdruck „beim Prüfungsakt" (*„no ato de conferência"*) verwendet wird, so bezieht sich dies auf Import- und Exportverfahren. Dies ergibt sich aus der Lektüre besagter Vorschrift in Verbindung mit dem *Decreto* Nr. 6.759 vom 5. Februar 2009, wie weiter unten in Abschnitt A. II. dargelegt wird. Das Ziel des brasilianischen Gesetzgebers bestand zur damaligen Zeit, sprich zu Beginn der 1990er Jahre, als das LPI ausgehandelt und verabschiedet wurde, darin, die Einfuhr im Ausland hergestellter, mit gefälschten oder nachgeahmten Marken gekennzeichneter Waren nach Brasilien zu verhindern[475]. Die fragliche Vorschrift nimmt jedoch in keinerlei Weise auf die Möglichkeit einer Beschlagnahme auch in Transitsituationen Bezug. Dies ist vielleicht durch den Umstand zu erklären, dass die Problematik des Transits von Pirateriewaren zur damaligen Zeit bei Weitem noch nicht das Ausmaß erreicht hatte, mit dem wir uns heute konfrontiert sehen, wie in Kapitel 3. D. I. dargelegt wurde.

Des Weiteren ist festzustellen, dass das LPI keine Bestimmungen enthält, die das Grenzbeschlagnahmeverfahren und das Vorgehen der Zollbehörden regeln würden, was sich in der Praxis als ein Hindernis für die Anwendung von Art. 198 erwies. Diese Lücke wurde erst durch das Inkrafttreten des *Decreto* Nr. 4.543 vom 26. Dezember 2002 wirksam geschlossen, welches seinerseits später durch das *Decreto* Nr. 6.759 vom 5. Februar 2009 ersetzt wurde. Letzteres wird im folgenden Abschnitt näher untersucht.

B Das Grenzbeschlagnahmeverfahren nach *Decreto* Nr. 6.759/2009

Das *Decreto* Nr. 6.759 vom 5. Februar 2009 ist das gegenwärtig gültige brasilianische Zollgesetz (*Regulamento Aduaneiro – RA*)[476]. Es regelt die Abläufe beim Zoll sowie die Überwachung und Kontrolle aller Außenhandelsgeschäfte einschließlich der Belastung mit Zöllen. Die verwaltungs- und verfahrenstechnischen Vor-

---

475 *Dannemann, Siemsen, Bigler & Ipanema Moreira*, Comentários à Lei da Propriedade Industrial, 2013, S. 467.

476 Für eine theoretische Einführung in das brasilianische Zollsystem siehe *Carluci*, Uma Introdução ao Sistema Aduaneiro, 1996, S. 19 ff.

schriften bezüglich Grenzmaßnahmen finden sich dort insbesondere in den Artt. 605 bis 608 von Abschnitt III („Über Produkte mit gefälschter Marke") des Kapitels III („Über Sonderfälle") von Titel I („Über die Zollabfertigung") in Buch V („Über die Warenkontrolle durch den Zoll").

Das Beschlagnahmeverfahren kann *ex-officio* oder auf Antrag eines Interessierten initiiert werden. Art. 605[477] RA wiederholt diesbezüglich praktisch den Wortlaut von Art. 189 LPI. Es gibt zwei mögliche Formen für die Initiierung des Verfahrens auf Antrag eines Interessierten: (i) mittels Einreichung eines Gesuchs bei der Koordinierungsstelle für die Zollverwaltung (*Coordenação-Geral de Administração Aduaneira* – COANA); und (ii) mittels Einreichung eines Gesuchs bei der Zollbehörde des Hafens bzw. Flughafens, wo der Verdacht besteht, dass gefälschte Waren ein- oder ausgeführt werden könnten.

Was die erste Form betrifft, so ist darauf hinzuweisen, dass es sich bei der COANA um ein Organ handelt, das der zentralen Steuer- und Zollbehörde Brasiliens (*Receita Federal do Brasil* – RFB) angegliedert ist, die ihrerseits dem Wirtschaftsministerium untersteht[478]. Die COANA ist gemäß Art. 140 des Ministerialerlasses (*Portaria*) MF Nr. 430 vom 9. Oktober 2017, durch den die interne Dienstordnung des Sekretariats der *Receita Federal do Brasil* gebilligt wurde, dafür zuständig, das Vorgehen bei der Zollkontrolle zu koordinieren, und zwar einschließlich der Zollabfertigung an den Zollstellen und -lagern. In der Praxis kann der Markeninhaber die COANA ersuchen, eine amtliche Mitteilung an sämtliche Zolleinheiten des brasilianischen Staatsgebiets herauszugeben, um sie auf die mögliche Gefahr des Eingangs von Produkten mit gefälschten oder nachgeahmten Marken aufmerksam zu machen und die Zollbeamten beim Aufspüren solcher Produkte zu unterstützen[479]. Der Inhalt des Gesuchs kann frei gestaltet werden und eine Zu-

---

477 Art. 605: „Von Amts wegen oder auf Antrag des Interessierten können von den Zollbehörden im Zuge der Zollprüfung Produkte zurückgehalten werden, die mit gefälschten, abgeänderten oder nachgeahmten Marken gekennzeichnet sind oder eine falsche Herkunftsbezeichnung aufweisen."

478 Einen Überblick über die Struktur der *Receita Federal do Brasil* erhält man auf http://receita.economia.gov.br/sobre/institucional/estrutura-organizacional.

479 Vgl. hierzu *Fekete*, in: FS Silveira, 2009, S. 350, die unter anderem darauf hinweist, dass es für dieses Verfahren noch keine Regelung gibt, auch wenn es sich in der Praxis durchgesetzt hat.

sammenstellung verschiedener Informationen beinhalten: so etwa eine Liste der eingetragenen Marken der Betroffenen, eine Liste der Unternehmen, die berechtigt sind, die mit den fraglichen Marken gekennzeichneten Produkte zu importieren, Bildmaterial für den Vergleich zwischen Originalprodukten und gefälschten Produkten, Auskünfte über die typischen Importwege der Originalprodukte sowie über die Orte, von denen aus diese üblicherweise nach Brasilien gebracht werden, und zuletzt die Namen der Unternehmen, die für die Freigabe der Originalprodukte beim Zoll verantwortlich sind.

Was die zweite Form betrifft, so kann der Markeninhaber, wenn Verdacht auf die Ein- oder Ausfuhr von Produkten mit gefälschten oder nachgeahmten Marken besteht und er ein entsprechendes Gesuch begründet, bei der betreffenden Zollbehörde die Zurückhaltung der Waren beantragen. Diese Art der Initiierung eines Verfahrens ist in Art. 608[480] RA vorgesehen, wobei sie auf die spezifische Situation am Hafen oder Flughafen beschränkt bleibt, wo der Verdacht besteht, dass dort Rechtsverletzungen begangen werden könnten. In diesem Zusammenhang sei darauf hingewiesen, dass die Zollbehörde, um einem Missbrauch seitens der Antragsteller bzw. der Markeninhaber vorzubeugen, die Hinterlegung einer Sicherheit in ausreichender Höhe verlangen kann, um den Antragsgegner zu schützen und überzogenen Ansprüchen entgegenzuwirken (Art. 608, Einheitsparagraph[481] RA).

Die Entscheidung darüber, welche Import- und Exportoperationen einem speziellen Kontrollverfahren unterzogen werden sollen, kann getroffen werden durch: (i) den Leiter derjenigen Abteilung der *Receita Federal do Brasil*, die für den Ort, wo sich die verdächtigten Waren befinden, territorial zuständig ist, sowie durch einen beliebigen Bediensteten, der von ihm dazu ermächtigt wird; (ii) die COANA; und (iii) durch den Leiter derjenigen Abteilung der *Receita Federal do Brasil*, die für die Prüfung der Einfuhrerklärung zuständig ist, deren Gegen-

---

480 Art. 608: „Der Markeninhaber kann, sofern er über genügend Anhaltspunkte für den Verdacht zu verfügt, dass Waren mit einer gefälschten Marke ein- oder ausgeführt werden, bei der Zollbehörde deren Zurückhaltung beantragen, indem er die Anhaltspunkte darlegt, auf die sich sein Verdacht stützt."

481 Art. 608, Einheitsparagraph: „Die Zollbehörde kann verlangen, dass der Antragsteller eine Sicherheit in ausreichender Höhe leistet, um damit den Antragsgegner zu schützen und Missbrauch zu vermeiden."

stand verdächtigte Waren sind, oder durch einen beliebigen Bediensteten, der von ihm dazu ermächtigt wird (Art. 3, Abs. 1, 2 und 3 der Dienstvorschrift der RFB Nr. 1169 vom 29. Juni 2011 in der durch die Dienstvorschrift der RFB Nr. 1854 vom 4. Dezember 2018 geänderten Fassung). Nach der Beschlagnahme der Waren hat die Zollbehörde den Markeninhaber hierüber zu informieren, dem dann eine Frist von zehn Werktagen eingeräumt wird, um die entsprechende Klage einzureichen und die gerichtlich angeordnete Beschlagnahme der Waren zu verlangen (Art. 606[482] RA). Üblicherweise stellt der Betroffene einen vorbereitenden strafrechtlichen Antrag, mit dem er die Umwandlung der Beschlagnahme im Verwaltungsverfahren in eine gerichtlich angeordnete Beschlagnahme, die Erstellung eines Gutachtens durch zwei gerichtlich bestellte Gutachter, um die Rechtsverletzung nachzuweisen, und schließlich die Vernichtung der Waren fordert[483]. Im selben Antrag kann der Betroffene ferner die Bekanntgabe des Namens und der Anschrift des Importeurs verlangen, da diese Angaben, weil sie dem Steuergeheimnis unterliegen, von der *Receita Federal do Brasil* im Rahmen von Verwaltungsverfahren nicht bekannt gegeben werden[484]. Anzumerken ist außerdem, dass der Betrof-

482 Art. 606: „Nach der in Art. 605 genannten Zurückhaltung fordert die Zollbehörde den Inhaber der Markenrechte auf, innerhalb von zehn Werktagen ab dieser Mitteilung gegebenenfalls die entsprechende Klage zu erheben und die gerichtlich angeordnete Beschlagnahme der Waren zu beantragen."

483 *Fekete* vertritt die Auffassung, dass das vom Betroffenen beschrittene Vorgehen, auf das sich Art. 606 RA bezieht, auch auf dem Verwaltungsweg und nicht nur auf den Gerichtsweg erfolgen kann, da die Kosten und die Dauer eines Gerichtsverfahrens laut dieser Autorin in vielen Fällen in keinem Verhältnis zur Menge der beschlagnahmten Waren stehen, *Fekete*, in: FS Silveira, 2009, S. 353. In der Praxis erkennen viele Zollstellen an Häfen und Flughäfen ein Verwaltungsverfahren als ausreichende Maßnahme an, um Art. 606 RA Genüge zu leisten, so etwa die Zollstellen am Hafen von Santos und am Internationalen Flughafen von São Paulo, beide im Bundesstaat São Paulo gelegen. In diesen Fällen wird die *Receita Federal* nach Vorlage des technischen Gutachtens durch den Rechteinhaber und entsprechender Prüfung des Falls die Vernichtung der fraglichen Produkte im Verwaltungsweg einleiten. Ein näheres Eingehen auf die Kontroverse, ob auch der Verwaltungsweg oder nur der Gerichtsweg der Bestimmung von Art. 606 RA genüge leistet, würde den Rahmen der vorliegenden Arbeit sprengen.

484 Diesbezüglich legt Art. 198 des brasilianischen Steuer- und Abgabengesetzes (*Código Tributário Nacional*) Folgendes fest: „Unbeschadet der Bestimmungen in den Strafgesetzen ist es den Finanzbehörden und den in ihrem Auftrag handelnden Personen verboten, Informationen bekannt zu geben, die sie von Amts wegen über die wirtschaftliche

fene im Anschluss an den strafrechtlichen Antrag, sofern das Gutachten für den Nachweis der Rechtsverletzung anerkannt wurde, unter anderem auch ein Strafverfahren gegen die Teilhaber des Importunternehmens sowie eine Zivilklage auf Schadensersatz gegen dieses Unternehmen selbst einleiten kann. Die Frist von zehn Werktagen, die in Art. 606 angegeben ist, kann im Falle eines begründeten Antrags des Markenrechtsinhabers um weitere 10 Tage verlängert werden (Art. 606 § 1o RA[485]). Sofern der Markeninhaber nach Kenntnisnahme die für die gerichtlich angeordnete Beschlagnahme der Waren geeigneten Maßnahmen nicht innerhalb vorgenannter Frist ergreift, kann die Zollbehörde mit der Freigabe der beschlagnahmten Waren fortfahren, wenn diese die weiteren Ein- bzw. Ausfuhrbedingungen erfüllen (Art. 607[486] RA). Wichtig ist in diesem Zusammenhang auch, dass die Zollbehörde im Zuge des speziellen Kontrollverfahrens gemäß Art. 6 Abs. 1–6 der Dienstvorschrift der RFB Nr. 1169 vom 29. Juni 2011 verschiedene Schritte in die Wege leiten kann, so etwa die Überwachung der Räumlichkeiten des Importeurs bzw. Exporteurs, die Bestellung eines technischen Gutachtens zur Identifizierung der Waren und zur Ermittlung ihrer Preise im internationalen Handel, Einsichtnahme in die Geldflüsse des Importeurs bzw. Exporteurs sowie die Aufforderung an den Importeur bzw. Exporteur, Informationen und zusätzliche Unterlagen bereitzustellen, die sich für die Prüfung des Falls als erforderlich erweisen. Bestätigt sich der Verdacht, dass eine Markenrechtsverletzung vor-

---

oder finanzielle Situation des Steuerpflichtigen oder eines Dritten sowie über die Natur und den Stand ihrer Handelsgeschäfte oder Tätigkeiten erhalten haben". *Fekete* vertritt in diesem Zusammenhang jedoch die Ansicht, dass gleichwohl kein Konflikt zwischen dem Auskunftsrecht und dem Steuergeheimnis bestehe, und sie begründet dies mit der in Abs. 3, Unterpunkt I desselben Art. 198 verankerten Regel, derzufolge die Weitergabe steuerlicher Informationen zu Zwecken der Strafverfolgung nicht verboten ist. Vgl. hierzu *Fekete*, in: FS Silveira, 2009, S. 359.

485 Art. 606 § 1o: „Der Inhaber der Markenrechte kann in Fällen, in denen dies gerechtfertigt ist, ein einziges Mal eine Verlängerung der im *Caput* genannten Frist um denselben Zeitraum beantragen."

486 Art. 607: „Wurde der Zollbehörde nicht innerhalb der in Art. 606 genannten Frist mitgeteilt, dass der Markeninhaber die für die gerichtlich angeordnete Beschlagnahme der Waren zur Verfügung stehenden Maßnahmen ergriffen hat, so kann deren Freigabe fortgesetzt werden unter der Voraussetzung, dass die sonstigen Bedingungen für die Ein- oder Ausfuhr erfüllt sind."

liegt, so wird dies gemäß Art. 689 Abs. 8 RA mit dem Verlust der Waren geahndet. Das Zollgesetz RA sieht vier Möglichkeiten vor, wie mit den eingezogenen Waren verfahren werden soll: (i) Veräußerung mittels Versteigerung oder Spendung an Organisationen ohne Erwerbszweck; (ii) Eingliederung in das Vermögen eines öffentlichen Verwaltungsorgans; (iii) Vernichtung; (iv) Unbrauchbarmachung (Art. 803 Abs. 1, 2, 3 und 4 RA). In Fällen einer Markenrechtsverletzung ist die üblichste Variante die Vernichtung, die – wie oben erwähnt – für gewöhnlich im Zuge der Einleitung gerichtlicher Schritte beantragt wird.

Wie man feststellen konnte, nimmt der Abschnitt des Zollgesetzes RA, in dem es um die Beschlagnahme gefälschter oder nachgeahmter Waren geht, in keiner Weise Bezug auf Transitsituationen. In Art. 605 RA, wo von der Möglichkeit der Beschlagnahme gefälschter oder nachgeahmter Waren durch die Zollbehörde die Rede ist, wird der Ausdruck „im Zuge der Zollprüfung" („*no curso da conferência aduaneira*") verwendet. Dieser Ausdruck verweist auf die Import- und Exportverfahren entsprechend den Bestimmungen von Art. 564[487] und 571[488] RA. Das Thema Transit findet im RA nur im Zusammenhang mit den speziellen Zollverfahren Beachtung, nämlich in Kapitel II („Über den Transit beim Zoll") von Titel I („Über spezielle Zollverfahren") in Buch IV („Über spezielle Zollverfahren und Anwendungen auf Sondergebiete") zwischen den Artt. 315 und 352[489]. Die besagten Bestimmungen gehen auf verschiedene Fragen ein, so beispielsweise auf eine Klärung des Transitbegriffs, die Modalitäten beim Transit, die Begünstigten der hierfür geltenden Regelungen, die Ermächtigung von Transportunternehmen und die Beschädigung bzw. den Verlust von Waren. Ein Aspekt verdient jedoch

487 Art. 564: „Die Zollprüfung bei der Einfuhr verfolgt das Ziel, den Importeur zu identifizieren, die Waren und die Korrektheit der Angaben zu ihrer Art zu prüfen, die steuerliche Klassifizierung vorzunehmen, die Mengen und den Wert zu ermitteln und die Erfüllung sämtlicher steuerlicher und sonstiger Pflichten festzustellen, die aufgrund der Einfuhr einzuhalten sind."

488 Art. 589: „Die Zollprüfung bei der Ausfuhr verfolgt das Ziel, den Exporteur zu identifizieren, die Waren und die Korrektheit der Angaben zu ihrer Art zu prüfen, die steuerliche Klassifizierung vorzunehmen, die Mengen und Preise zu ermitteln und die Erfüllung sämtlicher steuerlicher und sonstiger Pflichten festzustellen, die aufgrund der Ausfuhr einzuhalten sind."

489 Zu den brasilianischen Zollbestimmungen bezüglich des Transits siehe *Sartori*, in: *Britto, Demes* (Hrsg.), Temas Atuais do Direito Aduaneiro Brasileiro, 2012, S. 204 ff.

besondere Beachtung. Art. 331 legt bezüglich der „Prüfung beim Transit" („*conferência para trânsito*") fest, dass diese lediglich dem Zweck dient, den Begünstigten der Transitregelung zu identifizieren und die Waren sowie die Korrektheit der Angaben zu ihrer Art und Menge zu prüfen. Abs. 1 von Art. 332 führt dazu noch näher aus, dass der Zollbedienstete, der die Prüfung vornimmt, nur darauf zu achten hat, ob (i) das Bruttogewicht, die Anzahl und die äußeren Merkmale der Gepäckstücke, Behältnisse oder Waren den Angaben in der Zollerklärung entsprechen (Abs. 1), und ob (ii) das Transportfahrzeug bzw. -mittel zufrieden stellende Bedingungen hinsichtlich der Sicherstellung der Zölle aufweist (Abs. 2).

In weiterem Sinne heißt es in Abs. 2 des genannten Art. 332, dass bei der Zollkontrolle, wann immer dies angebracht erscheint, eine Öffnung der Gepäckstücke oder Behältnisse zur Inaugenscheinnahme der Waren angeordnet werden kann. Trotz der großzügig gefassten Formulierung dieser Bestimmung bestehen aber Zweifel an ihrer effektiven Reichweite, könnte man doch die Auffassung vertreten, dass besagte Prüfung im Kontext der Art. 331 und 332 Abs. 1 zu sehen ist und folglich immer die dort genannten Aspekte zu berücksichtigen sind.

Bei näherer Betrachtung des oben skizzierten Grenzbeschlagnahmeverfahrens hat sich somit gezeigt, dass nirgends auf die Möglichkeit einer Beschlagnahme von Waren mit gefälschten oder nachgeahmten Marken im Transitverkehr Bezug genommen wird. Trotz seiner großzügigen Formulierung gibt Abs. 2 von Art. 332 Anlass zu der Vermutung, dass die „Prüfung beim Transit" nur von begrenzter Reichweite ist und sich nicht auf die Feststellung einer möglichen Markenrechtsverletzung erstreckt.

C Die Rechtsprechung

I Der „Duracell"-Fall

Dies war der einzige Fall im Zusammenhang mit dem Thema Transit, mit dem sich das *Superior Tribunal de Justiça* (STJ) befasste (in etwa dem BGH entsprechend)[490]. Es ging dabei um die Durchfuhr von 1,7 Millionen Alkali-Batterien, die aus China stammten und für Paraguay bestimmt waren. Besagte Batterien waren mit dem Zeichen „Powercell“ gekennzeichnet und wiesen in ihrem Erscheinungsbild sowie in ihrer Verpackung große Ähnlichkeit mit den Batterien der Marke „Duracell“ auf. Angesichts all der vorhandenen Ähnlichkeiten ordnete die Zollstelle des Hafens von Paranaguá im Bundesstaat Paraná im Süden Brasiliens *ex officio* die Beschlagnahme der Waren an und ahndete den Verstoß anschließend gemäß Art. 541 VIII[491] des Dekrets Nr. 91.030 vom 5. März 1985[492] mit deren Verlust.

Daraufhin leitete das Unternehmen *Fabby Importação e Exportação,* dem die Waren gehörten, am 26. April 2001 eine Nichtigkeitsklage zur Aufhebung des Verwaltungsakts ein, um die Freigabe der Waren zu erwirken. Das in erster Instanz angerufene Gericht wies diesen Antrag als nicht statthaft zurück. In zweiter Instanz wurde diese Entscheidung hingegen revidiert: Die zweite Kammer des *Tribunal Regional Federal da 4ª Região* (TRF 4)[493] lehnte in ihrem Urteilsspruch

---

490 Brasilien gehört zum römisch-europäischen Rechtssystem. Daher orientieren sich die richterlichen Entscheidungen in Brasilien gemäß den Leitlinien des Rechtspositivismus in der Regel an den Gesetzen und nicht an den Entscheidungen anderer Gerichte. Für gewöhnlich haben die Entscheidungen des STJ keine direkt bindende Wirkung über den einzelnen Fall hinaus. Gleichwohl werden die Gerichtsentscheidungen des STJ in der Praxis oft von den unteren Gerichten bei der Auslegung von Gesetzen beachtet, um insbesondere das Gebot der Rechtssicherheit zu wahren. Eingehend zum Thema siehe *Baiocchi,* Der Schutz bekannter Marken unter besonderer Berücksichtigung der zivilrechtlichen Sanktionen, 2012, S. 324 ff.. Die neue Zivilprozessordnung von 2016 setzte gemäß den Bestimmungen der darin enthaltenen Art. 926 und 927 einen neuen Impuls zur Vereinheitlichung der Rechtsprechung. Vgl. zu den jeweiligen Vorschriften *Nery Junior/Nery,* Código de Processo Civil Comentado, 2019, Art. 926, S. 1920 ff., und Art. 927, S. 1924 ff.

491 Diese Bestimmung entspricht exakt Art. 689 Abs. 8 RA, auf den in diesem Kapitel in Abschnitt A. II eingegangen wurde.

492 Bei diesem Dekret handelt es sich um das erste in Brasilien verabschiedete Zollgesetz.

493 Die zweite Instanz des Bundesgerichts (*Justiça Federal*) unterteilt sich in fünf Bundesregionalgerichte (*Tribunais Regionais Federais*). Jedes dieser Bundesregionalgerichte ist für mehrere Bundesstaaten örtlich zuständig. So ist beispielsweise das *Tribunal Regional Federal da 4ª Região* für die drei südlichsten Bundesstaaten Brasiliens zuständig, nämlich für Paraná (dem Bundesstaat, in dem der für die Beschlagnahme der „Powercell“-Alkali-Batterien verantwortlich gemachte Hafen liegt), Santa Catarina und Rio Grande do Sul.

die Anwendung von Art. 618 Abs. 8[494] des Dekrets Nr. 4.543/2002 mit der Begründung ab, dass hier der Fall einer Nachahmung der Marke vorliege, nicht aber der einer Fälschung. Darüber hinaus lehnte sie auch die Anwendung von Art. 198 LPI ab, da sie zu der Auffassung gelangte, dass es dem Inhaber der verletzten Marke oblegen hätte, vorher eine polizeiliche Untersuchung zu veranlassen oder eine Strafklage zu erheben, falle die Zurückhaltung der Waren *ex officio* doch nicht in den Zuständigkeitsbereich der Zollbehörde. Nachdem die *Fazenda Nacional* als oberste brasilianische Finanzbehörde hiergegen Revision eingelegt hatte, erreichte der Fall schließlich das *Superior Tribunal de Justiça* (STJ). Die 2. Kammer des STJ stellte in ihrer Entscheidung[495] daraufhin klar, dass Art. 198 LPI ausdrücklich die Möglichkeit einer Beschlagnahme nachgeahmter Waren *ex officio* durch die Zollbehörde vorsehe, ohne dass es hierfür eines vorherigen Antrags oder einer gerichtlichen Anordnung bedürfe. Des Weiteren beteuerte sie, dass die brasilianischen Behörden bezüglich der Anwendung des Gesetzes auf eigenem Staatsgebiet absolut souverän seien, selbst wenn die fraglichen Maßnahmen Produkte im Transitverkehr betreffen, die für einen Drittstaat bestimmt sind. Somit gab die 2. Kammer des STJ, indem sie die Möglichkeit einer Beschlagnahme nachgeahmter Waren *ex officio* gemäß Art. 198 LPI anerkannte, einstimmig dem Revisionsantrag der *Fazenda Nacional* statt.

In ihrer Entscheidung bekräftigte die 2. Kammer des STJ einfach nur, dass Art. 198 LPI auf den Fall anzuwenden sei, ohne sich weiter mit den rechtlichen Aspekten zum Thema Transit zu befassen. Davon ausgehend, dass die Transitwaren gar nicht in den Verkehr des Transitlands gelangen, wurde nicht näher auf die Frage eingegangen, ob eine Verletzung von Schutzrechten durch den bloßen Transit

---

Gemäß Art. 109 Abs. 1 der Bundesverfassung sind die Bundesgerichte für die Rechtssachen örtlich zuständig, bei denen der Bund, eine Bundesbehörde oder ein öffentliches Bundesunternehmen als Kläger, Beklagte, Nebenintervenient oder Widerspruchskläger beteiligt sind.

494 Diese Bestimmung entspricht exakt Art. 689 Abs. 8 RA sowie Art. 541 Abs. 8 des Dekrets Nr. 91.030/1985, auf den sich die Zollbehörde zum Zeitpunkt der Beschlagnahme stützte.

495 STJ, 2. Zivilsenat, Prozess-Nr. 2005/0023378-0, Rechtsbeschwerde (*Agravo Regimental no Recurso Especial*) Nr. 725.531-PR, Richter: Herman Benjamin, veröffentlicht im DJe, vom 11.9.2009.

von Waren vorliegt oder nicht. Genauso wenig wurde in diesem Zusammenhang geprüft, ob Transitsituationen möglicherweise als rechtsverletzende Benutzungshandlungen einzustufen seien. Hinzu kommt, dass die oben zitierte Entscheidung jeden Hinweis auf die Bestimmung des Dekrets Nr. 4.543/2002[496] missen ließ, die ein Einschreiten der Zollbehörden erlauben würde, wenn sich die betreffenden Waren im Transitverkehr befinden. Dieses Manko ist damit zu erklären, dass sich die in Art. 544 des besagten Dekrets[497] vorgesehene „Zollprüfung" (*conferência aduaneira*) und damit der in Art. 198 LPI vorgesehene „Prüfungsakt" (*ato de conferência*) gemäß Art. 504 und 528 desselben Gesetzestexts[498] lediglich auf Import- und Exportverfahren beziehen. Und der Wortlaut des dortigen Art. 284 Abs. 2[499] legt nahe, dass die „Prüfung beim Transit" (*conferência para Trânsito*) nicht die Feststellung einer möglichen Markenrechtsverletzung umfasst.

II Der „Power Rangers"-Fall

Bei diesem Fall aus dem Jahr 2001 ging es um den Transit von Pirateriewaren (74.519 Schachteln mit „Power Rangers"-Figuren), die aus Hong Kong stammten und für Paraguay bestimmt waren. Als die Zollbehörde am Hafen von Santos im Bundesstaat São Paulo gegen die Ladung Verdacht schöpfte, ordnete sie ihre Löschung zur materiellen Begutachtung der Waren an. Nachdem sich der Verdacht auf Markenpiraterie bestätigt hatte, hielt die Zollbehörde vorläufig die Waren zurück und setzte ein Verwaltungsverfahren in Gang, welches darin gipfelte, dass die fraglichen Produkte beschlagnahmt wurden und der Rechtsverstoß mit ihrem Verlust geahndet wurde.

Daraufhin leitete das Unternehmen *M Y M Importacion e Exportacion*, dem die Waren gehörten, eine gerichtliche Maßnahme (*Mandado de Segurança*) gegen die Zollbehörde des Hafens von Santos ein. Das Gericht erster Instanz lehnte diesen Antrag ab und erklärte sowohl die Beschlagnahme der Waren als auch die Ahn-

496 Wie bereits dargelegt wurde, war zum Zeitpunkt der Entscheidung noch das Dekret Nr. 4.543/2002 in Kraft, das später durch das RA ersetzt wurde.

497 Diese Bestimmung entspricht exakt Art. 605 RA.

498 Diese Bestimmungen entsprechen exakt Artt. 564 und 571 RA.

499 Diese Bestimmung entspricht exakt Abs. 2 von Art. 332 RA.

dung des Rechtsverstoßes mit deren Verlust für rechtens. Der Inhaber der Waren legte gegen diese Entscheidung Berufung ein. Doch auch in zweiter Instanz bekräftigte die 4ª. Kammer des *Tribunal Regional Federal da 3ª Região* (TRF 3), indem sie sich auf das Urteil des STJ im Fall „Duracell" berief, dass die Prüfung durch den Zoll und die Ahndung mit dem Verlust der Waren geltendem Recht entsprächen, und hielt somit einstimmig an der erstinstanzlichen Entscheidung fest.

In ihrem kurz gehaltenen, am 1.10.2010 verkündeten Urteilsspruch[500] beschränkte sich die 4. Kammer des TRF 3 darauf, auf die erwähnte Entscheidung des STJ zu verweisen, um die Aufrechterhaltung sowohl der Beschlagnahme der Waren als auch der verhängten Strafe mit deren Verlust zu rechtfertigen. Die 4. Kammer des TRF 3 ging somit in ihrer Entscheidung genauso wenig wie zuvor das STJ auf die eigentliche Problematik ein, sei es bezüglich einer möglichen Verletzung von Schutzrechten durch den bloßen Transit, sei es im Hinblick auf die Bestimmung des damals geltenden Zollgesetzes, die ein Einschreiten der Zollbehörden bei Waren im Transitverkehr zur Prüfung einer eventuell vorliegenden Markenrechtsverletzung erlaubt hätte.

III Der „Roadstar"-Fall

Der fragliche Fall betrifft einen Antrag auf den Erlass eines vorbeugenden Rechtsschutzes (*Mandado de Segurança Preventivo*), der im Jahr 2005 von der Gesellschaft *Colisee Sociedad de Responsabilidad Limitada* gegen die Zollbehörde am Hafen von Santos im Bundesstaat São Paulo gestellt wurde, damit diese es unterlasse, mit dem Argument einer angeblichen Markenpiraterie ihre mit der Marke „Roadstar" gekennzeichneten Waren zu beschlagnahmen, die auf dem Transitweg in besagten Hafen gelangt und letztlich für Paraguay bestimmt waren.

Die Antragstellerin gab vor, einzige Inhaberin der Marke „Roadstar" auf paraguayischem Staatsgebiet zu sein, ihre Produkte im Ausland herstellen zu lassen und sie dann über den Hafen von Santos zu importieren, von wo aus sie nach

---

500 TRF, 3. Region, 4. Kammer, Prozess-Nr. 2001.61.04.005681-2/SP, Berufungsverfahren (*Apelação Cível*) Nr. 0005681-16.2001.4.03.6104/SP, Richter: Fabio Prieto, veröffentlicht im D.E., vom 22.10.2010.

Paraguay weitertransportiert würden, ohne in irgendeiner Form in Brasilien vermarktet zu werden. Des Weiteren führte sie aus, mit dem Roadstar Management als dem Inhaber der Marke „Roadstar" in Brasilien eine internationale Vereinbarung geschlossen zu haben, in der sich das brasilianische Unternehmen dazu verpflichtet habe, sich jeder Geschäftstätigkeit in Paraguay zu enthalten und keinen Versuch zu unternehmen, den Transit ihrer Waren durch brasilianisches Staatsgebiet zu unterbinden. Im Gegenzug habe sich die Antragstellerin dazu verpflichtet, ihre Produkte nicht in Brasilien zu vermarkten und ihre Anmeldungen der Marke „Roadstar" beim brasilianischen Amt für gewerblichen Rechtsschutz (*Instituto Nacional da Propriedade Industrial* – INPI) an die brasilianische Gesellschaft abzutreten. Sie wies ferner darauf hin, dass es aufgrund entsprechender Beschwerden seitens des Roadstar Managements bereits im Jahr 2002 zu Beschlagnahmungen ihrer Waren mit deren anschließender Vernichtung gekommen sei, und dass sie auch jetzt, trotz der mit diesem Unternehmen geschlossenen Vereinbarung, die Befürchtung hege, dass die brasilianische Zollbehörde nach Prüfung, auf wen die Marke „Roadstar" im INPI eingetragen sei, den Transit ihrer Waren behindern könne, indem sie sie mit der Begründung einer angeblichen Markenpiraterie beschlagnahmen würde.

Angesichts dessen, dass die in erster Instanz getroffene Entscheidung nicht zu ihren Gunsten ausfiel, legte die Antragstellerin Berufung ein. In zweiter Instanz stellte die 6. Kammer des TRF 3 unter besonderem Hinweis auf die Art. 198 LPI sowie 283[501] und 544 des Dekrets Nr. 4.543/2002 klar, dass die Zollbehörden durch die Rechtsordnung dazu verpflichtet seien, im Transit durch brasilianisches Staatsgebiet befindliche Waren zu prüfen, und zwar gerade auch dann, wenn möglicherweise eine Markenrechtsverletzung vorliegt. Somit gab es laut dieser Entscheidung auch mittels eines Antrags auf vorbeugenden Rechtsschutz keinerlei Handhabe dagegen, dass die Waren der Antragstellerin durch die Zollbehörden geprüft und eventuell sogar beschlagnahmt wurden, selbst wenn sich diese im Transitverkehr befanden und ausschließlich für die Vermarktung in Paraguay bestimmt waren. Des Weiteren erläuterte die 6. Kammer, dass sich die öffentlichen Verwaltungsorgane trotz des Vorhandenseins einer besonderen Vereinbarung

501 Diese Bestimmung entspricht exakt Art. 331 RA.

zwischen der Antragstellerin und dem Inhaber der Marke in Brasilien nicht der Ausübung ihrer polizeilichen Aufgaben entziehen können. Abschließend stellte die 6. Kammer klar, dass es angesichts des rechtlich bindenden Vertrags zwischen den beiden Parteien für den Fall, dass der Inhaber der Marke in Brasilien gegen die darin enthaltenen Vereinbarungen verstößt, indem er eine Beschlagnahme und Vernichtung der fraglichen Waren beantragt, dem Antragsteller obliegen würde, Ersatz für den erlittenen Schaden zu erwirken, indem er auf dem hierfür vorgesehenen Rechtsweg gegen den Markeninhaber vorgeht, statt zu versuchen, die Zollbehörde mittels eines Antrags auf vorbeugenden Rechtsschutz an der Verrichtung ihrer Aufgaben zu hindern.

In ihrer am 22.11.12 einstimmig verkündeten Entscheidung[502] rechtfertigte die 6. Kammer des TRF 3 die Pflicht zur Prüfung von Transitwaren durch eine öffentliche Behörde, diesmal im Zusammenhang mit einer möglichen Markenrechtsverletzung, mit dem bloßen Hinweis auf die Art. 198 LPI sowie 283 und 544 des Dekrets Nr. 4.543/2002, ohne sich näher mit den rechtlichen Fragen bezüglich dieses Themas zu befassen. Wie bei den vorausgehenden, oben skizzierten Entscheidungen, ging die 6. Kammer des TRF 3 nicht der Frage nach, ob schon der bloße Transit in einer Weise eine Verletzung von Schutzrechten im Transitland darstellt, dass die Beschlagnahme von Waren gerechtfertigt wäre. Abgesehen davon bezieht sich der genannte Art. 283 des Dekrets Nr. 4.543/2002, wenn dort von der Möglichkeit der Prüfung von Transitwaren durch die Zollbehörde die Rede ist, nicht im Besonderen auf den Fall einer möglichen Markenrechtsverletzung. Laut dieser Bestimmung beschränkt sich die „Prüfung beim Transit" (*conferência para trânsito*) lediglich auf die Inaugenscheinnahme der Waren und die Kontrolle der Angaben zu ihrer Art und Menge[503]. Schließlich ging die 6. Kammer des TRF auch nicht näher auf den Umstand ein, dass im Bestimmungsland der Waren keinerlei Verstoß zu befürchten sei.

---

502 TRF, 3. Region, 6. Kammer, Prozess-Nr. 2205.61.04.008024-8/SP, Berufungsverfahren (*Apelação Cível*) Nr. 0008024-8/SP, Richter: Regina Costa, veröffentlicht im D.E., vom 30.11.2012.

503 Wie in Fußnote 499 erwähnt, entspricht Art. 283 des Dekrets Nr. 4.543/2002 exakt Art. 331 RA, auf den in diesem Kapitel in Abschnitt A. II. eingegangen wurde

IV Der „The Powerpuff Girls"-Fall

Bei diesem Fall ging es um die Durchfuhr von Sandalen, die aus China stammten und für Paraguay bestimmt waren. Besagte Sandalen waren mit Bildern von Figuren aus der Cartoon-Serie für Kinder „The Powerpuff Girls" versehen und trugen den Schriftzug „Powerpuff Girls" (ohne den Artikel „The"). Die Zollbehörde am Hafen von Paranaguá im südbrasilianischen Bundesstaat Paraná ordnete gemäß den Bestimmungen von Art. 544[504] und 681 VIII[505] des Dekrets Nr. 4.543/2002 wegen des Verdachts auf Markenpiraterie die Zurückhaltung der fraglichen Waren an und ahndete den Verstoß mit deren Verlust.

So kam es, dass das Unternehmen *PRIN S R L* als Inhaberin der Waren im Jahr 2006 eine Klage gegen die Zollbehörde einleitete, die auf die sofortige Fortsetzung des Transitverfahrens und auf die Rücknahme der Bestrafung mit dem Verlust der Waren abzielte. In erster Instanz wurden diese Anträge mit der Begründung abgelehnt, dass die brasilianischen Behörden dazu verpflichtet seien, im Transitverkehr durch brasilianisches Staatsgebiet befindliche Waren zu prüfen, selbst wenn diese für ein anderes Land bestimmt sind. Die Antragstellerin legte hiergegen Berufung ein, worüber die 1. Kammer des *Tribunal Regional Federal da 4ª Região* (TRF 4) zu befinden hatte. In ihrer Entscheidung[506] gab besagte Kammer mit einem Stimmenverhältnis von zwei gegen eins dem Berufungsantrag statt und ordnete folglich die Freigabe der Waren zu Zwecken ihrer Weiterleitung im Transitverkehr an. Der Berichterstatter (*Relator*) Alvaro Eduardo Junqueira beteuerte mit seinem Votum, dass die fraglichen Waren in rechtlichem Sinne gar nicht Eingang nach Brasilien finden würden, sondern lediglich in physischem Sinne zu Zwecken ihres Weitertransports in ein Drittland. Er führte weiter aus, dass die Waren, da sie sich im Transitverfahren befänden, nicht einmal der Zollabfertigung unterliegen würden. Folglich lägen laut diesem Berichterstatter keinerlei Umstände vor, durch die sich irgendwelche Zölle oder Abgaben begründen ließen. Und angesichts der Tatsache, dass die fraglichen Waren in Brasilien keinen

504 Diese Bestimmung entspricht exakt Art. 605 RA.

505 Diese Bestimmung entspricht exakt Art. 689 VIII RA.

506 TRF, 4. Region, 1. Kammer, Berufungsverfahren (*Apelação Cível*) Nr. 2006.70.08.001777-4/PR, Richter: Alvaro Eduardo Junqueira, veröffentlicht im D.E., vom 02.06.2011.

Abgaben unterlägen – so der Berichterstatter weiter –, könne auch von keiner versäumten Leistungspflicht gegenüber der Staatskasse die Rede sein. In diesem Zusammenhang wies er darauf hin, dass sich die durch die brasilianischen Behörden ausgeübte Kontrollfunktion darauf zu beschränken habe, eine rechtswidrige Umleitung der Waren auf den innerbrasilianischen Markt zu verhindern. Indem er das Recht der *PRIN S R L* auf den freien Transit ihrer Waren anerkannte und die Bestrafung mit deren Verlust ablehnte, stimmte der Berichterstatter somit dafür, dem Berufungsantrag stattzugeben. Die *Desembargadora* (Richterin des Gerichts zweiter Instanz) Maria de Fátima Freitas Labarrère, kam nach Einsichtnahme der Akten zur eingehenden Prüfung des Falls zu einem hiervon abweichenden Votum und lehnte die Stattgabe des Berufungsantrags ab. In ihrem Votum bezog sich die *Desembargadora* auf die Entscheidung des STJ im Fall „Duracell" sowie auf die dort angeführten Rechtsgründe, insbesondere auf Art. 198 LPI. Sie hob in diesem Zusammenhang hervor, dass die den Akten beigefügten Fotografien in so hohem Maße den Verdacht einer Markenpiraterie nahelegten, dass es gerechtfertigt erscheine, die Waren zurückzuhalten, um zu prüfen, ob eine Erlaubnis für den Gebrauch der Marke vorliege oder nicht. Das Patt wurde schließlich durch den *Desembargador* Joel Ilan Paciornik aufgehoben, der sich dem Berichterstatter in dem Sinne anschloss, dass er dem Berufungsantrag der *PRIN S R L* stattgab. In seinem Votum wies der *Desembargador* darauf hin, dass die Möglichkeit einer Prüfung von Waren im Transitverkehr zu Zwecken der Feststellung, ob eventuell eine Markenrechtsverletzung vorliege, im Dekret Nr. 4.543/2002 gar nicht vorgesehen ist. Er fügte hinzu, dass Art. 198 LPI lediglich auf das allgemeine Zollverfahren anzuwenden sei, und kam so zu dem Schluss, dass das Vorgehen der Zollbehörde gegen geltendes Recht verstoße.

Der Berichterstatter ging in seinem Votum auf das Thema Transit nicht unter dem Gesichtspunkt des Markenrechts ein. Er befasste sich also nicht mit der Frage nach einer möglichen Verletzung der Marke „The Powerpuff Girls" auf brasilianischem Staatsgebiet, durch die eine Beschlagnahme der im Transit befindlichen Waren gerechtfertigt gewesen wäre. Stattdessen beschränkte er sich darauf, das Thema allein im Kontext des Zoll- bzw. des Steuerrechts zu sehen. Auch unterließ er es, die Bestimmungen des Dekrets Nr. 4.543/2002 einer näheren Betrachtung zu unterziehen, die eventuell ein Einschreiten der Zollbehörden bei Waren im Transitverkehr ermöglicht hätten, um das Vorliegen einer Markenrechtsverletzung zu prüfen. Die *Desembargadora* Maria de Fátima Freitas Labarrère wiederum hat zwar die hier zur Debatte stehende Problematik richtig erkannt, wenn sie feststellt, dass über „die Möglichkeit einer Zurückhaltung von Waren (…), die dem Transitverfahren unterliegen, aufgrund von Anzeichen für eine Markenpiraterie" nachgedacht werden müsse, jedoch beschränkte sie sich darauf, in ihrem Votum die Entscheidungsgründe des STJ im Fall „Duracell" aufzugreifen. Auch sie verzichtete folglich darauf, wie es schon bei besagter Entscheidung der Fall gewesen ist, die rechtlichen Aspekte rund um das Thema Transit zu vertiefen. Ebenso wenig befasste sich der *Desembargador* Joel Ilan Paciornik, der mit seinem Votum das Patt aufhob, mit einer eingehenden Analyse dieser Thematik, ging er doch nicht einmal auf die Bestimmung von Art. 544 des Dekrets Nr. 4.543/2002 ein.

V Der Fall „Olympisches Symbol Rio 2016"

Auch bei diesem Fall ging es um die Durchfuhr von Waren, die aus China stammten, für Paraguay bestimmt waren und von der Zollbehörde am Hafen von Paranaguá beschlagnahmt wurden, als sie sich im Transit durch Brasilien befanden. Genau genommen ging es um Fernsehgeräte, deren Verpackungen mit dem olympischen Symbol „Rio 2016" sowie mit dem portugiesischen Schriftzug „Sinta-se nas Olimpíadas" (zu Deutsch: „Fühlen Sie sich bei den Olympiaden") versehen waren. Die Zollstelle am Hafen von Paranaguá ordnete die Zurückhaltung der Waren wegen des Verdachts auf Markenpiraterie an, wobei sie sich auf Art. 198 LPI stützte.

Daraufhin reichte die Inhaberin der Waren, das Unternehmen *Wording S.R.L.*, am 31.08.16 eine Klage gegen die Zollbehörde ein, die auf die unverzügliche Fortsetzung des Warentransits oder ersatzweise auf die Freigabe der Waren gegen den Verzicht auf das olympische Symbol „Rio 2016" oder den Austausch der Verpackungen, die damit versehen waren, abzielte. Das Gericht erster Instanz gab dem Ersatzantrag statt und verurteilte die Zollbehörde dazu, das Verfahren bezüglich des Transits der fraglichen Waren abzuschließen und diese zu Zwecken ihrer Weiterbeförderung nach Paraguay freizugeben, sofern die Klägerin die nötigen Vorkehrungen für die Beseitigung des olympischen Symbols „Rio 2016" auf den Verpackungen oder für deren Austausch trifft. Die Behörde legte dagegen Berufung ein, wobei sie sich im Kern darauf berief, dass die Verwendung des olympischen Symbols „Rio 2016" gemäß Art. 189 und 190 LPI eine Straftat gegen eine registrierte Marke darstelle, dass die Zurückhaltung der Waren auf der Grundlage von Art. 605 bis 607 RA sowie von Art. 198 LPI erfolgt sei, und dass der portugiesische Schriftzug „Sinta-se nas Olimpíadas" auf den Verpackungen darauf hingedeutet habe, dass die fraglichen Waren in Wahrheit für den brasilianischen Markt bestimmt gewesen seien. Die 2. Kammer des *Tribunal Regional Federal da 4ª Região* (TRF 4) lehnte in einstimmiger Entscheidung[507] diesen Berufungsantrag ab. Der Berichterstatter, Richter Sebastião Ogê Muniz, schloss sich in seinem Votum der vollständigen Urteilsbegründung an. Besondere Beachtung verdienen die folgenden, im Votum des Berichterstatters wiedergegebenen Punkte der Gerichtsentscheidung: (i) Die Verwendung des olympischen Symbols „Rio 2016" und des Schriftzugs „Sinta-se nas Olimpíadas" rechtfertige nicht die Beschlagnahme der Waren, da allein aufgrund des Vorhandenseins einiger Wörter in portugiesischer Sprache nicht darauf zu schließen sei, dass besagte Waren in Brasilien vermarktet oder in rechtswidriger Weise auf brasilianisches Staatsgebiet gelangen würden; (ii) Das Fehlen einer Genehmigung für die Verwendung des olympischen Symbols ist dem Inhaber der Marke oder dem chinesischen Hersteller zur Last zu legen, da der Inhaber der Waren lediglich ein Importeur bzw. Käufer des Produkts sei, der nicht direkt für eine eventuelle Nichterfüllung markenrechtlicher Bestimmungen haftbar gemacht werden kann; (iii) Die Zurückhaltung der Waren wurde allein mit der Notwendigkeit begründet, dem Inhaber der Marke, nämlich dem Organisationskomitee der Olympischen Spiele Rio 2016, den festgestellten Sachverhalt mitzuteilen, ohne dass von der Zollbehörde irgendein Verdacht geäußert worden sei, wonach die Waren auf den brasilianischen Markt umgeleitet werden könnten. Abgesehen von der Wiedergabe der oben aufgeführten Punkte bezog sich der Berichterstatter auch auf das Votum des Richters Alvaro Eduardo Junqueira im Fall „The Powerpuff Girls", der sich, wie wir im vorigen

507 TRF, 4. Region, 2. Kammer, Berufungsverfahren (*Apelação Cível*) Nr. 5002488-54.2016.4.04.7008/PR, Richter: Sebastião Ogê Muniz, Urteil vom 12.11.2019.

Abschnitt gesehen haben, allerdings in recht oberflächlicher Weise und nur im Kontext des Zoll- bzw. Steuerrechts mit der Problematik befasst hat.

Nicht nur unterließ es der Berichterstatter, sich in die rechtlichen Fragen zum Thema Transit zu vertiefen, vielmehr gab er auch ein etwas konfuses Votum ab, wobei er überdies einer offenkundigen Fehlinterpretation des LPI erlag. Augenscheinlich entging dies auch den beiden anderen stimmberechtigten Richtern, die sich vollumfänglich dem Votum des Berichterstatters anschlossen. Aus dem oben dargelegten Punkt (i) lässt sich beispielsweise die Auffassung des Berichterstatters ableiten, die Freigabe der Waren sei durch den Umstand zu rechtfertigen, dass die Marke gar nicht auf brasilianischem Staatsgebiet verwendet wird. Anders ausgedrückt: Würde es zu keiner Verwendung der Marke auf brasilianischem Staatsgebiet kommen, so könne auch keine Markenrechtsverletzung vorliegen. Und ohne eine solche wäre die Beschlagnahme der Waren aus der Sicht des Markenrechts nicht zu rechtfertigen. Doch selbst wenn sich aus Punkt (i) ein solcher Gedankengang ableiten ließe, so steht dies zumindest im Widerspruch dazu, dass der Berichterstatter die Freigabe der Waren an die Bedingung knüpfte, die Marke müsse von den Verpackungen entfernt oder alle damit versehenen Behältnisse müssten ausgetauscht werden. Abgesehen davon erlag der Berichterstatter bei seinem Votum einem offenkundigen Irrtum, indem er jenen Abschnitt des erstinstanzlichen Urteils zitierte, wo zu Unrecht behauptet wird, dass der Inhaber der Waren für eventuelle Verstöße gegen markenrechtliche Bestimmungen nicht haftbar gemacht werden könne. Produkte zu importieren oder zu exportieren, die durch die unerlaubte vollständige oder teilweise Wiedergabe oder Nachahmung der Marke eines anderen gekennzeichnet sind, stellt aber beispielsweise sehr wohl eine Verletzung einer eingetragenen Marke dar, wie wir in Abschnitt A. I. 1 gesehen haben. Doch wie dem auch sei, obwohl dem Berufungsantrag der Zollbehörde die Stattgabe verweigert wurde, kam die Entscheidung der 2. Kammer des TRF 4 dem Inhaber der Marke „Rio 2016" zugute, und zwar deshalb, weil mit der erstinstanzlichen Entscheidung die vollständige Durchführung des Transitverfahrens und die Freigabe der Waren für ihren Weitertransport nach Paraguay unter der Bedingung beschlossen worden war, dass besagte Marke von den Verpackungen entfernt wird oder dass die damit versehenen Behältnisse ausgetauscht werden.

D Stellungnahme

Wie in diesem Kapitel dargelegt wurde, ist in der brasilianischen Rechtsordnung überhaupt nicht geregelt, ob Transitsituationen als rechtsverletzende Benutzungshandlungen einzustufen sind. Es gibt keine materiell-rechtliche Vorschrift, welche den Transit von Waren, die durch die unerlaubte vollständige oder teilweise Wiedergabe oder Nachahmung der Marke eines anderen gekennzeichnet sind, als Markenrechtsverletzung klassifizieren würde, wie sie etwa für den Import bzw. den Export von Waren mit denselben Merkmalen vorgesehen sind. Das Gesetz zum gewerblichen Rechtsschutz LPI schweigt sich zu diesem Thema aus. Ebenso wenig enthält das brasilianische Zollgesetz RA irgendeine Bestimmung, die es der Zollbehörde ausdrücklich gestatten würde, im Transit befindliche Waren wegen einer vermuteten Markenrechtsverletzung zurückzuhalten.

Dieses Fehlen entsprechender Vorschriften in der brasilianischen Rechtsordnung machte sich auch in der Praxis wiederholt bemerkbar. Sahen sich die brasilianischen Gerichte dazu veranlasst, sich mit der Thematik zu befassen, so verkündeten sie oft oberflächliche und einander diametral entgegengesetzte Entscheidungen. Die das Markenrecht betreffende Kernfrage wurde überhaupt nicht näher erörtert, nämlich ob eine Verletzung von Markenrecht bereits durch den bloßen Transit von Pirateriewaren vorliegt oder nicht, zieht man in Betracht, dass diese Waren für das Ausland bestimmt sind und folglich gar nicht in den Verkehr des Transitlands gelangen. Die wenigen vorhandenen Entscheidungen gingen in diesem Zusammenhang mitnichten darauf ein, ob die Durchfuhr von Pirateriewaren möglicherweise als rechtsverletzende Benutzungshandlung einzustufen sei, wodurch sich die Beschlagnahme dieser Waren durch das Transitland rechtfertigen ließe. Abgesehen davon wurde auch die Frage nach einer möglichen Anwendung der Art. 198 LPI und 605[508] RA auf Transitsituationen nicht weiter vertieft, verweisen doch beide Bestimmungen nur auf Import- und Exportsituationen. Ebenso wenig befassten sich die Gerichte mit der Möglichkeit eines Einschreitens der Zollbehörden bei Waren im Transitverkehr, um auf der Grundlage von Art.

508 Beziehungsweise der entsprechenden Vorschriften in den vorausgehenden Zollgesetzen.

332 Abs. 2 RA das Vorliegen einer Markenrechtsverletzung zu prüfen. Zeugen die wenigen vorliegenden Gerichtsentscheidungen von mangelnder Tiefe in der Auseinandersetzung mit der uns hier interessierenden Problematik, so offenbaren sie zudem einander entgegengesetzte Positionen: Manche bejahen die Möglichkeit einer Beschlagnahme, andere schließen sie aus.

Um die Positionen der Gerichte zu vereinheitlichen und eine noch größere Rechtsunsicherheit für alle betroffenen Parteien zu vermeiden, erweist es sich somit als von grundlegender Bedeutung, diesen Themenkomplex in Brasilien klar zu regeln. Im Hinblick darauf könnten die deutschen bzw. europäischen Erfahrungen als Vergleichsmaßstab genutzt werden. Angesichts der in Kapitel 3. D. I. dargelegten pragmatischen Gründe sollte dafür plädiert werden, dass in der brasilianischen Rechtsordnung Transitsituationen als rechtsverletzende Benutzungshandlungen klassifiziert werden, und dass ausdrücklich ein Einschreiten der Zollbehörden auch während eines Transitverfahrens gestattet wird, um das eventuelle Vorliegen einer Markenrechtsverletzung zu prüfen. Nur so ist in heutiger Zeit ein breit angelegtes und wirksames Vorgehen gegen den internationalen Handel mit Pirateriewaren möglich, wodurch dem Umsichgreifen seiner schädlichen Auswirkungen und dem Anreiz für weitere illegale Praktiken, die damit verbunden sind, ein Riegel vorgeschoben wird. Die im oben genannten Kapitel aufgeführten rechtlichen Gründe wiederum stützen die in dieser Arbeit vertretene Interpretationslinie, wonach eine Transitregelung, wie sie etwa in der MarkenRL bzw. in der MarkenVO vorgesehen ist, nicht gegen das Prinzip der Transitfreiheit bzw. gegen Art. V Abs. 2 GATT verstößt.

Angesichts obiger Ausführungen werden im Folgenden Änderungen sowohl am LPI als auch am RA vorgeschlagen, mit denen die normative Struktur beider Gesetzestexte jedoch nicht angetastet wird:

(i) Änderung von Art. 190 LPI, der wie folgt lauten sollte:

> *Art. 190. Eine Straftat gegen eine registrierte Marke begeht, wer ein Produkt importiert, exportiert, im Transitweg befördert, verkauft, zum Verkauf anbietet oder ausstellt, verbirgt oder auf Lager hält:*

(ii) Aufnahme des Art. 198-A sowie eines Einheitsparagraphen ins LPI gemäß folgendem Wortlaut:

> *Art. 198-A. Produkte, die sich im Transit durch brasilianisches Staatsgebiet befinden, können von den Zollbehörden von Amts wegen oder auf Antrag eines Interessierten auch dann zurückgehalten werden, wenn sie mit einer in Brasilien eingetragenen Marke oder mit einem Zeichen, das mit dieser Marke in ihren wesentlichen Merkmalen Ähnlichkeit aufweist, versehen sind, ohne dass hierfür eine Genehmigung vorliegt.*
> *Einheitsparagraph. Falls der Inhaber der Produkte nachweist, dass keine Markenrechtsverletzung im Bestimmungsland vorliegt, so werden die Produkte von der Zollbehörde freigegeben, um das Transitverfahren abschließen zu können.*

(iii) Aufnahme des Art. 605-A sowie eines Einheitsparagraphen ins Zollgesetz RA gemäß folgendem Wortlaut:

> *Art. 605-A. Produkte, die sich im Transit durch brasilianisches Staatsgebiet befinden, können von den Zollbehörden von Amts wegen oder auf Antrag eines Interessierten auch dann zurückgehalten werden, wenn sie mit einer in Brasilien eingetragenen Marke oder mit einem Zeichen, das mit dieser Marke in ihren wesentlichen Merkmalen Ähnlichkeit aufweist, versehen sind, ohne dass hierfür eine Genehmigung vorliegt.*
> *Einheitsparagraph. Falls der Inhaber der Produkte nachweist, dass keine Markenrechtsverletzung im Bestimmungsland vorliegt, so werden die Produkte von der Zollbehörde freigegeben, um das Transitverfahren abschließen zu können.*

Mit den oben vorgeschlagenen Änderungen würde Brasilien auf die Linie der internationalen Gemeinschaft einschwenken, was eine wirksame Bekämpfung der Markenpiraterie und der damit einhergehenden rechtswidrigen Praktiken betrifft.

5. Kapitel: Schlussfolgerungen zum Thema Transit in Deutschland und Brasilien

Im Anschluss an unsere Analyse des Themas Transit von Pirateriewaren in den deutschen bzw. europäischen Rechtssystemen einerseits und im brasilianischen andererseits seien in diesem Kapitel kurz die wichtigsten diesbezüglichen Aspekte zusammengefasst, um die bestehenden Ähnlichkeiten und Unterschiede hervorzuheben.

Wie wir in Kapitel 3 gesehen haben, fand die Problematik des Transits von Markenwaren im deutschen MarkenG von 1994 noch keine Berücksichtigung. Es gab in besagtem Gesetz keine materiell-rechtliche Vorschrift, welche die Situation des bloßen Transits von Markenwaren als Benutzungshandlung, und noch spezifischer als rechtsverletzende Benutzungshandlung klassifiziert hätte, sofern die Kollisionstatbestände der § 14 Abs. 2 Nr.1-Nr. 3 erfüllt wären, wie dies für die Ein- und Ausfuhr vorgesehen war (§ 14 Abs. 3 Nr. 4 MarkenG)[509]. Dieselbe Feststellung gilt auch für die MarkenRL von 2008[510].

Folglich musste die Untersuchung zum Thema Transit bei der Analyse des Benutzungsbegriffs ansetzen. Anders ausgedrückt erwies es sich als notwendig, zu prüfen, ob sich Transitsituationen so weit unter den Begriff der Benutzung subsumieren ließen, dass sie als potentielle Markenrechtsverletzungen betrachtet werden könnten, sofern die übrigen gesetzlichen Voraussetzungen erfüllt wären.

Dieses Thema rief große Kontroversen unter den Rechtsgelehrten hervor, die unterschiedliche Meinungen dazu vertraten. Hinzukommt, dass selbst diejenigen Juristen, die darin übereinstimmten, Transitsituationen als rechtsverletzende Benutzungshandlungen i.S.d. § 14 MarkenG und Art. 5 MarkenRL zu betrachten, in ihren jeweiligen Begründungen stark voneinander abwichen. Im Großen und Ganzen tendierte die herrschende Meinung in der Literatur zu der Auffassung, dass Transitsituationen stets eine rechtsverletzende Benutzung darstellen. Als Hauptargument zur Stützung dieser Ansicht wurde vor allem die Gefahr angeführt, dass die Waren während des Transits in den inländischen Verkehr gelan-

509 Vgl. Kapitel 3. A. I. 1.

510 Vgl. Kapitel 3. A. II.

gen könnten. Und wenn dem so ist, so wäre eine abweichende Behandlung des Transits im Vergleich zum Export widersprüchlich, da dieser unabhängig von der konkreten Gefahr der Kenntniserlangung durch inländische Verkehrskreise und unabhängig von den markenrechtlichen Verhältnissen im Bestimmungsland als Verletzungshandlung gilt[511].

Auch die sukzessive erlassenen Grenzbeschlagnahmeverordnungen der Europäischen Union trugen nicht zur Klärung des Meinungsstreits bei, was daran liegt, dass sie lediglich verfahrensrechtliche Vorschriften enthielten, aber nicht selbst Anspruchsgrundlagen waren. Anders ausgedrückt, wurden mit den Grenzbeschlagnahmeverordnungen keine Kriterien festgelegt, nach denen sich eine Verletzung von Rechten des geistigen Eigentums feststellen ließ[512].

Die Kontroversen rund um dieses Thema erreichten schließlich auch den EuGH[513]. So wurden dem EuGH im Zusammenhang mit dem Transit von Waren mehrmals Fragen nach der Auslegung der MarkenRL, der GBV und der EGV zur Vorabentscheidung vorgelegt. Im Verlauf von elf Jahren verkündete der EuGH sechs Entscheidungen zu dieser Problematik, beginnend mit dem Urteilsspruch anlässlich der Prüfung des Falls „Polo Lauren" aus dem Jahr 2000. In seiner ersten Stellungnahme zu diesem Thema ging der EuGH jedoch noch nicht auf die Frage ein, ob der bloße Transit von gefälschten Waren als rechtsverletzende Benutzungshandlung anzusehen sei. In den folgenden Jahren wurden vier weitere Entscheidungen zu dieser Problematik verkündet, bis es schließlich zum heiß ersehnten Urteil im Fall „Philips/Nokia" aus dem Jahr 2011 kam, an das man die Erwartung knüpfte, dass es eine abschließende Klärung für das Thema bringen würde. Bei dieser Entscheidung stellte der EuGH fest, dass die Zollbehörde über Anhaltspunkte verfügen müsse, die den Verdacht einer Rechtsverletzung begründen, um einschreiten bzw. die Transitwaren beschlagnahmen zu können. Die abstrakte Gefahr, dass eine betrügerische Umleitung der Transitwaren zu den Verbrauchern in der Union stattfindet, genüge nicht. Als Beispiele für solche Anhaltspunkte erwähnte der EuGH unter anderem die Nichtangabe der Bestimmung der Waren, obwohl das beantragte Zollverfahren eine entsprechende Erklärung verlangt, das

511 Vgl. Kapitel 3. A. I. 2.

512 Vgl. Kapitel 3. A. III.

513 Vgl. Kapitel 3. A. V.

Fehlen genauer oder verlässlicher Informationen über die Identität oder die Anschrift des Herstellers oder das Auffinden von Unterlagen oder Schriftverkehr, die die fraglichen Waren betreffen und vermuten lassen, dass eine Umleitung dieser Waren zu den Verbrauchern in der Europäischen Union eintreten kann. Bezüglich der Entscheidung in der Sache stellte das EuGH fest, dass sie nicht auf der Grundlage eines Verdachts getroffen werden kann. Vielmehr sei ein Beweis dafür notwendig, dass eine Verletzung des geltend gemachten Rechts vorliegt bzw. dass die Waren tatsächlich dazu bestimmt sind, in der Union in den Verkehr gebracht zu werden. Als Beispiele für solche Beweise nennt der EuGH etwa das Vorliegen eines Verkaufs der Waren an einen Kunden in der Union, das Vorliegen einer an die Verbraucher in der Union gerichteten Verkaufsofferte oder Werbung oder auch das Vorliegen von Unterlagen oder Schriftverkehr, die die fraglichen Waren betreffen und belegen, dass eine Umleitung dieser Waren zu den Verbrauchern in der Union beabsichtigt ist[514].

Die Erwartungen, die man an die Entscheidung im Fall „Philips-Nokia" knüpfte, haben sich indes nicht vollständig erfüllt: Sie genügte nicht, um die Diskussionen bzw. Kontroversen rund um das Thema zu beenden. Es wurde argumentiert, dass den Rechteinhabern eine unangemessene hohe Beweislast auferlegt worden sei, was die Bekämpfung der Piraterie erschweren, wenn nicht gar behindern würde. Zum einen hätten die Rechteinhaber normalerweise keinen Zugang zu den Beweisen, die erforderlich wären, um darzulegen, dass die Transitwaren in Wahrheit dazu bestimmt sind, in der Union in den Verkehr gebracht zu werden. Zum anderen habe sich in der Praxis gezeigt, dass es nicht schwierig ist, den endgültigen Bestimmungsort der Waren zu verheimlichen. Angesichts dieses Szenarios wurden auf gesetzgeberischer Seite Versuche unternommen, das Thema Transit anders zu behandeln[515]. Der zweite, gut gelungene Versuch erfolgte im Rahmen der EU-Markenrechtsreform, mit der materiellrechtliche EU-Bestimmungen zum Thema verabschiedet wurden[516]. Insbesondere gewährt die mit der Richtlinie 2015/2436 bzw. der Verordnung 2015/2424 eingeführte Transitregelung den Markeninhabern das Recht, die Durchfuhr von Waren durch einen Mitgliedstaat

514 Vgl. Kapitel 3. A. V. 7.

515 Vgl. Kapitel 3. B. I.

516 Vgl. Kapitel 3. B. II.

zu verbieten, wenn die Waren, einschließlich ihrer Verpackung, aus Drittstaaten stammen und ohne Zustimmung eine Marke aufweisen, die mit der für derartige Waren eingetragenen Marke identisch ist oder in ihren wesentlichen Aspekten nicht von dieser Marke zu unterscheiden ist. Der Anspruch des Markeninhabers erlischt aber, wenn der zollrechtliche Anmelder bzw. der Besitzer der Waren während eines gerichtlichen Verfahrens zur Feststellung einer Markenrechtsverletzung, das im Anschluss an eine Beschlagnahme durch die Zollbehörde in Gang gesetzt wurde, nachweisen kann, dass der Markeninhaber nicht berechtigt ist, das Inverkehrbringen der Waren im Bestimmungsland zu untersagen[517].

Mit dieser neuen Transitregelung, die im weiteren Verlauf gemäß dem Markenrechtsmodernisierungsgesetz in das MarkenG aufgenommen wurde, bereitete man der Diskussion darüber ein Ende, ob die Zollbehörden des Transitlands auf Waren, die sich im Transit befinden, zugreifen können, wenn diese die in eben diesem Transitland bestehenden Schutzrechte bzw. Markenrechte Dritter verletzen. Hingegen rief die neue Transitregelung lebhafte Kontroversen im Hinblick auf das internationale Recht hervor. Insbesondere wurde hinterfragt, ob sie mit dem in Art. V Abs. 2 GATT vorgesehenen Prinzip der Transitfreiheit zu vereinbaren sei.

517 Art. 10 Abs. 4 vom Richtlinie 2015/2436: „Unbeschadet der von Markeninhabern vor dem Zeitpunkt der Anmeldung oder dem Prioritätstag der eingetragenen Marke erworbenen Rechte ist der Inhaber dieser eingetragenen Marke auch berechtigt, Dritten zu untersagen, im geschäftlichen Verkehr Waren in den Mitgliedstaat zu verbringen, in dem die Marke eingetragen ist, ohne die Waren dort in den zollrechtlich freien Verkehr zu überführen, wenn die Waren, einschließlich ihrer Verpackung, aus Drittstaaten stammen und ohne Zustimmung eine Marke aufweisen, die mit der für derartige Waren eingetragenen Marke identisch ist oder in ihren wesentlichen Aspekten nicht von dieser Marke zu unterscheiden ist.
Die Berechtigung des Markeninhabers gemäß Unterabsatz 1 erlischt, wenn während eines Verfahrens, das der Feststellung dient, ob eine eingetragene Marke verletzt wurde, und das gemäß der Verordnung (EU) Nr. 608/2013 eingeleitet wurde, der zollrechtliche Anmelder oder der Besitzer der Waren nachweist, dass der Inhaber der eingetragenen Marke nicht berechtigt ist, das Inverkehrbringen der Waren im endgültigen Bestimmungsland zu untersagen.“. Der Wortlaut der entsprechenden Bestimmung in der Verordnung 2015/2424 ist praktisch identisch. Wie in Kapitel 3. B. II gesehen, betreffen die Unterschiede abgesehen von einigen stilistischen Details im Wesentlichen die Ausdrücke „Union“, „Unionsmarke“ und „Inhaber einer Unionsmarke“.

Ausgehend von den pragmatischen und rechtlichen Gründen, die in der vorliegenden Arbeit dargelegt wurden, zielt die hier vertretene Interpretationslinie in die Richtung, dass sich die neue Transitregelung unter den Begriff der „Zollvorschriften" („customs laws and regulations") subsumieren lässt, womit die in Art. V Abs. 3 GATT vorgesehene Ausnahmeregelung greifen würde und folglich ein eventueller Verstoß gegen Art. V Abs. 2 GATT verneint werden kann (erster rechtlicher Grund). Und auch wenn man sich diesem ersten Grund nicht anschließen will, so ist die neue Transitregelung doch als ein Instrument zu betrachten, welches Maßnahmen vorsieht, „die zur Einhaltung von Gesetzen oder sonstigen Vorschriften erforderlich sind, welche nicht gegen dieses Abkommen verstoßen, einschließlich der Bestimmungen über [...] den Schutz von [...] Warenzeichen ...", so dass Art. XX Abs. (d) GATT anwendbar und eine Verletzung von Art. V Abs. 2 GATT folglich gerechtfertigt wäre (zweiter rechtlicher Grund)[518].

Was nun das brasilianische Recht betrifft, so hat man sich dort – wie in Kapitel 4 gesehen – bisher noch nicht annähernd so gründlich mit dem Thema Transit befasst wie in Europa, und zwar weder in der Rechtswissenschaft noch in der Rechtsprechung. Auch seitens des Gesetzgebers gab es keinerlei Diskussionen rund um diese Problematik.

Wie dies auch in Deutschland bzw. in Europa bis zum Inkrafttreten der Richtlinie 2015/2436 bzw. der Verordnung 2015/2424 der Fall war, nehmen die Bestimmungen, die in Brasilien das Markenrecht regeln, in keiner Weise Bezug auf den Transit von Markenwaren. Es gibt keine materiell-rechtliche Vorschrift, die den Transit von Waren, welche durch die unerlaubte vollständige oder teilweise Wiedergabe oder Nachahmung der Marke eines anderen gekennzeichnet sind, als Markenrechtsverletzung klassifizieren würde, wie dies etwa für den Import und den Export von Waren mit denselben Merkmalen gilt. Trotz dieses Umstands und der Rolle Brasiliens als wichtigem Transitland innerhalb Südamerikas haben sich die brasilianischen Gelehrten – anders als dies in Deutschland bzw. in Europa in der Zeit bis zur neuen Transitregelung der Fall war – bisher überhaupt nicht mit der im Kontext des Markenrechts so wesentlichen Frage auseinandergesetzt, die da lautet, ob eine Verletzung von Markenrecht schon durch den bloßen Transit

518 Vgl. Kapitel 3. D.

von Waren vorliegt, so dass eine Beschlagnahme dieser Waren durch die Zollbehörde des Transitlands gerechtfertigt wäre[519].

Ebenso wenig trägt das brasilianische Zollgesetz (*Regulamento Aduaneiro*) zur Klärung dieser grundlegenden Frage bei, enthält es doch lediglich verfahrensrechtliche Vorschriften. Schlimmer noch: Selbst die Möglichkeit einer Prüfung von Transitwaren zu Zwecken der Feststellung einer eventuellen Markenrechtsverletzung bleibt fragwürdig[520].

Auch die brasilianischen Gerichte haben sich kaum zu diesem Thema geäußert. Bei den bisherigen Entscheidungen wurde nicht näher untersucht, ob sich Situationen des bloßen Transits von Pirateriewaren möglicherweise als rechtsverletzende Benutzungshandlungen einstufen lassen oder nicht. Abgesehen davon gingen die Gerichte in ihren Entscheidungen auch nicht auf die Möglichkeit eines Einschreitens der Zollbehörden bei Waren im Transitverkehr zum Zwecke der Prüfung einer eventuell vorliegenden Markenrechtsverletzung ein. Und als würde der fehlende Tiefgang im Umgang mit der Problematik noch nicht genügen, weisen die wenigen vorhandenen Entscheidungen auch noch widersprüchliche Positionen dazu auf, was schon an sich ein erhebliches Maß an Rechtsunsicherheit für die betroffenen Parteien heraufbeschwört[521].

Somit versteht sich die vorliegende Arbeit als Plädoyer dafür, die deutschen bzw. europäischen Erfahrungen zu nutzen und im Hinblick darauf, die Positionen der brasilianischen Gerichte zu diesem Thema zu vereinheitlichen, auch in der Rechtsordnung dieses größten südamerikanischen Landes den Transit von Pirateriewaren gemäß den oben unterbreiteten Vorschlägen *de lege ferenda*[522] als rechtsverletzende Benutzungshandlung zu klassifizieren und des Weiteren ausdrücklich ein Einschreiten der Zollbehörden auch während des Transitverfahrens zu gestatten, um das Vorliegen einer möglichen Markenrechtsverletzung zu prüfen. Die in Kapitel 3. D. I. dargelegten rechtlichen Gründe stützen die Interpretationslinie, wonach eine Transitregelung, wie sie in der Richtlinie 2015/2436 bzw. in der Verordnung 2015/2424 vorgesehen ist, nicht gegen das Prinzip der Transit-

519 Vgl. Kapitel 4. A. I.
520 Vgl. Kapitel 4. A. II.
521 Vgl. Kapitel 4. A. III.
522 Vgl. Kapitel 4. B.

freiheit bzw. gegen Art. V Abs. 2 GATT verstößt. Nur so würde sich Brasilien als ein verlässlicher Partner der internationalen Gemeinschaft bei der wirksamen Bekämpfung der Markenpiraterie und der sonstigen damit einhergehenden rechtswidrigen Praktiken erweisen.

6. Kapitel: Ergebnis der Arbeit

Die Piraterie ist ein weltweites Phänomen, von dem sämtliche Industriezweige betroffen sind. Der internationale Handel mit Piraterieewaren hat im Verlauf der letzten Jahre trotz der globalen Bemühungen, ihn einzudämmen, einen rasanten Aufschwung erlebt. Die von verschiedenen Institutionen veröffentlichten Daten belegen auf eindrucksvolle Weise die Dimension und den Umfang dieses Problems.

Die negativen Effekte, die durch die Piraterie ausgelöst werden, sind unterschiedlicher Art und wirken sich gleichzeitig auf die Markeninhaber, die Verbraucher und die Volkswirtschaft aus. Abgesehen davon offenbaren die von internationalen Behörden ermittelten Daten, dass ein klarer Zusammenhang zwischen der Piraterie und anderen kriminellen Aktivitäten, wie etwa dem Drogen- und Menschenhandel, der Korruption und der Geldwäsche, besteht.

In einer zunehmend globalisierten Welt mit ihrer immer enger vernetzten Wirtschaft hat der internationale Handel mit Waren im Transitverkehr, und somit auch der von Pirateriewaren, einen beachtlichen Aufschwung erlebt.

Um die Piraterie an breiter Front und wirksam bekämpfen zu können, erwies es sich als notwendig, Mechanismen einzuführen, welche die Beschlagnahme von Pirateriewaren auch im Transitland ermöglichen, um auf diese Weise ihr Inverkehrbringen mittels irgendeines Täuschungsmanövers in den Wirtschaftskreislauf des Transitlands bzw. in den des Bestimmungslands zu verhindern.

Vor diesem Hintergrund bestand das Ziel der vorliegenden Arbeit darin, die von den europäischen Gesetzgebern zu diesem Thema gefundene normative Lösung näher zu untersuchen, sprich die in Art. 10 Abs. 4 der Richtlinie 2015/2436 bzw. in Art. 9 Abs. 4 der Verordnung 2015/2424 vorgesehene Transitregelung, um ihre Vereinbarkeit mit dem internationalen Recht, insbesondere mit Art. V Abs. 2 GATT und mit dem Prinzip der Transitfreiheit, zu prüfen.

Das Ergebnis dieser Untersuchung zeigt gemäß der hier entwickelten und verfochtenen Interpretationslinie, dass sich die von den europäischen Gesetzgebern gefundene normative Lösung in perfektem Einklang mit der näher zu analysierten Vorschrift des internationalen Rechts bzw. mit dem Prinzip der Transitfreiheit befindet.

Ein weiteres Ziel dieser Arbeit bestand darin, die Rechtslage bezüglich des Transits von Pirateriewaren in Brasilien darzustellen, einem Land, das nicht nur ein bedeutender Handelspartner Deutschlands, sondern überdies auch das wichtigste Transitland Lateinamerikas ist und in hohem Maße unter der Markenpiraterie zu leiden hat. Bei dieser Darstellung zeigte sich in Gegenüberstellung zur Untersuchung der Rechtslage in Deutschland bzw. in Europa, dass Brasilien bei der Analyse des Problems und in der Auseinandersetzung mit dem Thema hinterherhinkt. Ausgehend von den deutschen bzw. europäischen Erfahrungen, plädiert diese Arbeit daher für eine gesetzliche Regelung der Problematik in Brasilien gemäß dem ausformulierten Vorschlag *de lege ferenda*. Auf diese Weise würde Brasilien sein Engagement für eine wirksame Bekämpfung der Piraterie auf breiter Front bekräftigen und sich der internationalen Gemeinschaft im Umgang mit dem Thema anschließen.

Literatur und Materialien

I Literatur

Ahrens, Claus
Die gesetzlichen Grundlagen der Grenzbeschlagnahme von Produktpirateriewaren nach dem deutschen nationalen Recht, BB 1997, 902–904.

Ahrens, Hans-Jürgen/Bornkamm, Joachim/Kunz-Hallstein, Hans Peter (Hrsg.)
Festschrift für Eike Ullmann, Saarbrücken 2006 [zitiert als: *Bearbeiter(in)*, in: *Ahrens/Bornkamm/Kunz-Hallstein* (Hrsg.), 2006].

Amschewitz, Dennis
Die Durchsetzungsrichtlinie und ihre Umsetzung im deutschen Recht, Tübingen 2008.

von Arnauld, Andreas
Völkerrecht, 4. Auflage, Heidelberg 2019.

Baiocchi, Enzo
Der Schutz bekannter Marken unter besonderer Berücksichtigung der zivilrechtlichen Sanktionen – Eine Rechtsvergleichung zwischen dem deutsch-europäischen und dem brasilianisch-südamerikanischen Markenrecht, Köln 2012 [zitiert als: *Baiocchi*, Der Schutz bekannter Marken unter besonderer Berücksichtigung der zivilrechtlichen Sanktionen, 2012].

Barbosa, Denis Borges
Propriedade Intelectual no Século XXI, Rio de Janeiro 2009.

ders.
Proteção das Marcas – Uma Perspectiva Semiológica, 2. ed., Rio de Janeiro 2017.

Barbosa, Denis Borges/ Grau-Kuntz, Karin (Hrsg.)
Ensaios sobre o Direito Imaterial – Estudos dedicados a Newton Silveira, Rio de Janeiro 2009 [zitiert als: *Bearbeiter(in)*, in: FS Silveira, 2009].

Beier, Friedrich-Karl
Territorialität des Markenrechts und internationaler Wirtschaftsverkehr, GRUR Int. 1968, 8–17.

Beier, Friedrich-Karl
Territorialität des Markenrechts und internationaler Wirtschaftsverkehr, GRUR Int. 1968, 8–17.

ders.
Hundert Jahre Pariser Verbandsübereinkunft Ihre Rolle in Vergangenheit, Gegenwart und Zukunft, GRUR Int. 1983, 339–347.

Beier, Friedrich-Karl/Schricker, Gerhard (Hrsg.)
GATT or WIPO? New Ways in the International Protection of Intellectual Property, Munich 1989 [zitiert als: *Bearbeiter(in)*, in: *Beier/Schricker* (Hrsg.), GATT or WIPO?, 1989].

ders.
From GATT to TRIPs – The Agreement on Trade Related Aspects of International Property Rights, Weinheim 1996 [zitiert als: *Bearbeiter(in)*, in: *Beier/Schricker*, From GATT to TRIPs, 1996].

Bodenhousen, Georg
Guide to the Application of the Paris Convention, Geneva 1968.

Braun, Edwin
Produktpiraterie, Rechtsschutz durch Zivil-, Straf- und Verwaltungsrecht sowie ausgewählte Probleme der Rechtsdurchsetzung, Köln (u.a.) 1993.

Britto, Demes (Hrsg.)
Temas Atuais do Direito Aduaneiro Brasileiro e Notas sobre o Direito Internacional: Teoria e Prática, Band 1, São Paulo 2012 [zitiert als: Bearbeiter(in), in: Britto, Demes (Hrsg.), 2012].

Busche, Jan
Das TRIPs-Übereinkommen im Überblick, in: *Busche, Jan/Stoll, Peter-Tobias/Wiebe, Andreas* (Hrsg.), TRIPs – Internationales und europäisches Recht des geistigen Eigentums (Kommentar), Köln 2013 [zitiert als: *Bearbeiter(in)* in: *Busche/Stoll/Wiebe* (Hrsg.), Kommentar zum TRIPs, 2013.

Busse, Rudolf/Starck, Joachim
Warenzeichengesetz nebst Pariser Verbandsübereinkunft und Madrider Abkommen, 6. Auflage, Berlin (u.a.) 1990.

Busche, Jan/Stoll, Peter-Tobias/Wiebe, Andreas (Hrsg.)
TRIPs – Internationales und europäisches Recht des geistigen Eigentums (Kommentar), Köln 2013 [zitiert als: *Bearbeiter(in)* in: *Busche/Stoll/Wiebe* (Hrsg.), Kommentar zum TRIPs, 2013.

Carluci, José Lence
Uma Introdução ao Direito Aduaneiro, São Paulo 1996.

Cerqueira, Joao da Gama
Tratado da Propriedade Industrial, 3. ed., Rio de Janeiro 2010.

Christians, Andreas
Immaterialgüterrechte und GATT, Frankfurt (u.a.) 1990.

Cordes, Christoph
Die Grenzbeschlagnahme im Patentsachen, GRUR 2007, 483–490.

Correa, Carlos María
Trade Related Aspects of Intellectual Property Rights: A Commentary on the TRIPs Agreement, Oxford 2007 [zitiert als: *Correa*, A Commentary on the TRIPs Agreement, 2007].

Correa, Carlos María
Trade Related Aspects of Intellectual Property Rights: A Commentary on the TRIPs Agreement, Oxford 2007 [zitiert als: *Correa*, A Commentary on the TRIPs Agreement, 2007].

Dannemann, Siemsen, Bigler & Ipanema Moreira
Comentários à Lei da Propriedade Industrial e correlatos, 3. ed., Rio de Janeiro 2013 (zitiert als: *Dannemann, Siemsen, Bigler & Ipanema Moreira, Propriedade Industrial, 2013*).

De Meyer, Carl/Gommers, Carina
Moving forward: the new trade mark provisions on goods in transit, GRUR Int. 2016, 508–512.

Di Cataldo, Vincenzo
Goods in Transit and Trade Mark Law (and Intellectual Property Law?), IIC 2018, 436–451.

Domingues, Douglas G.
Comentários à Lei da Propriedade Industrial, Rio de Janeiro 2009.

Dreier, Thomas
TRIPS und die Durchsetzung von Rechten des geistigen Eigentums, GRUR Int. 1996, 205–218.

Drexl, Josef
Nach „GATT und WIPO“: Das TRIPs-Abkommen und seine Anwendung in der Europäischen Gemeinschaft, GRUR Int. 1994, 777–788.

Dudenredaktion
Duden Deutsches Universalwörterbuch, 9. Auflage, Berlin 2019.

Eijsvogels, Frank
The new Customs Regulation, The Comission's proposals relating to trademarks and transit, BMM Bulletin 39 (2013), 135–141.

Ekey, Friedrich L./ Bender, Achim/Fuchs-Wissemann, Georg (Hrsg.)
Markenrecht – MarkenG, UMV und Markenrecht ausgewählter ausländischer Staaten, Band 1, 4. Auflage, Heidelberg 2020 [zitiert als: *Bearbeiter(in), Ekey/Bender/Fuchs-Wissemann* (Hrsg.), 2020].

Engels, Gabriele
Neue Transit-Regelungen im Europäischen Markensystem, GRUR-Prax 2016, 51–53.

Erdmann, Willi/Gloy, Wolfgang/Herbert, Rolf (Hrsg.)
Festschrift für Henning Piper zum 65. Geburtstag, München 1996 [zitiert als: *Bearbeiter(in)*, in: *Erdmann/Gloy/Herbert* (Hrsg.), 1996].

Fekete, Elisabeth Kasznar
Na Fronteira entre a Propriedade Intelectual e o Direito Aduaneiro: Medidas Alfandegárias de Repressão à Falsificação, a Disciplina Legal Brasileira e o Cenário do Mercosul, in: *Barbosa, Denis Borges/Grau-Kuntz, Karin* (Hrsg.), Ensaios sobre o Direito Imaterial – Estudos dedicados a Newton Silveira, Rio de Janeiro 2009, S. 339–373 [zitiert als: *Fekete*, in: FS Silveira, 2009]

Fezer, Karl-Heinz
Markenrecht – Kommentar zum Markengesetz, zur Pariser Verbandsübereinkunft und zum Madrider Abkommen, 4. Auflage, München 2009 [zitiert als: *Fezer*, Markenrecht, 2009].

Fikentscher, Wolfgang
GATT Principles and Intellectual Property, in: *Beier/Schricker* (Hrsg.), GATT or WIPO? New Ways in the International Protection of Intellectual Property, 1989, S. 101–126 [zitiert als: *Fikentscher*, in: *Beier/Schricker* (Hrsg.), 1989].

von Gamm, Eva-Irina/von Gamm, Iouri Kobiako
Durchfuhr als Markenrechtsverletzungshandlung? Zugleich Anmerkung zum Urteil des EuGH vom 18.10.2005 – Rs. C-405/03 – in Sachen „AQUAFRESH“, MarkenR 2005, 475–480.

Flynn, Sean/Madhani, Bijan
ACTA and Access to Medicines, American University – Washington College of Law (2012), 1–38.

Geiger, Christophe (Hrsg.)
Criminal Enforcement of Intellectual Property – A Handbook of Contemporary Research, Cheltenham 2012 [zitiert als: *Bearbeiter(in)*, in: *Geiger* (Hrsg.) Criminal Enforcement of Intellectual Property, 2012].

Geiger, Rudolf/Khan, Daniel-Erasmus/Kotzur, Markus
Vertrag über die Europäische Union, Vertrag über die Arbeitsweise der Europäischen Union (Kommentar), 6. Auflage, München 2017, [zitiert als *Bearbeiter(in)*, in: *Geiger/Khan/Kotzur*, AEUV, 2017].

Gervais, Daniel
The TRIPs Agreement – Drafting History and Analysis, 3. Auflage, London 2012.

Grosse Ruse-Khan
An international trade perspective on transit seizures, BMM Bulletin 39 (2013), 142–149.

ders.
The Protection of Intellectual Property in International Law, Oxford 2016.

Hacker, Franz
Die Warendurchfuhr zwischen Markenverletzung, Grenzbeschlagnahme und Warenverkehrsfreiheit, MarkenR 2004, 257–262.

ders.
§ 14 MarkenG, in: *Ströbele, Paul/Hacker, Franz/Thiering, Frederik* (Hrsg.), Kommentar zum Markengesetz, 12. Auflage, Köln 2018, S. 963–1132 [zitiert als: *Hacker*, in: *Ströbele/Hacker/Thiering*, MarkenG, 2018].

Harte-Bavendamm, Henning
Handbuch der Markenpiraterie in Europa, München 2000.

Heath, Christopher
Customs Seizures, Transit and Trade – In Honour of Dieter Stauder's 70th Birthday, IIC 2010, 881–905.

Heim, Sebastiana
Der Transit von Waren als markenrechtsverletzende Benutzungshandlung, WRP 2005, 167–175.

Heinze, Christian/Heinze, Stefan
Transit als Markenrechtsverletzung – Schlusswort des EuGH in der Entscheidung „Montex/Diesel", GRUR 2007, 107–112.

Henke, Reginhard/Rinnert, Sandra
Lagerung, in: *Witte, Peter/Wolfgang, Hans-Michael* (Hrsg.), Lehrbuch des Zollrechts der Europäischen Union, 9. Auflage, Herne 2018 [zitiert als: *Bearbeiter(in)*, in: *Witte/Wolfgang* (Hrsg.), Lehrbuch des Zollrechts der Europäischen Union, 2018].

Hesse, Nora Louisa
Die Vereinbarkeit des EU-Grenzbeschlagnahmeverfahrens mit dem TRIPS-Abkommen, Tübingen 2018.

Hillebrand, Ulrike
Vom geschäftlichen Verkehr über die markenmäßige Benutzung bis zum Warentransit, Baden-Baden 2012.

Hilty, Reto M.
Economic, legal and social impacts of counterfeiting, in: *Christophe Geiger* (Hrsg.), Criminal Enforcement of Intellectual Property – A Handbook of Contemporary Research, Cheltenham 2012, S. 9–23 [zitiert als: *Hilty* in: *Geiger*, Criminal Enforcement of Intellectual Property, 2012]

Hye-Knudsen, Rebekka
Marken-, Patent- und Urheberrechtsverletzungen im europäischen Internationalen Zivilprozessrecht, Tübingen 2005.

Ingerl, Reinhard/Rohnke, Christian
Kommentar zum Markengesetz, 3. Auflage, München 2010 [zitiert als: *Ingerl/Rohnke*, MarkenG, 2010].

Irwin,Douglas/Mavroidis, Petros/Sykes, Alan
The Genesis of the GATT, Cambridge 2008.

Jackson, John H.
World Trade and the Law of GATT, Indianapolis (u.a.) 1969.

Joos, Ulrich/Moufang, Rainer
Neue Tendenzen im internationalen Schutz des geistigen Eigentums – Bericht über das zweite Ringberg-Symposium des Max-Planck-Instituts für ausländisches und internationales Patent-, Urheber- und Wettbewerbsrechts, GRUR Int. 1998, 887–905.

Kampf, Hans-Joachim
Art. 226 Zollkodex, in: *Witte* (Hrsg.), Kommentar zum Zollkodex der Union (UZK), 7. Auflage, München 2018, 1347–1372 [zitiert als: *Kampf*, in: *Witte* (Hrsg.), Kommentar zum Zollkodex, 2018]

Kampf, Hans-Joachim/Ritz, Joachim
Versandverfahren, in: *Witte, Peter/Wolfgang, Hans-Michael* (Hrsg.), Lehrbuch des Zollrechts der Europäischen Union, 9. Auflage, Herne 2018 [zitiert als: *Bearbeiter(in)*, in: *Witte/Wolfgang* (Hrsg.), Lehrbuch des Zollrechts der Europäischen Union, 2018]

Katzenberger, Paul/Kur, Annette
TRIPs and Intellectual Property, in: *Beier, Friedrich-Karl/Schricker, Gerhard* (Hrsg.), From GATT to TRIPs – The Agreement on Trade Related Aspects of International Property Rights, Weinheim 1996, S. 1–17 [zitiert als: *Katzenberger/Kur*, in: *Beier/Schricker* (Hrsg.), From GATT to TRIPs, 1996].

Kettner, Lars-Uwe
Die Bekämpfung der Produktpiraterie jenseits des Zivilrechts, Baden-Baden 2011.

Khan, Daniel-Erasmus
Art. 207 AEUV, in: *Geiger, Rudolf/Khan, Daniel-Erasmus/Kotzur, Markus* (Hrsg.), Vertrag über die Europäische Union, Vertrag über die Arbeitsweise der Europäischen Union (Kommentar), 6. Auflage, München 2017, S. 769–778 [zitiert als *Khan*, in: *Geiger/Khan/Kotzur*, AEUV, 2017]

Kirchner, Hildebert
Abkürzungsverzeichnis der Rechtssprache, 9. Auflage, Berlin 2018.

Knaak, Roland
Die nationalen und internationalen Arbeiten gegen die Markenpiraterie – Eine Zwischenbilanz, GRUR Int. 1988, 1–11.

Kobiako, Iouri
Durchfuhr als Patentverletzung? Zugleich Anmerkung zum Urteil des LG Hamburg vom 2. April 2004, GRUR Int. 2004, 832–836.

Köhler, Marcus
§ 94 StPO, in: *Meyer-Goßner, Lutz/Schmitt, Bertram*, Strafprozessordnung (Kommentar), 63. Auflage, München 2020, 359–367 [zitiert als: *Köhler*, in: *Meyer-Goßner/Schmitt*, StPO, 2020].

Kotzur, Markus
Art. 34 AEUV, in: *Geiger, Rudolf/Khan, Daniel-Erasmus/Kotzur, Markus* (Hrsg.), Vertrag über die Europäische Union, Vertrag über die Arbeitsweise der Europäischen Union (Kommentar), 6. Auflage, München 2017, S. 281–292 [zitiert als *Kotzur*, in: *Geiger/Khan/Kotzur*, AEUV, 2017].

ders.
Art. 35 AEUV, in: *Geiger, Rudolf/Khan, Daniel-Erasmus/Kotzur, Markus* (Hrsg.), Vertrag über die Europäische Union, Vertrag über die Arbeitsweise der Europäischen Union (Kommentar), 6. Auflage, München 2017, S. 292–293 [zitiert als *Kotzur*, in: *Geiger/Khan/Kotzur*, AEUV, 2017].

ders.
Art. 288 AEUV, in: *Geiger, Rudolf/Khan, Daniel-Erasmus/Kotzur, Markus* (Hrsg.), Vertrag über die Europäische Union, Vertrag über die Arbeitsweise der Europäischen Union (Kommentar), 6. Auflage, München 2017, S. 967–974 [zitiert als *Kotzur*, in: *Geiger/Khan/Kotzur*, AEUV, 2017].

Kühnen, Thomas
Die Haftung wegen unberechtigter oder zu Unrecht unterbliebener Grenzbeschlagnahme nach der VO (EU) Nr. 608/2013 (Teil 1), GRUR 2014, 811–826.

Kur, Annette
TRIPs und das Markenrecht, GRUR Int. 1994, 987–997.

dies.
TRIPs and Trademark Law, in: *Beier, Friedrich-Karl/Schricker, Gerhard* (Hrsg.), From GATT to TRIPs – The Agreement on Trade Related Aspects of International Property Rights, Weinheim 1996, S. 93–116 [zitiert als: *Kur,* in: *Beier/Schricker* (Hrsg.), From GATT to TRIPs, 1996].

dies.
The Enforcement Directive – Rough Start, Happy Landing? IIC 2004, 821–830.

dies.
The TRIPS Agreement Ten Years Later – A Conference Commemorating the 10th Anniversary of the TRIPS Agreement, IIC 2005, 558–562.

dies.
Confusion Over Use? – Die Benutzung „als Marke" im Lichte der EuGH-Rechtsprechung, GRUR Int. 2008, 1–12.

dies.
The EU Trademark Reform Package – (Too) Bold a Step Ahead or Back to Status Quo?, Marquette Intellectual Property Review, Vol. 19, (2015), 15–38 [zitiert als *Kur,* Marq. Intell. Prop. L. Rev. 19 (2015)].

Kur, Annette/von Bomhard, Verena/Albrecht, Friedrich (Hrsg.)
Markengesetz, Verordnung über die Unionsmarke (Kommentar), 2. Auflage, München 2018 [zitiert als: *Bearbeiter(in)* in: *Kur, von Bomhard/Albrecht,* MarkenG, 2018].

Leitzen, Mario
Innergemeinschaftlicher Transit, Markenverletzung und Produktpiraterie – Zugleich Anmerkung zu BGH „Diesel" und EuGH „Class International/Colgate-Palmolive", GRUR 2006,89–96.

Loureiro, Luiz Guilherme de
A lei da Propriedade Industrial Comentada, São Paulo 1999.

Mavroidis, Petros
Trade in Goods, Oxford 2007.

Meister, Herbert E.
Aspekte der Produktpiraterie, WRP 1991, 137–143.

ders.
Die Verteidigung von Marken. Eine Skizze zum neuen Recht, WRP 1995, 366–376.

ders.
Praktische Erfahrungen mit dem neuen Markengesetz, WRP 1005, 1005–1013.

Mercurio, Bryan
‚Seizing' Pharmaceuticals in Transit: Analysing the WTO Dispute that Wasn't, ICLQ 61 (2012), 389–426.

Meyer-Goßner/Schmitt
Strafprozessordnung (Kommentar), 63. Auflage, München 2020 [zitiert als: *Bearbeiter(in)*, in: *Meyer-Goßner/Schmitt*, StPO, 2020].

Miosga, Willy
Internationaler Marken- und Herkunftsschutz, München 1967.

Morello, Gabriele
The consumer in World Trade, in: *Visser, Hans/Schoorl, Evert* (Hrsg.), Trade in Transit, Dordrecht 1986, S. 303–313 [zitiert als: *Morello*, The consumer in World Trade, 1986].

Moro, Maitê Cecília F.
Direito de Marcas: Abordagem das marcas notórias na Lei 9.279/1996 e nos acordos internacionais, São Paulo 2003 [zitiert als: Moro, Direito de Marcas, 2003].

Nery Junior, Nelson/Nery, Rosa Maria de Andrade
Código de Processo Civil Comentado, 18. ed., São Paulo 2019 [zitiert als: *Nery Junior/Nery*, Código de Processo Civil Comentado 2019].

Nettesheim, Martin
Art. 207 AEUV, in: *Streinz, Rudolf* (Hrsg.), Vertrag über die Europäische Union, Vertrag über die Arbeitsweise der Europäischen Union, Charta der Grundrechte der Europäischen Union (Kommentar), 3. Auflage, München 2018, S. 1895–1916 [zitiert als: *Nettesheim*, in: *Streinz*, AEUV, 2018]

Paul, Thomas/Leopold, Anders
Res in transitu – quo vaditis? Markenrechtlicher Schutz gegen Warentransit in Europa, EuZW 2005, 685–688.

Pierangeli, José Henrique
Crimes contra a Propriedade Industrial e Crimes de Concorrência Desleal, São Paulo 2003 [zitiert als: *Pierangeli*, Crimes contra a Propriedade Industrial, São Paulo 2003].

Reuter, Andrea/Fuchs, Karl
Das neue Zollrecht der Europäischen Union, 2. Auflage 2016.

Ricketson, Sam
The Paris Convention for the Protection of Industrial Property, Oxford 2015.

Riedinger, Daniela
Neuerungen der zollbehördlichen Grenzbeschlagnahme: Zum Inkrafttreten der Verordnung 608/2013 am 1. Januar 2014, RdTW 2014, 2017–220.

Rinnert, Sandra
Die neue Customs-IP-Enforcement-Verordnung, GRUR Int. 2014, 241–245.

Sack, Rolf
Export und Transit im Markenrecht, RIW 1995, 177–186.

ders.
Der Benutzungszwang im internationalen Markenrecht, in: *Erdmann, Willi/Gloy, Wolfgang/Herbert, Rolf* (Hrsg.), Festschrift für Henning Piper zum 65. Geburtstag, München 1996, 603–626 [zitiert als: *ders.*, in: FS für Piper 1996].

ders.
Der Benutzungszwang im internationalen Markenrecht, in: *Erdmann, Willi/Gloy, Wolfgang/Herbert, Rolf* (Hrsg.), Festschrift für Henning Piper zum 65. Geburtstag, München 1996, 603–626 [zitiert als: *ders.*, in: FS für Piper 1996].

ders.
Die Durchfuhr im europäischen Markenrecht nach der EuGH – Entscheidung vom 6.4.2000 zur ProduktpiraterieVO (EG) Nr. 3295/94, WRP 2000, 702–704.

Sartori, Angela
Regimes Aduaneiros Especiais – Trânsito Aduaneiro, Admissão Temporária, Admissão Temporária para Aperfeiçoamento Ativo, Entreposto Aduaneiro na Importação e Entreposto Industrial Informatizado – RECOF, in: Britto, Demes (Hrsg.), Temas Atuais do Direito Aduaneiro Brasileiro e Notas sobre o Direito Internacional: Teoria e Prática, Band 1, São Paulo 2012, 185–206 [zitiert als: Sartori, in: Britto, Demes (Hrsg.), Temas Atuais do Direito Aduaneiro Brasileiro, 2012].

Scherbauer, Katja
Die Grenzbeschlagnahme von Produktpirateriewaren im Immaterialgüterrecht, Starnberg 2000.

Schilling, Dorothea
Der Transit als Markenrechtsverletzung – eine Analyse der Rechtsprechung unter besonderer Berücksichtigung des Gefährdungsaspektes, Konstanz 2011.

Schmidt, Lélio Denicoli
Marcas – Aquisição, Exercício e Extinção de Direitos, 2. ed., Rio de Janeiro.

Schneider, Marius/Vrins, Olivier
Enforcement of Intellectual Property Rights Through Border Measures – Law and Practice in the EU, 2 ed., Oxford 2012 [zitiert als: *Schneider/Vrins,* Enforcement of Intellectual Property Rights Through Border Measures, Oxford 2012].

Schroeder, Werner
Art. 288 AEUV, in: *Streinz, Rudolf* (Hrsg.), Vertrag über die Europäische Union, Vertrag über die Arbeitsweise der Europäischen Union, Charta der Grundrechte der Europäischen Union (Kommentar), 3. Auflage, München 2018, S. 2355–2388 [zitiert als: *Schroeder*, in: *Streinz*, AEUV, 2018].

Schuhmacher, Katja S.
Die Marken(artikel)piraterie – Ein Phänomen des modernen Wirtschaftslebens unter rechtstatsächlicher und begrifflich-dogmatischer Betrachtung, Frankfurt (u.a), 2004.

Schulz, Birgit
Die relevante Benutzungshandlung im deutschen Markenrecht, Bern (u.a.) 1996.

Senftleben, Martin
Wolf in Sheep's Clothing? Trade Mark Rights Against Goods in Transit and the End of Traditional Territorial Limits, IIC 2016, 941–959.

Senti, Richard
GATT-WTO – Die neue Welthandelsordnung nach der Uruguay-Runde, Zürich 1999.

Spuhler, Oliver
Das System des internationalen und supranationalen Schutzes von Marken, Berlin 2000.

Souza, Marcelo Junqueira Inglez de
Durchsetzung und Wirksamkeit der Rechte des Geistigen Eigentums in Brasilien, Hamburg 2009.

Starck, Joachim
Markenmäßiger Gebrauch – Besondere Voraussetzungen für die Annahme einer Markenverletzung?, GRUR 1996, 688–693.

Stein, Torsten/von Buttlar, Christian/Kotzur, Markus
Völkerrecht, 14. Auflage, München 2017.

Streinz, Rudolf
Vertrag über die Europäische Union, Vertrag über die Arbeitsweise der Europäischen Union, Charta der Grundrechte der Europäischen Union (Kommentar), 3. Auflage, München 2018 [zitiert als: *Bearbeiter(in)*: in: *Streinz*, AEUV, 2018].

Streinz, Rudolf
Europarecht, 11. Auflage, Heidelberg 2019.

Ströbele, Paul/Hacker, Franz/Thiering, Frederik (Hrsg.)
Kommentar zum Markengesetz, 12. Auflage, Köln (u.a.) 2018 [zitiert als: *Bearbeiter(in)*, in: *Ströbele/Hacker/Thiering*, MarkenG, 2018].

Thiering, Frederik
§ 14 Abs. V MarkenG, in: *Ströbele, Paul/Hacker, Franz/Thiering, Frederik* (Hrsg.), Kommentar zum Markengesetz, 12. Auflage, Köln 2018, S. 1133–1184 [zitiert als: *Thiering*, in: *Ströbele/Hacker/Thiering*, MarkenG, 2018].

ders.
§ 14 Abs. VI MarkenG, in: *Ströbele, Paul/Hacker, Franz/Thiering, Frederik* (Hrsg.), Kommentar zum Markengesetz, 12. Auflage, Köln 2018, S. 1221–1249 [zitiert als: *Thiering*, in: *Ströbele/Hacker/Thiering*, MarkenG, 2018].

ders.
§ 18 MarkenG, in: *Ströbele, Paul/Hacker, Franz/Thiering, Frederik* (Hrsg.), Kommentar zum Markengesetz, 12. Auflage, Köln 2018, S. 1327–1352 [zitiert als: *Thiering*, in: *Ströbele/Hacker/Thiering*, MarkenG, 2018].

ders.
§ 19 MarkenG, in: *Ströbele, Paul/Hacker, Franz/Thiering, Frederik* (Hrsg.), Kommentar zum Markengesetz, 12. Auflage, Köln 2018, S. 1352–1393 [zitiert als: *Thiering*, in: *Ströbele/Hacker/Thiering*, MarkenG, 2018].

ders.
§ 147 MarkenG, in: *Ströbele, Paul/Hacker, Franz/Thiering, Frederik* (Hrsg.), Kommentar zum Markengesetz, 12. Auflage, Köln 2018, S. 2951–2954 [zitiert als: *Thiering*, in: *Ströbele/Hacker/Thiering*, MarkenG, 2018].

ders.
§ 149 MarkenG, in: *Ströbele, Paul/Hacker, Franz/Thiering, Frederik* (Hrsg.), Kommentar zum Markengesetz, 12. Auflage, Köln 2018, S. 2958–2960 [zitiert als: *Thiering*, in: *Ströbele/Hacker/Thiering*, MarkenG, 2018].

ders.
§ 150 MarkenG, in: *Ströbele, Paul/Hacker, Franz/Thiering, Frederik* (Hrsg.), Kommentar zum Markengesetz, 12. Auflage, Köln 2018, S. 2962–2992 [zitiert als: *Thiering*, in: *Ströbele/Hacker/Thiering*, MarkenG, 2018].

Troller, Alois
Die mehrseitigen völkerrechtlichen Verträge im internationalen gewerblichen Rechtsschutz und Urheberrecht, Basel 1965.

Ullmann, Loy
Ein- und Ausfuhr gleich Durchfuhr? Zur Markenrechtsverletzung durch Transit unter besonderer Berücksichtigung des Gefahrbegriffs, in: *Ahrens, Hans-Jürgen/Bornkamm, Joachim/Kunz-Hallstein, Hans Peter* (Hrsg.), Festschrift für Eike Ullmann, Saarbrücken 2006, 437–448 [zitiert als: *Ulmann*, in: Festschrift für Ullmann 2006].

Ulmar, Susanne
Markenverletzung durch Transit? Markenpirateriebekämpfung versus Warenverkehrsfreiheit, WRP 2005, 1371–1376.

Vander, Sascha/Steigüber, Christian
Artikel 51–60, in: *Busche, Jan/Stoll, Peter-Tobias/Wiebe, Andreas* (Hrsg.), TRIPs – Internationales und europäisches Recht des geistigen Eigentums (Kommentar), Köln 2013 [zitiert als: *Bearbeiter(in)* in: *Busche/Stoll/Wiebe* (Hrsg.), Kommentar zum TRIPs, 2013.

Visser, Hans/Schoorl, Evert (Hrsg.)
Trade in Transit, Dordrecht 1986.

Vohwinkel, Moritz
§ 146 MarkenG, in: *Kur/von Bomhard/Albrecht*, Markengesetz, Verordnung über die Unionsmarke (Kommentar), München 2018, S. 1588–1598 [zitiert als: *Vohwinkel*, in: *Kur/von Bomhard/Albrecht*, MarkenG, 2018].

ders.
§ 147 MarkenG, in: *Kur/von Bomhard/Albrecht*, Markengesetz, Verordnung über die Unionsmarke (Kommentar), München 2018, S. 1598–1604 [zitiert als: *Vohwinkel*, in: *Kur/von Bomhard/Albrecht*, MarkenG, 2018].

ders.
§ 149 MarkenG, in: *Kur/von Bomhard/Albrecht*, Markengesetz, Verordnung über die Unionsmarke (Kommentar), München 2018, S. 1610–1615 [zitiert als: *Vohwinkel*, in: *Kur/von Bomhard/Albrecht*, MarkenG, 2018].

Volpin, Cristina
The Ball is in your Court: Evidential Burden of Proof and Proof-Proximity Principle in EU Antitrust Law, Common Market Law Review 51 (2014), 1159–1185.

Vrins, Olivier
Regulation 608/2013: Towards a more effective customs enforcement of intellectual property rights? BMM Bulletin 39 (2013), 118–134.

ders.
Regulation (EU) No. 608/2013 Concerning Customs Enforcement of Intellectual Property Rights, Alphen aan den Rijn 2018 [zitiert als: *Vrins*, Customs Enforcement of Intellectual Property Rights, 2018].

Vrins, Olivier/Schneider, Marius
Enforcement of Intellectual Property Rights Through Border Measures – Law and Practice in the EU, 2. Auflage, Oxford 2012 [zitiert als: *Bearbeiter(in)*, *Vrins/Schneider*, Enforcement of Intellectual Property Rights Through Border Measures, 2012].

Wehser, Eckart
GATT – Allgemeines Zoll- und Handelsabkommen, in: *Wolfrum, Rudiger/Prill, Norbert J./Brückner, Jens A.* (Hrsg.), Handbuch Vereinte Nationen, München 1977, S. 140–148 [zitiert als: *Wehser* in: *Wolfrum/Prill/Brückner*, Handbuch Vereinte Nationen, 1977].

von Welser, Marcus /González, Alexander
Marken und Produktpiraterie, Strategien und Lösungsansätze zu ihrer Bekämpfung, Weinheim 2007.

Witte, Peter (Hrsg.)
Kommentar zum Zollkodex der Union (UZK), 7. Auflage, München 2018 [zitiert als: *Bearbeiter(in)*, in: *Witter* (Hrsg.), Kommentar zum Zollkodex, 2018].

Witte, Peter
Art. 4 Zollkodex, in: *Witte* (Hrsg.), Kommentar zum Zollkodex der Union (UZK), 7. Auflage, München 2018, 54–66 [zitiert als: *Witte*, in: *Witte* (Hrsg.), Kommentar zum Zollkodex, 2018].

ders.
Art. 237 Zollkodex, in: *Witte* (Hrsg.), Kommentar zum Zollkodex der Union (UZK), 7. Auflage, München 2018, 1425–1430 [zitiert als: *Witte*, in: *Witte* (Hrsg.), Kommentar zum Zollkodex, 2018].

ders.
Art. 240 Zollkodex, in: *Witte* (Hrsg.), Kommentar zum Zollkodex der Union (UZK), 7. Auflage, München 2018, 1440–1447 [zitiert als: *Witte*, in: *Witte* (Hrsg.), Kommentar zum Zollkodex, 2018].

ders.
Zollverfahren, in: *Witter, Peter/Wolfgang, Hans-Michael* (Hrsg.), Lehrbuch des Zollrechts der Europäischen Union, 9. Auflage, Herne 2018 [zitiert als: *Bearbeiter(in)*, in: *Witte/Wolfgang* (Hrsg.), Lehrbuch des Zollrechts der Europäischen Union, 2018].

Witte, Peter/Wolfgang, Hans-Michael (Hrsg.)
Lehrbuch des Zollrechts der Europäischen Union, 9. Auflage, Herne 2018 [zitiert als: *Bearbeiter(in) Witte/Wolfgang* (Hrsg.), Lehrbuch des Zollrechts der Europäischen Union, 2018].

Wolfrum, Rudiger/Prill, Norbert J./ Brückner, Jens A. (Hrsg.)
Handbuch Vereinte Nationen, München 1977 [zitiert als: *Bearbeiter(in)*, in: *Wolfrum/Prill/Brückner* (Hrsg.), 1977].

II Materialien

BDI
Brasilien: Wichtigster Wirtschaftspartner in Südamerika, vom 13.09.2019 (abrufbar unter http://bdi.eu).

Generalzolldirektion
Gewerblicher Rechtsschutz – Statistik für das Jahr 2017, 2018 (abrufbar unter: https://www.bundesfinanzministerium.de).

Bundesamt für Güterverkehr
Marktbeobachtung Güterverkehr – Jahresbericht 2015, Köln 2016.

Corportate Trust Business Risck & Crisis Management GmbH
Studie: Gefahrenbarometer, München 2010.

Europäische Kommission
Report on EU customs enforcement of intellectual property rights – results at the EU border 2011, 2012 (abrufbar unter: https://ec.europa.eu).

ders.
Report on EU customs enforcement of intellectual property rights – results at the EU border 2012, 2013 (abrufbar unter: https://ec.europa.eu).

ders
Vorschlag für eine Verordnung des Europäischen Parlaments und des Rates zur Änderung der Verordnung (EG) Nr. 207/2009 des Rates über die Gemeinschaftsmarke, vom 27.3.2013, COM(2013) 161 final (abrufbar unter: http://eur-lex.europa.eu).

ders
Vorschlag für eine Richtlinie des Europäischen Parlaments und des Rates zur Angleichung der Rechtsvorschriften der Mitgliedstaaten über die Marken (Neufassung), vom 27.3.2013, COM(2013) 162 final (abrufbar unter: http://eur-lex.europa.eu).

ders.
Report on EU customs enforcement of intellectual property rights – results at the EU border 2014, 2015 (abrufbar unter: https://ec.europa.eu/).

ders.
Mitteilung der Kommission an das Europäische Parlament gemäß Art. 294 Abs. 6 des Vertrags über die Arbeitsweise der Europäischen Union betreffend den Standpunkt des Rates im Hinblick auf den Erlass einer Richtlinie des Europäischen Parlaments und des Rates zur Angleichung der Rechtsvorschriften der Mitgliedstaaten über die Marken (Neufassung), vom 24.11.2015, COM(2015) 588 final (abrufbar unter: http://eur-lex.europa.eu).

ders.
Mitteilung der Kommission an das Europäische Parlament gemäß Art. 294 Abs. 6 des Vertrags über die Arbeitsweise der Europäischen Union betreffen den Standpunkt des Rates bezüglich der Annahme der Verordnung des Europäischen Parlaments und des Rates zur Änderung der Verordnung (EG) Nr. 207/2009 des Rates vom 26. Februar 2009 über die Gemeinschaftsmarke, zur Änderung der Verordnung (EG) Nr. 2868/95 der Kommission zur Durchführung der Verordnung (EG) Nr. 40/94 des Rates über die Gemeinschaftsmarke und zur Aufhebung der Verordnung (EG) Nr. 2869/95 der Kommission über die an das Harmonisierungsamt für den Binnenmarkt (Marken, Muster und Modelle) zu entrichtenden Gebühren, vom 24.11.2015, COM(2015) 589 final (abrufbar unter: http://eur-lex.europa.eu).

ders.
Entwurf einer legislativen Entschließung des europäischen Parlaments zu dem Vorschlag für eine Verordnung des Europäischen Parlaments und des Rates zur Durchsetzung der Rechte geistigen Eigentums durch die Zollbehörden, (COM(2011)0285 – C7-0139/2011 – 2011/0137(COD) (abrufbar unter http://www.europarl.europa.eu).

ders.
Bericht über den Vorschlag für eine Richtlinie des Europäischen Parlaments und des Rates zur Angleichung der Rechtsvorschriften der Mitgliedstaaten über die Marken (Neufassung), vom 16.1.2014, (COM(2013)0162 – C7-0088/2013 – 2013/0089(COD) (abrufbar unter http://www.europarl.europa.eu).

ders.
Bericht über den Vorschlag für eine Verordnung des Europäischen Parlaments und des Rates zur Änderung der Verordnung (EG) Nr. 207/2009 des Rates über die Gemeinschaftsmarke, vom 12.2.2014, (COM(2013)0161 – C7-0087/2013 – 2013/0088(COD) (abrufbar unter http://www.europarl.europa.eu).

ders.
Legislative Entschließung des Europäischen Parlaments vom 25. Februar 2014 zu dem Vorschlag für eine Verordnung des Europäischen Parlaments und des Rates zur Änderung der Verordnung (EG) Nr. 207/2009 des Rates über die Gemeinschaftsmarke (COM(2013)0161 – C7-0087/2013 – 2013/0088(COD)) ((abrufbar unter: http://eur-lex.europa.eu).

ders.
Legislative Entschließung des Europäischen Parlaments vom 25. Februar 2014 zu dem Vorschlag für eine Richtlinie des Europäischen Parlaments und des Rates zur Angleichung der Rechtsvorschriften der Mitgliedstaaten über die Marken (Neufassung) (COM(2013)0162 – C7-0088/2013 – 2013/0089(COD)) ((abrufbar unter: http://eur-lex.europa.eu).

ders.
Legislative Entschließung des Europäischen Parlaments vom 15. Dezember 2015 zu dem Standpunkt des Rates in erster Lesung im Hinblick auf den Erlass der Verordnung des Europäischen Parlaments und des Rates zur Änderung der Verordnung (EG) Nr. 207/2009 des Rates über die Gemeinschaftsmarke und der Verordnung (EG) Nr. 2868/95 der Kommission zur Durchführung der Verordnung (EG) Nr. 40/94 des Rates über die Gemeinschaftsmarke und zur Aufhebung der Verordnung (EG) Nr. 2869/95 der Kommission über die an das Harmonisierungsamt für den Binnenmarkt (Marken, Muster und Modelle) zu entrichtenden Gebühren (10373/1/2015 – C8- 0351/2015 – 2013/0088(COD) (abrufbar unter http://www.europarl.europa.eu).

ders.
Legislative Entschließung des Europäischen Parlaments vom 15. Dezember 2015 zu dem Standpunkt des Rates in erster Lesung im Hinblick auf den Erlass der Richtlinie des Europäischen Parlaments und des Rates zur Angleichung der Rechtsvorschriften der Mitgliedstaaten über Marken (Neufassung) (10374/1/2015 – C8-0352/2015 – 2013/0089(COD) (abrufbar unter http://www.europarl.europa.eu).

ders.
Report on EU customs enforcement of intellectual property rights – results at the EU border 2015, 2016 (abrufbar unter: https://ec.europa.eu/).

ders.
Report on EU customs enforcement of intellectual property rights – results at the EU border 2018, 2019 (abrufbar unter: https://ec.europa.eu/).

Frontier Economics Ltd.
The Economic Impacts of Counterfeiting and Piracy (abrufbar unter: https://iccwbo.org).

International Trademark Association
Counterfeit Goods in Transit, Inta Bulletin 2016, Vol. 71 No. 16 (abrufbar unter: www.inta.org).

MARQUES
Counterfeits in Transit: well done, European Parliament (and MARQUES!), Class 46, Feb. 25, 2014 (abrufbar unter: www.marques.org).

MPI Trademark Study
Study on the Overall Functioning of the European Trade Mark System, presented by Max Planck Institute for Intellectual Property and Competition Law Munich, vom 15.2.2011 (abrufbar unter: https://www.ip.mpg.de/).

OECD
The Economic Impact of Counterfeiting, 1998 (abrufbar unter: https://www.oecd.org/sti/ind/2090589.pdf).

OECD/EUIPO
Trends in Trade in Counterfeit and Pirated Goods, Illicit Trade, 2019 (abrufbar unter: www.oecd-ilibrary.org).

ders.
Trade in Counterfeit Pharmaceutical Products, 2020 (abrufbar unter: www.oecd-ilibrary.org).

PLS Nr. 236/2012
Projeto de Lei do Senado (PLS) Nr. 236, de 9.7.2012, de autoria do Senador José Sarney (MDP/AP) (abrufbar unter: www.senado.gov.br).

Rat der Europäischen Union
Standpunkt des Rates in erster Lesung im Hinblick auf den Erlass der Verordnung des Europäischen Parlaments und des Rates zur Änderung der Verordnung (EG) Nr. 207/2009 des Rates über die Gemeinschaftsmarke, vom 10.11.2015, 2013/0088 (COD), 10373/1/15 REV 1 (abrufbar unter: http://eur-lex.europa.eu).

ders
Standpunkt des Rates in erster Lesung im Hinblick auf den Erlass der Richtlinie des Europäischen Parlaments und des Rates zur Angleichung der Rechtsvorschriften der Mitgliedstaaten über die Marken (Neufassung), vom 10.11.2015, 2013/0089 (COD), 10374/1/15 REV 1 (abrufbar unter: http://eur-lex.europa.eu).

Receita Federal
Balanço Aduaneiro 2019 – "Vigilância e Repressão", 2020 (abrufbar unter: www.receita.economia.gov.br).

UNODC
The Illicit Trafficking of Counterfeit Goods and Transnational Organized Crime, 2013 (abrufbar unter: www.unodc.org).

VDMA
Produktpiraterie, Frankfurt 2014.

WHO
Guidance on INN, Stand 2020 (abrufbar unter: https://www.who.int/medicines/services/inn/innguidance/en/.

WTO
Declaration on the TRIPS Agreement and Public Health, 20.11.2001, WT/MIN(01)/DEC/2 (abrufbar unter: https://www.wto.org).

ders.
General Council, Minutes of Meeting: Held in the Centre William Rappard on 3 February 2009, 30.09.2009, WT/GC/M/118 (abrufbar unter: https://docs.wto.org).

ders.
European Union and a Member State – Seizure of Generic Drugs in Transit, Request for Consultations by India, 19.05.2010, WT/DS408/1; G/L/921; IP/D/28 (abrufbar unter: https://docs.wto.org).

ders.
European Union and a Member State – Seizure of Generic Drugs in Transit, Request for Consultations by Brazil, 19.05.2010, WT/DS409/1; IP/D/29; G/L/922 (abrufbar unter: https://docs.wto.org).

ders.
World Trade Statistical Review, 2019 (abrufbar unter: https://www.wto.org/english/res_e/statis_e/wts2019_e/wts2019_e.pdf).

Für die vorliegende Arbeit wurde die bis zum August 2020 erschienene Literatur berücksichtigt; die zitierten Internet-Quellen wurden zum letzten Mal im August 2020 abgerufen und überprüft.

Rechtswissenschaftliche Forschung und Entwicklung

Herausgegeben von

Prof. Dr. jur. Michael Lehmann, Dipl.-Kfm.
Universität München

Band 848: Philippe Bhering: **Grenzbeschlagnahme und Piraterie in Deutschland und Brasilien unter Berücksichtigung des Transits von Markenwaren**
2021 · 268 Seiten · ISBN 978-3-8316-4927-3

Band 847: Larinca Ritschl: **Die Reichweite der analogen Anwendung des § 47 Abs. 4 Satz 2 Alt. 1 GmbHG bei der Beteiligung eines GmbH-Gesellschafters an dem Vertragspartner der GmbH**
2021 · 232 Seiten · ISBN 978-3-8316-4921-1

Band 846: Konrad Hildebrand: **Der Schutz des Beschuldigten bei Medienauskünften von Staatsanwaltschaften im Ermittlungsverfahren**
2021 · 216 Seiten · ISBN 978-3-8316-4904-4

Band 845: Caroline Beyersdorf: **Mediale Öffentlichkeit als Strafzumessungskriterium** · Zugleich eine Untersuchung der empirischen und rechtlichen Befunde von Medienöffentlichkeit im Strafverfahren
2021 · 180 Seiten · ISBN 978-3-8316-4905-1

Band 844: Dominik Forstner: **Das US-amerikanische Tarifvertragsrecht aus der Perspektive der Luftfahrt**
2021 · 340 Seiten · ISBN 978-3-8316-4900-6

Band 843: Michael Richter: **Spielräume für die Landesgesetzgebung und sonstige Maßnahmen der Landes- und Kommunalpolitik im Kreislaufwirtschaftsrecht** · Gegenstände, Handlungsarenen und verfassungsrechtlicher Rahmen
2021 · 250 Seiten · ISBN 978-3-8316-4901-3

Band 842: Nanette von Tucher: **Der Mord an Kurt Eisner durch Anton Graf von Arco auf Valley**
2021 · 496 Seiten · ISBN 978-3-8316-4877-1

Band 841: Marcin Rodek: **Patente im Chemiebereich – Motor oder Bremse der Innovation?**
2021 · 372 Seiten · ISBN 978-3-8316-4867-2

Band 840: René Wünschmann: **Qualitätsmanagement in der akutstationären Versorgung von gesetzlich Krankenversicherten**
2020 · 222 Seiten · ISBN 978-3-8316-4829-0

Band 839: Dominik Angstwurm: **Kreativität vs. Urheberrecht im digitalen Bereich** · Chancen und Grenzen vorhandener Selbstregulierungsansätze
2019 · 290 Seiten · ISBN 978-3-8316-4808-5

Band 838: Karolina Vogel: **Die EUNAVFOR MED Operation Sophia zur Bekämpfung des Migrantenschmuggels auf Hoher See im Mittelmeer** · Eine rechtliche Einordnung auf drei Ebenen
2019 · 282 Seiten · ISBN 978-3-8316-4784-2

Band 837: Ines Marin: **Sonderverjährungstatbestände für Gewährleistungsrechte im Kauf- und Werkvertragsrecht** · Eine exemplarische Problemanalyse der Verjährung der Gewährleistungsrechte bei mangelhaften Photovoltaikanlagen unter besonderer Berücksichtigung der obergerichtlichen und höchstrichterlichen Rechtsprechung seit 2012
2019 · 538 Seiten · ISBN 978-3-8316-4779-8

Band 836: Chuan-Ching Liu: **Die hypothetische Einwilligung im Arztstrafrecht**
2019 · 314 Seiten · ISBN 978-3-8316-4772-9

Band 835: Stephanie Fay: **Die Novellierung des Sanktionensystems im Lauterkeitsrecht** · Entwicklungsperspektiven für ein einheitliches Verbraucherschutzniveau nach den Vorgaben der UGP-

Richtlinie
2019 · 262 Seiten · ISBN 978-3-8316-4770-5

Band 834: Corinna Göggerle: **Fremdrechtsanwendung bei der Behandlung von EU/EWR-Auslandsgesellschaften sowie der Societas Europaea nach deutschem Strafrecht**
2019 · 260 Seiten · ISBN 978-3-8316-4765-1

Band 833: Raoul Müller: **Im Zweifel für den Fiskus** · Eine kritische Betrachtung des Umgangs der Strafverfolgungspraxis mit dem Straftatbestand der Steuerhinterziehung bei Umsatzsteuerkarussellen im Lichte des Bestimmtheitsgebots gemäß Art.103 Abs. 2 GG
2019 · 306 Seiten · ISBN 978-3-8316-4764-4

Band 832: Benedikt A. Groh: **Entwicklung eines Rechtsrahmens zum Betrieb ziviler unbemannter Fluggeräte** · Eine rechtsvergleichende Analyse des bestehenden nationalen Rechtsrahmens mit dem Rechtsrahmen der Vereinigten Staaten von Amerika
2019 · 218 Seiten · ISBN 978-3-8316-4763-7

Band 831: Enno Schley: **Das lauterkeitsrechtliche Trennungsgebot im Internet**
2018 · 236 Seiten · ISBN 978-3-8316-4753-8

Band 830: Charlotte Lauser: **Die Bindung der Verfassungsorgane an den Grundsatz der Europarechtsfreundlichkeit**
2018 · 284 Seiten · ISBN 978-3-8316-4739-2

Band 829: Fabian Patrick Philipp Roth: **Die Haftung der Vorstände der Krankenkassen, der Krankenkassenverbände und der Kassenärztlichen Vereinigungen**
2018 · 270 Seiten · ISBN 978-3-8316-4712-5

Band 828: Vincent Burgert: **Die genetische Beratung im Spannungsfeld zwischen Selbstbestimmung und Drittinteressen** · Zugleich eine aktuelle Untersuchung zur ärztlichen Schweigepflicht im Bereich der Humangenetik
2018 · 262 Seiten · ISBN 978-3-8316-4693-7

Band 827: Zhuomin Wu: **Der Schutz biotechnologischer Erfindungen in der V. R. China unter Berücksichtigung internationaler Entwicklungen**
2018 · 202 Seiten · ISBN 978-3-8316-4710-1

Band 826: Alexander Hödemaker: **Marktzugang und Staatszugehörigkeit im internationalen und europäischen Investitionsrecht**
2018 · 262 Seiten · ISBN 978-3-8316-4687-6

Band 825: Sebastian Eberz: **Konkurrenz direktionsrechtlicher Normen und ihre Systemfolge für die Weisungserteilung Dritter**
2018 · 208 Seiten · ISBN 978-3-8316-4707-1

Band 824: Anna Pötzl: **Demografischer Wandel und Verwaltungsorganisation**
2018 · 408 Seiten · ISBN 978-3-8316-4711-8

Band 823: Luping Duan: **Gleichnamigkeit im Kennzeichenrecht** · Eine vergleichende Untersuchung zwischen Deutschland und China
2017 · 282 Seiten · ISBN 978-3-8316-4665-4

Band 822: Maximilian Reinartz: **Öffentlichkeitsarbeit seitens des Verletzten einer Straftat** · Belastung der Verfahrensstruktur oder legitime Verwirklichung von Opferinteressen?
2017 · 200 Seiten · ISBN 978-3-8316-4659-3

Band 821: Christina Lang: **Die Einstellung nach § 154 StPO in der Revisionsinstanz** · Eine kritische Analyse der Rechtsprechung des Bundesgerichtshofs
2018 · 250 Seiten · ISBN 978-3-8316-4651-7

Band 820: Nazanin Sporer: **Die Auswirkungen der Täuschung im Rahmen der §§ 331, 332 StGB**
2017 · 222 Seiten · ISBN 978-3-8316-4644-9

Band 819: Bertram Kloss: **The Exercise of Prosecutorial Discretion at the International Criminal Court** · Towards a more Principled Approach
2017 · 270 Seiten · ISBN 978-3-8316-4633-3

Band 818: Stephan Hillenbrand: **Der Begriff des Betriebs- und Geschäftsgeheimnisses** · Eine vergleichende Untersuchung mit dem Begriff des trade secret in den USA und dem englischen common law
2017 · 292 Seiten · ISBN 978-3-8316-4607-4

Band 816: Martin Pusch: **Der automatisierte Abruf von Kontoinformationen durch Finanz- und Sozialbehörden** · Ein Instrument heimlicher Ermittlungstätigkeit im Spannungsfeld zwischen Steuergerechtigkeit, Leistungsmissbrauch, effektiver Strafverfolgung und dem rechtsstaatlich gebotenen Schutz des Steuerpflichtigen/Leistungsempfängers
2016 · 346 Seiten · ISBN 978-3-8316-4591-6

Band 815: Christian Szczesny: **Die Abtreibung als Pflichtteilsentziehungsgrund** · Ein Beitrag zur Strukturierung und Auslegung des §2333 Abs. 1 BGB
2017 · 208 Seiten · ISBN 978-3-8316-4590-9

Band 814: Jan-Philipp Günther: **Roboter und rechtliche Verantwortung** · Eine Untersuchung der Benutzer- und Herstellerhaftung
2016 · 280 Seiten · ISBN 978-3-8316-4553-4

Erhältlich im Buchhandel oder direkt beim Verlag:
utzverlag GmbH, München
089-277791-00 · info@utzverlag.de

Gesamtverzeichnis mit mehr als 3000 lieferbaren Titeln: www.utzverlag.de